本书是2011年度教育部人文社会科学研究青年基金项目"当前农村土地纠纷的产生原因、特征及化解机制研究"（项目编号：11YJCZH046）的最终成果之一，并得到了华中科技大学文科学术著作出版基金的资助

田野中国 CHINA Field

地根政治

江镇地权纠纷研究(1998—2010)

CONTENDING FOR LAND INTERESTS
The Case of Land Disputes in Jiang Town
(1998-2010)

郭 亮 / 著

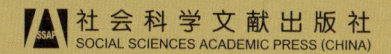

社会科学文献出版社
SOCIAL SCIENCES ACADEMIC PRESS (CHINA)

"土地是财富之母。"从土地一轮承包15年不变到二轮承包30年不变,国家不断延长农民的土地承包期,并欲通过"确权确地"的土地新政在法律关系上进一步明确和扩大农民对农地所享有的权利与收益,这本应是惠及农民的好事,却遭遇来自农民社会本身的挑战与阻力……

——题　记

▲盛开的油菜花（2009 年 3 月）

▲打麻将正酣的普村村民（2009 年 3 月）

▲俯瞰张村（2009年5月）

▲不规则的、细碎化的土地（2009年5月）

▲江镇中心街道上的民房（2009 年 3 月）

▲放牛的老农（2009 年 3 月）

▲张村原石榴园所在地（2009年5月）

▲丰收农业开发公司的生态养殖基地（2009年7月）

序

吴 毅

在有关"三农问题"的研究中，土地问题是焦点和核心，研究热度一直不减。之所以如此，除了因为农地资源配置确实关乎千万农户的根本利益，还因为这一问题在中国历史时空场景中所承载的超越土地本身的价值意涵，以至于有关农村土地制度改革的问题，实际上一直是近年来被学界所称的"新左派"与"自由主义"论战的一个焦点。因此，许多关于农地问题的讨论，都不太可能只局限在具体的技术层面，总会或多或少地被涂抹上某种意识形态的色彩。

郭亮的这部著作并不想简单地纠缠于这种集体化或非集体化孰是孰非的思维窠臼。作者不是没有立场，而是更愿意以扎实的田野材料为基础，深入讨论这一改革在进入由历史积淀而来的现实农村社会时可能遭遇的各种远比理论预期更为复杂的问题。这些问题，作者在书中称作农村社会围绕土地而形成的若干"非正式制度"，而在我看来，其实就是作为土地制度变迁承受对象的农民在这六十多年复杂曲折的历史中沉积下来的各种相互冲突和互构的价值观念和传统土地认知。作者认为，如何面对和处理这些历史"路径依赖"的纠缠，将在很大程度上决定农地制度改革的顶层设计是否能够取得实效。我以为，作者提出了一个真问题。

让我们跟随作者一起去体验他所揭示出来的问题。这些问题包括他所称的农民的"策略性抗争"。所谓策略性抗争，即农民在面对国家一再延长土地承包权，不断强化土地在实质上的民有属性这一法律与政策取向时的回应。应该说,对于执政者回归历史与经济秩序常态化的努力,农民从总体上是欢迎的,尽管多年的教育可能让他们已经不太记得土地本来就是自己的这一常识,但利益的比较与算计不可能让他们不知道这一变化对自己有利。但是,事情好像又远不是这么简单,因为变革不是发生在一张任由改革者涂画的白纸上,它是实实在在地发生在经由多次大的历史转折所积淀下来的现实中,而这些由历史所堆积的现实,可能会让一个理论上能说得通的道理操作起来却面临意想不到的困难。现实中,一个十分重要的困局便是,自20世纪90年代以来,由于打工经济所造成的人口流动以及前些年一些地方的税负沉重,农村土地的承包关系实际上在不断改变,一些土地已经几次易主,如果地权就此稳定,那么谁将有权利获得土地新政之后的实惠呢?在政策厘定上,这看似并不困难,土地承包权在谁手里,就确权给谁。但是在实际操作中,这可能是一堆剪不断、理还乱的乱麻,因为村庄内的承包关系未必都是那么清晰或手续完备,更何况平均主义的生存权利观与价值伦理由来已久,且仍旧获得制度与政治文化的认可。由此,我们便看到,土地新政在农村中所引发的就不仅仅只是叫好与喝彩,它同时还可能将自1949年以来经由历次土地变动所沉积下来的诸种矛盾引发。围绕农地"长久承包"这一具有物权性质的产权确定,农民在基层政府和村级组织无法有效操作的困境中,展开了各种站在农民和村庄的角度看属于理性反应的策略性维权。

例如对祖业权的伸张。20世纪50年代初期的土地改革确立的是农户土地私有的产权形式,虽然土地改革已经过去了60余年,但是历史的记忆并没有完全消失。在当前土地承包权长久不变政策的导引下,对于村庄中一些没有正式确定承包关系的祖业土地,农民们纷纷提出了物归原主的要求。从现行法律看,农民的诉求未必有道理，但以村庄内部人的视角看，却不能算作无理取闹，因为以祖业来界定土地产权的做法在乡村社会一直存在。地方语境中，所谓祖业，一般指土地改革时由共产党分给的土地。后来，由于土地入社，大部分土地被"集体化"了，但一些形制不规、无人耕种的土地，如荒坡、禾场等，可能没有入社，尽管从理论上讲农村现有土地都属集体所有，但这些边角地集体其实可能没有涉足。所以，在土地重新确权的背景下，农户自然会重提要求。他们说，如果土地仍由集体经营，他们自然无话可说，但既然要确权到户，就理应归他们。在绵延的村庄生活中，产权的历史往往是产权重新界定的依据，但要地方和基层组织按照祖业确权，又并无理据。历史与现实的复杂纠葛，显然给当前的土地确权出了一道难题。

又如平均分地的惯性。一旦某家村民的土地占有低于村庄人均水平，他便会要求调地。在要求者看来，土地关乎生存，更是村庄成员权最重要的体现，所以，这样的要求天经地义。一直以来，土地社会主义集体所有制的宣称已经内化为强大的村庄政治伦理，并通过定期调地来加以体现。但是，这似乎又与近年来土地新政的大方向不相吻合，因为新政是要实现土地确权到人，它内含"增人不增地、减人不减地"的逻辑和土地变动依靠市场（租佃）来解决的思路。这种新的思路一旦落实，自然会让处在特定时点上相对地多人少的家庭受益、相对地少人多的家庭受损。那些利益受损的农户自然不满，甚至对国家的法律和政策感到困惑。两难之下，村集体将对之做出怎样的应对？而这种应对又如何既与土地新政接轨又能有效地化解矛盾？

类似的例子还可以列举。例如，人民公社的制度设计是"三级所有、队为基础"，这决定了土地承包以来生产队的继承者——村民小组的土地所有权的承袭地位。但是在许多情况下，调地的权力在行政村，且一些行政村还占有不少小组的土地，这在模棱两可的农地法律归属定位下，也并不违规。凡此种种，自然又会横生多种矛盾，土地确权将这些矛盾再一次呈现，导致村－组－农民三者之间围绕各种地权收益及确权归属而展开新一轮的博弈，真可谓"不改没有事，一改还改出事"！

可见，新一轮的土地制度变革本欲确立一种产权更加明晰的地权结构，意在保护农民，但是这一改革必然会扯带出乡村社会种种旧有的历史纠葛，将新旧体制与观念不接轨的矛盾悉数放大，进而打破乡村社会的平静，让新政的推行遭遇种种挑战和阻力。在这个意义上，关于农村土地制度的争议，便由最初的是否变革、如何变革，变成了变革中如何去处理历史与现实的错位与纠结，以让历史能尽可能平稳地过渡到新的制度规范中。正是在这个意义上，郭亮的研究给我们提供了一个极富思考价值的问题，它提醒我们，尤其是那些乐观的改革派，应该如何在渐进改革中将历史的"路径依赖"转换到新一轮土地改革的新路上来。

如此，我们便不能不首先面对这样的问题：在既有的制度架构内，上述农民对土地的种种期待和社会伦理并不会在短期内消失，而对于那些在新产权变革中利益受损或者无法分享新产权收益的农民，支持他们行动的制度遗产和话语资源也将继续存在。在这种情况下，"渐进式"制度转型的困境如何克服？

进而言之，我们可能不得不面对这样一个严峻的问题，即新的制度变革究竟能在多大程度上实现自己的目标。换句话说，渐进式改革是否真的能够超越传统制度的瓶颈与限制，这可能真是需要认真思考的。尽管本书所揭示的只是局部和个案，但反映的问题却具有全局性。面对如此重大的全局性问题，再回过头来检视既有关于土地制度的研究，包括主流经济学和法学，似乎都热衷去思考新的土地产权设置可能带来的功效，而较少去探究新制度如何在旧土壤里茁壮成长。郭亮的研究告诉我们，改革中真正的难点并不在于争辩哪一种土地配置模式更加适合当下和未来，而在于寻找到一条确保土地新政能够顺利成长的路径。

由此，便足见这部著作的价值，由于这一价值，即便作者因年龄和学识所限而略显稚嫩，却也让人期待。因为作者让我们认识到：如何厘清传统土地认知与新地权秩序的关系，在新的基点上形成为农民所普遍接受的土地权利意识，将是中国农地制度改革在进入深水区后所要面对的真正挑战。

2012 年 11 月 26 日于武昌喻家山

目 录

导 论 ·· 1
  一　问题的提出 ··· 1
  二　研究综述 ·· 3
  三　个案方法与乡域研究 ·· 21
  四　资料来源与田野地点 ·· 31
  五　核心概念和基本框架 ·· 36

第一章　地域社会 ··· 41
  一　地域社会 ··· 42
  二　关于土地的基本制度 ·· 49
  三　关于土地的乡土知识体系 ·· 56
  四　村庄中的土地交易 ·· 65

第二章　前夜：嵌入治理的土地制度 ·· 73
  一　"中心工作"与基层"利益共同体" ································· 74
  二　重赋压力下的农民行动 ·· 83
  三　"强所有权、弱承包权"的土地产权形态 ··························· 91

第三章　变革：30年不变的政策是如何可能的？ ······················· 97
  一　从二轮承包到土地确权 ·· 98
  二　情与法的冲突：土地确权的不确定性 ······························· 107
  三　被隐藏的集体土地 ·· 118

第四章 困境：地权纠纷的发生机制 ············ 123
 一 地权纠纷的类型 ································· 124
 二 祖业权：地域社会的产权规则 ················ 127
 三 生存权：产权之上的土地伦理 ················ 138
 四 土地占有的均分主义 ···························· 149
 五 产权的起点困境 ································· 157

第五章 混乱：谁是农村土地的集体所有者？ ······ 160
 一 两个"集体"：土地所有权的混乱 ············ 161
 二 归还土地：以村民小组为单位的集体行动 ··· 169
 三 竞争性占有：围绕土地补偿的村组博弈 ······ 175
 四 "有意识制度模糊"的意外后果 ················ 189

第六章 背离：土地流转的表达与实践 ············ 194
 一 土地流转的实践形态 ···························· 195
 二 土地流转的基本类型 ···························· 202
 三 "资本下乡"后的土地流转 ····················· 219
 四 表达与实践的背离 ······························ 235

结　论 ··· 238
 一 制度转型：从"村社本位"到"个人本位" ···· 239
 二 "非正式制度"：农民的策略性抗争 ············ 243
 三 产权建设的"内卷化" ··························· 248
 四 地根政治：土地的"去政治化" ················ 253

附录1 相关重要文件与资料汇编 ·················· 257
附录2 白云区土地利用现状结构表（2005年）············ 282
附录3 白云区一份土地出让收入清算单（2009年）········ 283
附录4 江镇2008年大事记 ························ 284

参考文献 ·· 288

后　记 ·· 300

索　引 ·· 304

导 论

一 问题的提出

在中国乡村社会中，如果说存在一项"牵一发而动全身"的制度，那么这个制度就是土地制度。

按照制度经济学的定义，所谓制度是在社会中个人所遵守的一套社会规则。农村土地制度是农村社会中的农民等行为主体在土地关系上所应遵循的一套社会规则。它包含两层含义：一层是人与地的关系，另一层是人与人之间的社会关系。通过对人与地的关系和人与人的关系的界定，可以清晰地表达某一块土地归何人所有，谁有权力支配这块土地，以及谁能享有这块土地的收益权，等等。进而，如果将这种社会规则制度化，那么一个社会中土地的产权结构就得以产生（赵阳，2007：1-3）。

出于对"缺乏退出权"（林毅夫，2008）而导致效率低下的人民公社体制的否定，追求生产效率并赋予农民充分的自主经营权成为国家农地制度安排的基本取向。中国的改革是从农村开始的，改革的核心和根本就是变革原有的土地经营制度，即从原有的集体统一劳作的土地经营方式向"以家庭承包经营为基础、统分结合的双层经营体制"过渡。从产权的分项指标来看，土地的所有权主体虽然未发生变化，但农民对土地的支配权和收益权已经大为不同，农民在土地经营中的自主性得以大幅度地提高。在这种制度安排下，农村集体经济组织享有土地的所有权，而农民享有土地的承包使用权，由此奠定了农村土地集体所有制的基本形态。

对农村土地制度的改革和完善一直在继续，国家在保持意识形态延续和政治稳定的前提下，不断地将地权"还权于民"，以实现土地资源的市场配置，进而发挥农业在整个国民经济中的基础和保障作用。尽管土地制度仍然被表述为"集体所有"，但农民对土地的承包使用期限却被不断地延长，以至最终形成一种"物权化"的关系。1984年中共中央1号文件规定土地承包期一般应在15年以上。一轮承包临近到期时，1993年中共中央、国务院《关于当前农业和农村经济发展的若干政策措施》（中发〔1993〕11号文件）中又规定在原15年承包期到期后再延长30年不变，如今正处在第二个承包年限之内。2002年，《中华人民共和国农村土地承包法》（以下简称《农村土地承包法》）出台，土地承包关系上升为一种受法律保护的关系。2007年，《中华人民共和国物权法》出台，农民对土地的承包关系被界定为"用益物权"。2008年，中共十七届三中全会通过的《关于推进农村改革发展若干重大问题的决定》规定：现有土地承包关系要保持稳定并长久不变。在对土地承包权利的法律和政策保护力度未如此加大之前，就有人认为，除了法律不准土地的买卖之外，农民享有的地权已经是一种"准私有制"的产权结构形式了（Kung，1995）。如今，在农地领域，这种"准私有制"的程度无疑被国家更加向前推进了一步。

在农村社会，随着农村税费改革的启动，因农民负担过重引发的社会冲突已经减少，乃至最终消失。然而，在国家不断保障农民土地权利的宏观背景之下，基层社会中围绕土地的矛盾和纠纷却不断加剧，地权的冲突已经替代税费冲突而上升为中国社会的主要纠纷类型和不稳定根源。2004年，在某媒体的电话记录中，在总计62446条信息中"三农问题"居于首位，信息条数为22304条，占总数的35.7%，而土地纠纷又居"三农问题"之首，信息条数为15312条，占总数的24.5%，占"三农问题"记录的68.7%（于建嵘，2005）。为什么在中央加强保护农民地权的基本政策背景下，农村社会反而出现了大规模的地权冲突？这究竟是基层干部对中央政策的"阳奉阴违"以致侵害农民土地权利，还是新旧地权秩序交错中无法避免的"阵痛"，抑或是一种更深层次的制度和体制根源在当前制度转型期间的总体爆发？对于这一宏大的问题，学者们若要给出答案自然需要格外谨慎，任何一个总体性的解释都可能因为建立单线因果关系的局限而遮蔽实践本身的复杂性。

尽管无法给出一个标准的答案，但对该问题的思索引导我去关注当前基层社会中围绕地权问题发生的社会冲突。在国家一步步扩大农民地权的改革①背景下，地权的政策在基层社会中究竟是如何实践的？地权的不断扩大对于农民和基层政权②而言究竟意味着什么？进而，这一政策又如何受到历史的制度遗产与乡村社会权力关系的牵绊？在对这些问题的观照之下，本书试图理解特定时空范围内"地权冲突"的基本图景和发生机制。

二 研究综述

20世纪80年代初期在中国农村确立的家庭联产承包责任制度

---

① 本书所谓的地权改革和土地制度主要限定在农村的农地领域。
② 本书所谓的基层政权主要指乡镇政府和村委会两级组织。

曾一度在经济上产生了巨大的制度绩效，成为整个中国改革的突破口，并得到农民的衷心支持。然而，在经过 30 余年的运行之后，学界对这一农村基本经营制度的判断分歧也在不断扩大。正是在对这一制度不同判断的前提下，学界对农村土地纠纷发生机制的解释也并不相同。

在本书看来，当前对农村土地产权纠纷的研究虽然纷繁复杂，但从其研究范式①上看，大体分为以下三种。

（一）私有产权范式

在有关土地纠纷，乃至对整个土地制度改革的论说中，一种主流的意见认为，纠纷发生的根本原因在于农民享有地权的不充分。这种论说由于能在经济学和法学关于产权的理论分析中找到依据，进而构成所谓的私有产权范式。

产权是经济所有制关系的法律形式表达，一个合理的产权设置应该具有激励、约束、资源配置、协调等功能。在人类社会中，产权结构一般有三种形式，即私有制、国有制以及共有制。其中，国有产权由国家选择代理人来行使权利，代理人对最终的成果分配不具有充分权利这一事实影响了产权形式的激励机制；共有产权则是共同体内的每一个成员都享有平均分享共同体所具有的权利，但每一个人在追求个人价值时，由此所产生的成本有可能让共同体内的

---

① "范式"问题是由科学史学家和哲学家库恩提出的。在他看来，成熟科学的发展模式通常是通过革命从一种范式不断地向另一种范式转变。但玛格丽特·玛斯特曼（Margaret Masterman）发现，库恩在《科学革命的结构》一书中对范式一词却有 21 种不同用法。具体可参见托马斯·库恩（2012：5 - 13）。相对于库恩对范式的详尽和多元论述，本书所谓的范式更加强调具体研究背后所共享的一套假设和研究方法，范式之间具有一定的不可通约性。

其他成员来承担。无论国有产权还是共有产权都存在外部性①的问题，与之相比，在私有产权下，产权者在做出一项决定时，会考虑未来的收益和成本，并选择资源价值最大化的方式，而且，他们为获取收益所产生的成本也只能由自身来承担，这就解决了产权的"外部性"问题（H. 登姆塞茨，1994：105－110）。

在完整的产权结构下，农民就应该享有对土地的所有权、收益权、使用权以及转让权等"一束权利"。与之相比，由于中国农村实行的是所有权和承包权相分离的产权结构，中国农民所能享有的"权利束"是不完整的。其一，土地使用期限不足，也不确定；其二，农民存在因不享有土地所有权而失去土地的风险；其三，存在因非农征地而失去土地的风险（R. Prosterman，1994：236－239）。这意味着，从私有产权制度的规定来看，中国农村推行的家庭联产承包制度无疑存在产权主体不明晰、产权激励不足的缺陷。

农民所享有的土地产权的不完整不仅产生了以上的缺陷，更使得外来者对农民土地权益的侵害成为可能。在传统的农业型村庄，由于村组干部掌握了土地的调控权，农民的土地承包权得不到真正有效的保护，村组干部在承包期内对农民土地的再调整实际上是要农民把获得的权利暂时让出来，就是对农民已经取得物权的剥夺和破坏（陈小君等，2004）；在沿海以及城郊农村，由于城市化进程的加快，地方政府需要大量地圈占土地以用于工业和商业开发，农民为了保护自己的耕地，针对地方政府的上访和抗争性活动不断发生。基于此，一些学者进一步认为，失地农民的问题实质上是农民

---

① 在制度经济学中，外部性是一个意义不明确的概念。在 H. 登姆塞茨看来，外部性包括外部成本、外部收益以及现金和非现金的外部性。将一种受益效应或受损效应转化成一种外部性，是指这一效应对相互作用的人们的一个或多个决策的影响所带来的成本太高以至于不值得（参见 H. 登姆塞茨，1994：97－98）。

的权利问题，必须使农民真正享有占有、使用、收益和处分四权统一的土地产权，只有如此，农民在土地被征用时才能有效地抗衡公共权力（党国英，2004；钱忠好，2004）。

为了进一步论证产权残缺的危害，进而给土地产权变革正名，一些学者对土地制度的历史研究建立了一种有别于革命历史叙述的新逻辑。在传统的革命史叙述框架中，土地的私有化导致土地的大量兼并，产生了失地农民，进而引发社会的动荡与革命。在这种观点看来，中国历史上的土地并不集中，即使出现特定时期的土地分配不均也非农民自由交易的结果，而经常是由于国家权力对农民产权的无节制剥夺和达官豪绅依靠权势对农民的过度剥夺造成的，真正市场意义上的土地交易很少出现（秦晖，2007）。这种观点不仅不认同农民革命和朝代更替是由于土地私有产权所引发的市场交易引起的，而且进一步呼吁要对当下农民的地权加大保护。[①]

如何修复土地的残缺产权，进而有力地抵挡权力的侵害，成为学者们思考的重要内容。尽管国家不断延长农民的土地承包期，并不断增加农民的土地权利内容，但由于并没有触及土地所有权本身，这些变革能否从根本上保障农民的土地权利就仍然是一个问题。由于土地的重新私有化不仅是一个经济问题，也是一个政治问题，对土地私有产权的宣称必然面临意识形态的禁区。所以，在表述方式上，明确宣称土地私有化的主张大都为海外学者所提出，国内学者一般是以扩大地权、保护农民地权为主要诉求。

---

① 对中国土地制度史的研究是关于中国研究的经典命题，而在关于中国历史上土地制度的基本判断上，一直存在不同于革命叙事的解释理路，如中国地权变动的趋势是分散而不是集中，地主与富农土地占有率在 1/3—1/2 而非传统观点所说的 70%—80% 等，可参见章有义、郭德宏、乌廷玉等人的研究。由于本书重点关注的是对当下土地制度的研究，涉及土地制度历史的研究恕不展开。具体的综述可参见吴毅（2009）。

产权变革不仅可以有效地抑制土地纠纷的发生，也涉及整个"三农问题"的解决，有学者将农村发展的希望寄托于此，并对变革的后果做出乐观的推测。一种观点认为，"三农问题"长期难以解决的原因在于没有抓住根本，一直在外围兜圈子，"三农问题"的核心问题是农民对土地的所有权（茅于轼，2009）；一些海外学者进一步认为，土地私有制与市场经济之间是一种高度融洽的关系，土地私有制是无法抗拒的经济规律，土地私有化不仅会使现在相对贫穷的农民变得更富，推动整个农村产业化和劳动力的转移，也能增加地方政府的财政收入（文贯中，2008；杨小凯等，2002；张五常，2004）；在具体的变革路径上，有学者提出在国家积极干预下分地区、有步骤地推进农地私有化的建议（李成贵，2000）。

在扩大农民地权的一类主张中，学者们聚焦于现有土地集体所有制的变革。其背后的假设往往在于：第一，农民是实现土地私有化或扩大地权的支持者与实际受益者；第二，土地是一种重要的生产资料，土地制度设计应该着眼于农业生产的最大化剩余；第三，土地的私有化是解决土地纠纷乃至整个"三农问题"的一剂良方。

从"集体所有"变为"私有"，这种土地制度形态的变化固然能够在制度经济学、农业经济学和法学中找到相应的学理依据和支持，却较少考虑产权变革与社会、政治秩序维系之间的关联性。在中国社会，"农村土地产权制度从来就不是一个纯粹的学术问题，也不单纯是一个经济问题，而是一个复杂的社会问题，因此，农村土地产权制度的确立，不可能仅仅从提高经济效益的一个方面来考虑，而是要兼顾经济的、社会的、文化的等多方面的影响"（赵阳，2007：21）。通过土地私有或准私有来解决各种问题的主张遭到不同意见者的激烈批判，围绕中国农村土地制度的各种主张正是在巨大的争议中不断涌现。

（二）集体产权范式

作为一种回应，针对私有或准私有产权所具有的经济激励作用，国家承认了这一客观的基本事实，在现实的政治框架内以土地所有权和承包经营权分离的政治智慧来尽可能地建立农民对土地更大的支配权，并不断地将承包权做实。在不触动土地所有制的前提下，国家不断地延长土地的承包期限，从 15 年不变乃至 30 年不变，直到土地承包关系作为一种"物权"而写入《中华人民共和国物权法》，再到土地承包关系"长久不变"，当今农村土地的集体产权制度已经发生了重大改变。

与以土地私有化来解决当前农村土地制度的问题不同，另一种研究针锋相对，认为当前中国农村土地制度存在的种种问题恰恰是没有真正坚持集体所有制的结果，其背后体现出对维持原有土地集体产权形态的强烈期待。

在这种观点看来，在当前地方政府发展经济的冲动下，权力和资本的结合已经形成一股强大的力量，离开了集体的力量，个体的农民难以抵抗强权的进入，农民的地权和利益就常常受到侵害。因此，土地的集体所有制并非导致农民土地权利被侵害的制度根源，恰恰是在土地集体所有制被模糊之后，农民才"落单"了，侵害者才有了可乘之机。只有坚持土地的集体所有制，尊重农民的土地集体所有权，才能最大限度地保护农民的土地产权不受政府和强势集团侵犯（潘维，2009）。

不仅如此，土地的集体所有制还是保护农民分享土地级差地租的组织资源，一些所谓的"明星"村庄，如华西村、南街村等正是借助于村集体对土地的所有权而迅速地实现了工业化。然而，20世纪 90 年代，随着乡镇企业私有化改制和政府征地制度、开发区制度的设立，村集体将农业用地变更为建设用地的权力被剥夺，丧失了土地用途转化所产生的级差地租，农村社会也就丧失了发展的动力和主动权，"三农问题"开始凸显。在中国农村实现粮食丰收和乡镇企业的发展之后，"三农问题"的解决方案便是如何保证农民能分享土地的级差地租，其中的关键就在于真正落实农村土地的集体所有权（李昌平，2009）。

相对于让农村获得土地资本化的收益，土地的集体所有还具有一种更为重要的功能——生存保障。有学者认为，在中国人地关系高度紧张的资源约束条件下，经过长期反复的制度变迁，形成了所谓"均田制+定额制"的基本制度。对农民而言，在土地"村社所有制"的产权制度安排下，土地是按照社区人口均分的结果，这使得土地已经福利化，其所承担的生存功能已经重于生产功能（温铁军，2009）。

进而，有学者将当前的土地集体所有制度称为"土地型社会保障制度"，由于农民基本上没有超出家庭之外的社会保障渠道，集体土地作为社会保障的替代物成为农民最后的生存依靠。这种观点进一步认为，由于中国有9亿农民，在相当长的时间内，国家不可能对如此庞大的人口提供基本的社会保障，而是天然地把农村、农民的社会保障寄托在土地之上。农村中大量的隐蔽性失业之所以没有造成大的社会动荡，现有的土地制度安排对这些失业人口的吸纳能力起到了重要作用（姚洋，2000b）。

除此之外，土地的集体所有还有生产和生活方面的功能。有学者认为，单纯的产权设计往往是学者的一厢情愿，而很少从农民的角度出发考虑他们到底要什么。当前，农民已经分化，土地私有化的主张固然保护了在土地征用中城郊农民的利益，但不符合广大中西部农业型地区现实农业生产的需要。对于仍然要从事农业生产的大部分农村地区的农民而言，如何实现农业生产的方便比单纯地进行产权制度建设更加具有现实意义，而统分结合的双层经营体制中村集体的"统"的功能正是克服小农生产弊端、保护弱势农民的重要组织力量（贺雪峰，2009b；陈柏峰，2009）。

在这个意义上，一旦土地私有化，以上的功能将不复存在，并有可能给整个社会带来深远的影响。早在20世纪90年代，就有人预测，一旦土地私有，地租将全部转化为农民的收入，他们会相应地提高农业生产成本和农产品的销售价格，农产品的价格上升会超过社会的承受能力；土地私有化之后，部分农民的破产难以避免，现有的社会保障条件不足以提供必要的社会保障（陈锡文，1993：125-126）。这预示着，大量无地而又缺乏社会保障的农民将会出现，社会有可能出现动荡，农村作为中国城市化"稳定器"和"蓄水池"的作用将不复存在（贺雪峰，2006）。

在当前中国的社会现实条件下，不同于土地私有化论者过分看重土地的经济效益，集体产权论者更看重土地制度的社会效益。在后者那里，土地绝不仅仅是一种生产要素，也就不能彻底地商品化。由此出发，中国农村的集体所有制恰恰是使得土地不能彻底商品化的重要保障，即农村土地制度是一个不允许农民失去土地的制度。所谓不允许有两层含义：第一，不允许任何组织和个人剥夺农民的土地承包权；第二，也不允许农民为了眼前的利益随便丢掉自己的土地（陈锡文，2001）。这种论断暗含了土地集体所有制的制度安排具有不同于自由主义学说强调个人理性选择的另一种道义依据。总之，集体产权论者强调土地制度的非经济功能，具有追求社会公平、保护弱者和国家主义的道德倾向。

如果说集体产权的"模糊"和不完整实现了其他若干重要的社会功能，那么这种产权形态的低效率则是允许的，但在现实中，土地的集体所有制真的实现了这种功能了吗？基于以上观点，集体所有制固然可能具有保护农民、分配公平、生产便利等正面功能，但一种制度不可能自动运转，而需要相关利益主体的推动和执行。在集体所有主体虚化的法律条件下，农村集体土地的所有权代理人是由村庄领导人所充当，他们就必须是可以信赖并坚持集体利益最大化的集体资金委托人（曹正汉，2007）。也就是说，集体所有制的良性运转必须有一个合格的村庄代理人与之相匹配，需要不断地加强基层政权组织的建设。

然而，在现实中，村干部的个人利益乃至村委会的组织利益与农民的集体利益并不一致，在大量的土地纠纷和上访事件中，农民更是将矛头直接指向了村委会。在当下的基层政治条件下，将基层组织建构为一个"善"的并始终坚持村庄整体利益的形象，无疑是一种浪漫的政治想象，忽略了其自身利益的独立性，忽视了政治条件的不匹配给集体所有制功能发挥所带来的限度。在这个问题不能解决的前提下，土地的集体所有制反而有可能加剧农村的土地纠纷和抗议。

至此，土地的集体所有制到底是侵害了农民的利益与权利，还是保护了农民的利益与权利？是导致了土地纠纷的发生，还是防止了土地纠纷的发生？私有产权论者和集体产权论者的态度截然相反。从现实来看，中国社会存在巨大的经济、社会、文化差异，争论各方都能找到相应的地方社会经验支撑，这强化了他们对中国农村土地产权设计的既有看法。但在方法论层面，无论是主张私有产权者，还是主张集体产权者，都在强调正式产权形态本身的重要性，进而将农村土地制度的症结归结为土地产权形态本身的问题。问题在于，一个设计良好的土地产权制度在现实中并不一定会按照产权自身的内在逻辑运转，各种正式与非正式制度对之所产生的影响可能不亚于产权的制度规定本身。

因此，对中国农村土地纠纷的理解还需要跳出产权本身，从产权所嵌入的政治与社会生态中进行重新理解。

（三）关系产权范式

随着后现代理论的大举进攻，传统的制度分析框架开始受到"策略行动"理论的影响（李猛，1996；孙立平，2010），关注处在社会关系中人的策略行动而非僵化的制度－结构遂成为新的方法论工具。在对农村土地制度的研究中，一系列基于田野经验的作品日益展现出与以往制度性研究不同的风格，这尤其体现为对产权概念的重新理解与定义。

按照产权的经济学定义，"产权是一束权利"，即，产权界定了产权所有者对资产使用、资产带来的收入、资产转移诸方面的控制权，为人们的经济行为提供了相应的激励机制，从而保证了资源分配和使用的效率。这意味着，一旦正式的产权建立，产权的制度性规定便是决定资产使用、收益、转让的唯一规则。然而，在中国社会，正式产权的规定并没有如此强大的效力，产权的实际运作还深受产权所嵌入的各种社会关系的影响。与"产权是一束权利"的经济学观点不同，有学者提出"产权是一束关系"的论断（周雪光，2005）。

在这种观点看来，在中国社会中，一个组织的产权结构与形式往往是该组织与其他组织建立长期稳定关系、适应其所处环境的结果。这种产权并不反映组织的独立性，相反，其反映的是组织与其所处环境之间的关联性。当研究者将这种研究方法运用到对农村土地制度的研究中时，他们发现，地权收益的归属绝不仅是正式的土地产权制度规定所能决定的，而是国家、地方政府、基层组织以及农民互动和博弈的结果。其间，不仅正式的规则发挥作用，各种非正式的社会规则同样决定着产权的实践形态。

有学者在研究福建阳村地权历史资料时，发现土地产权的规定与实际运用存在巨大的差异，基于此提出了所谓"象征地权"的概念。在他看来，土地不仅是一种经济资本，也是一种象征资本，产权的实际运行往往取决于其所处的社会观念和文化制度。在历史上，中国土地虽然归私人所有，但这种产权是不充分的，因为国家、宗族和村落等集体具有象征性的产权。一旦象征产权过度使用，农民所掌握的地权就有可能通过政治权力的强迫或者社会观念的改变而改变，造成土地经营的"内卷化"（张小军，2004）。

对于中国农村土地的集体所有制，一个重要的批评在于"集体"所代表的法律主体不清晰，即，这种产权制度并没有清晰地界定土地的所有者是谁，也并没有就土地收益如何分配做出说明。从静态的制度形态上看，集体所有制存在法律上的重大缺陷。但是，由于受到其他力量的共同影响，集体所有制在实践中的展开与其法律的文本表达之间并不一致。有学者通过对四川某地一起征地事件的深度描述与分析发现，围绕土地收益的分配，集体成员权的权利观念、日常生活中的人情关系、村庄社会中的强权力量以及多数人决定原则等社会因素均产生了重要影响。在这一过程中，集体产权在实践中不断地遭到界定和建构，其是行动者之间不断互动的产物，表现为一个动态的力量均衡过程，其产权的收益主体事实上有着一个清晰的边界（申静、王汉生，2005）。

中国的农村土地产权是法律制度、政治过程、文化观念等各种因素共同作用的结果，它并不是一经形成就相对稳定的结构，而是处于不断的变动之中。然而，当产权不仅是由法律所决定，还在实践中受到其他力量的影响时，这种产权形态虽然可能是清晰的，却是不确定和不稳定的——这正是土地纠纷发生的重要制度根源。在有的学者看来,在中国的土地产权中,由于个人不能完全对自己土地的交易做主,围绕土地的合法性身份具有多元性特征。包括国家政策、村干部决策、集体意愿、当事人都具有象征的合法性地位,也都有资格就地权发表意见,从而共同构成了决定土地规则的力量。在这种法律和政治条件下,如果他们有分歧就只能通过力量的竞争来解决问题,从而极大地刺激了围绕地权的政治性活动(张静,2003)。

在此基础上,有学者通过对一个村庄自太平天国以来的土地纠纷史的研究,进一步发现,地权纠纷的产生与主导性规则的突生、转换和湮灭相伴随。他认为,在地权的多元规则中存在一个主导性规则是地权稳定的必要条件,而当前土地纠纷的发生,正是小农经济的回归、社会结构的混乱、势力组织的复活等多种决定地权规则的因素重新出现所导致的(熊万胜,2009)。

在多种力量决定产权收益,并且这些力量本身不确定的条件下,在象征地权过于发达以至于侵蚀了实际地权的条件下,法律赋予农民的土地权利并不能得到实际的保护,农村土地产权形态的"私有"还是"公有"就是一个伪问题。为此,要从根本上解决土地纠纷,必须摆脱这种以利益为标准来选择规则的政治竞争模式,改变当前实际产权不充分而象征产权发达的模式,最大程度地抑制象征地权对契约地权的掌控,建立一种由主导性规则来决定土地权属界定的法律衡量模式(张静,2003;张小军,2004)。

相对于前两种研究范式,秉持该研究范式的学者不再直接诉求中国农村土地产权形态的具体形式,而是更注重对地权实际运作机制的观察和理解。他们因秉持不同的方法论而发现了正式制度学派所不曾发现的土地制度的另一面向,并对土地纠纷的发生提出了新的解释。从象征地权到契约地权，从不确定的产权走向确定的产权，从多元规则影响产权到主导性规则决定产权，以上的研究虽然在对地权变革的根本方向判断上与主流的私有产权范式并无二致，却将解决土地问题的重点放置在了对产权所嵌入的国家与社会关系的改造上。在新的分析视角下，研究者关注的不再是土地产权形态本身的优劣以及土地产权建设的推进与否，而是试图理解土地产权背后国家与农民社会的关系，以及这种关系的互动对土地产权制度实践形态的影响，从而跳出了单纯围绕土地所有制打转的研究路径。

关系产权范式为土地制度的研究提供了新的视角，并具有理论创新的意义，但仍然具有简化现实之嫌，利益各方的行动逻辑还没有得到更完整的呈现。

首先，从经验来源上看，既有研究对土地制度的分析要么来源于历史资料，力图通过对历史上地权制度的分析来间接形成对当下土地制度的反思，要么选取若干案例进行横切面的分析和比较，缺少对当下某个地区土地制度运行的长期和深度呈现。

其次，从研究的深度来看，关系产权的研究固然从形式上指明了土地纠纷是基于利益分配的多规则博弈以及背后各种社会关系的影响，却往往未能就塑造当下土地制度实践形态的利益主体展开实质性的分析。既有的研究结论仅仅是一种方法论的揭示，即，土地纠纷是由多种力量和规则的影响所致，而进一步的问题则是，当下农民社会中的多规则以及权力关系到底是什么，它们又是如何影响到土地纠纷发生的。包括农民在内的各利益主体在农村土地纠纷中各自所扮演的角色和其行为逻辑，以及相互的博弈过程等仍然是一个未呈现的"黑箱子"。因此，对于农村土地纠纷发生的解释仍然要进入"黑箱子"的内部，需要研究者将土地纠纷放置在农村社会中进行经验的细致观察、完整呈现和深度理解。

（四）研究的再出发：农民社会的视角

基于对以上中国农村土地纠纷，乃至土地制度研究的述评，我力图为本书的研究寻找可能的开拓空间。

在基本观点上，对中国农村土地制度的研究大致可以分为土地私有化和土地集体所有两种观点。如果说土地私有化论者更多的是从提高农业生产效率、保护农民的土地收益权等角度进行论证，那么土地集体化论者则从保护弱势农民生存权的立场出发，坚持社会公平的理念。不管秉持何种制度理念，两派学者都以制度设计者的姿态出现，都力图为中国农村设计出一套合理有效的产权制度形态。然而，他们过于关注产权制度形态本身，对于产权所嵌入的国家与社会关系缺少足够的关注，以至于放大了各自产权主张的功能。

在土地私有化论者那里，国家和农民社会构成了一种直接的对抗关系。一方面地方政府和村委会是权力的肆意妄为者，另一方面农民则是利益的被侵害者，国家与农民社会呈现高度的对立关系。在土地集体化论者那里，农民不能为自己的理性选择负责，而需要国家和村社权力的时时庇护，国家和农民社会呈现高度的亲和关系。无论是紧张，还是亲和，由于过多地关注产权形态本身，两派学者所秉持的仍然是一种简单的二元分析框架，缺少对改革开放以来，尤其是当下中国基层政治生态的直接分析。

在研究方法上，对中国农村土地制度的研究基本上可以分为宏观研究和微观研究两种。基于以上的梳理可以发现，对农村土地制度的宏观研究主要以前两种范式为主，并由法学、农业经济学、制度经济学等学科背景的学者做出；微观研究则以第三种范式为主，主要由社会学、人类学等学科背景的学者做出。如果说宏观研究更多的是要为农村土地制度的设计提供方向，那么微观研究则力图加深对农村土地制度运行机制的理解。二者相比，前者无疑处在主导性的地位，侧重观察和深度分析的微观研究作品目前不仅数量上较少，而且援引理论分析工具的多元性、作品所揭示的问题深度都还有待加强。

既有的微观研究为本书的方法论和研究视角的形成提供了直接的启发，但其对农民社会的权力关系，尤其是农民行动的刻画仍然是单薄的。在经历历次政治运动，以及市场经济的双重冲击之后，中国农村的社会结构、价值观念、治理方式等都经历了巨大的转型，当下中国农民的所思所想绝非某种单一面向所能概括。而且，农民绝非制度的僵硬服从者，在特定的制度空间和政治话语中，他们的各种策略性行动具有高度的复杂性。国家所期望的产权改革面对的是一个怎样的农民社会，农民又是如何看待这场关系到自己切身利益的产权改革，这一切唯有进入他们的世界中，才能予以深度的把握。

从一轮承包15年不变到二轮承包30年不变，乃至土地承包关系物权化，农民对土地的承包期被不断延长，在法律和政策的表达中，农村土地的制度形态在不断地发生变化。在土地的集体所有性质不可能改变的宪法和政治秩序下，通过不断延长的土地承包期限，再加上推动规范化的土地流转，国家的土地制度安排事实上在寻找一个逐步脱嵌历史并进入新格局的路径，从而既绕开土地所有制的公私之争，又赋予土地实质上的民有属性（吴毅，2009）。从制度本身的逻辑来看，这场"还权于民"的农地变革可能具有积极的社会后果，然而一旦引入农民社会的微观视角，问题便有可能更为复杂。在基层社会中，国家并非产权形态的唯一决定力量，农民社会中的各种正式与非正式制度，农民的所思所想所行都可能成为影响地权秩序的转型乃至秩序最终稳定的重要因素。

本书将从农民社会的微观视角去观察新地权改革的"绩效",进而对农村土地集体所有制的变革逻辑和土地纠纷的发生机制进行考察和理解。在这场新的以个人权利为本位的地权变革中,包括农民在内的各基层社会利益主体是如何看待这场变革的,农民所秉持的传统土地伦理和认知以及由此而产生的行动将是本书关注的重点。

为了更有力地论证这一主题,并形成不同时间段地权形态互相参照的效果,避免因研究的历史时期过长而导致各个阶段经验单薄的缺陷,本书将以土地二轮承包以来10多年的时间作为观察农地制度变化的主要时段,力图更丰富地展示国家所推动的地权变革在农民社会中所引发的社会后果。这种研究不是对农村土地的产权结构做出制度与法律的设计,而是对已经发生事实的呈现与解读,因为本书坚持认为,相对于前者,后者无疑是一项更加基础性的工作。

(五)华中学派的研究传统:农民社会中的国家

我在地处华中的武汉完成了基本的学术训练,华中地区的农村研究传统无疑对本项研究的展开产生了直接的影响。

华中地区的农村研究发端于20世纪80年代老一辈政治学者张厚安、辛秋水所开创的村民自治研究。在对当时"泛意识形态化"的社会科学研究反思的基础上,他们认为应该改变从书本到书本的"注经式"研究方式,提出了"三个面向、理论务农"的学术主张,由此形成了日后村民自治研究之滥觞。从20世纪90年代中期开始,徐勇、项继权等人承接了张厚安等人的研究,并将之拓展为村级治理研究(张厚安、徐勇、项继权等,2000)。作为国家在农村社会实施的一项重大制度变革,关于村民自治的研究成为当时学界的热点问题,围绕村民自治制度的民主意义、实施状况、进一步的完善,研究者展开了充分的研究。当下华中地区的农村研究正是在他们开启的研究理路中一路走来。

然而,随着调研的丰富和对中国农村社会理解的加深,华中地区的研究者不再满足于仅仅对村民自治制度本身的研究。他们发现,村民自治制度更多的是"浮在乡村社会表面的一层油"(董磊明,2003),之前对之寄予的诸多希望无法实现。或者说,与其说村民自治制度改变了农村社会的面貌,还不如说村民自治制度更多的是嵌入了农村社会内部,并受到村庄既有社会结构的深深制约。在这种反思中,华中学派①的研究路径、策略在20世纪末21世纪初再次发生重构。

整体而言,在当下华中学派的研究中,有两个既有联系又存在张力的研究路向:一是湖北"黄梅实验"②失败给吴毅等人的刺激而引发他们研究方向的整体转移;二是贺雪峰、仝志辉等人通过村委会选举观察而开始的对转型乡村社会性质透视的自觉。前一条研究路数追求对村庄变迁的深度理解和阐释,以重新发现和认识中国乡土社会的经验,并力图以这种经验来丰富和重构中国基层政治的图像,最终为学理性操作提供较为可靠的经验平台;后一条研究路数则力图透过自上而下、自外向内的政策、法律和制度对乡村社会的进入差异来理解乡村社会本身,进而去探讨政策制定的问题

---

① 学者应星在2005年第1期《社会学研究》上发表《评村民自治研究的新取向——以〈选举事件和村庄政治〉为例》一文,对华中地区的村民自治研究提出了质疑,并首次将华中地区从事村治研究的一批学者称为"华中乡土派"。尽管应星更多的是在批判的意义上使用"华中乡土派"一词,但从那时起,"华中乡土派"或"华中学派"逐渐在一些非正式场合成为华中村治研究的代名词。
② "黄梅实验"是华中师范大学中国农村问题研究中心(2011年1月更名为中国农村研究院)在湖北省委的支持下,在湖北省黄梅县小池镇水月庵村进行的一场村治改革的社会实验,其目的是力图将当时关于村民自治的知识和理论运用于实际,以实践张厚安所倡导的"理论务农"和"理论支农"的主张,实验从1996年持续到1998年。最终,实验没有达到预期的目标。

（吴毅、贺雪峰、罗兴佐等，2005）。这两种研究都突破了村民自治所预设的价值与框架的局限，原有的村治研究亦开始被赋予"乡村治理"的新意，研究的论域得到了极大的拓展。

在学科特色上，由于关注问题的基层化与多元化，当下华中学派的研究更多的具有政治社会学和农村社会学的色彩。近年来，一系列专题研究，如关于乡村水利（罗兴佐，2006）、纠纷调解（董磊明，2008）、村庄社会性质（贺雪峰，2009a；刘勤，2008）、乡域政治（吴毅，2007b；欧阳静，2011）、乡村弱势与边缘群体（陈柏峰，2011；吕德文，2009；黄海，2010；杨华，2012）、农民上访（申端锋，2010；田先红，2012）等问题的作品已经相继问世，更大规模的研究仍在进行之中。这些研究从某个侧面加深了对农村社会乃至中国社会的认知，并形成了一个以问题为导向的研究谱系。除此之外，这些研究充分地尊重农村社会的经验逻辑，摒弃当前学界存在的"为理论对话而对话"，进而"切割经验、装扮经验"的一些不良倾向，将理论的提炼和对话真正建基于对中国农村经验复杂性的把握和体认基础之上。在这个意义上，"问题主位、村治主位、中国主位"的研究取向成为华中学派鲜明的特色。

华中学派的研究一路走来，研究的问题不断下沉，对于国家制度的宏观思考和关怀却没有随着问题的"基层化"而消失。20世纪90年代，以村民自治来取代宏观政治的研究并非研究者尊重研究自身规律的结果，而是政治风云变幻所带来的一种无奈，迫于现实的压力，本应以国家上层政治制度设计为内容的政治学研究者不得不转向村民自治，主动促成了"学术重心的下沉"。当下，华中学派的研究虽然聚焦于乡村社会中的各种问题，但在国家政权建设已经完成的背景下，各种乡村社会问题无不受到国家法律、政策以及权力实践的影响,因此,国家因素将是研究者无法回避的一个主题。在这个意义上,避免"只见社会、不见国家"的缺陷,进而从国家与农民社会关系的角度加深对具体问题的理解是当下农村研究的逻辑使然。

然而,华中学派的研究不仅仅是把国家因素作为理解乡村问题的一个变量,还更多地通过乡村社会来反观国家,从而形成对国家的制度、法律和政策设计的全新理解。进一步而言,当下华中的村治研究固然以乡村社会为底色,却更着意于理解国家在基层社会的运行过程以及各种政策、法律执行的社会基础。这是一种以"社会"来反观"国家"的视角,是一种自下而上的视角。虽"身在江湖",却"心系庙堂",并以"江湖"的经验来凸显"庙堂"之上所无法发现的问题。

本书对农村土地制度的研究将是对华中村治研究内容的继续拓展。得益于华中学派的研究方法,本书对农村土地制度的研究一方面要将农村土地制度放置在微观的乡村社会中进行理解,真正呈现农村土地制度嵌入社会关系的复杂性,从而做到以问题为本位,以中国乡村社会为本位,另一方面还要超越基层经验本身,与国家层面的制度设计思路形成对话,进而加深对中国社会制度转型期逻辑的理解。

三 个案方法与乡域研究

(一) 两种村庄研究

本书属于质性研究,拟采取社会人类学的方法,对某一地区土地制度的变迁和实践进行个案研究。最近 10 年中该地区发生的围绕土地的事件构成了一个整体事实，从而成为一个文本意义上的个案。

个案研究在社会科学中有着悠久的历史，其中具有里程碑意义的著作是马林诺夫斯基在20世纪20年代出版的《西太平洋的航海者》。该书通过对库拉交换圈的叙述，展示了居住在这一地区的人们的生活，这成为个案研究的范例。近一个世纪以来，经由人类学、社会学学者对此方法的运用，个案研究已经成为与量化研究相对应的社会科学领域中最重要的研究方法之一。

个案研究中的个案既可以是社会中的一个或几个事件，也可以是一个实体的单位。20世纪20年代以来，随着"西学东渐"浪潮的展开，中国一批社会人类学家开始了对中国社会的本土研究，其中个案研究体现为以"社区"（community）为单位的研究。受到功能学派的影响，吴文藻、费孝通等人以功能的视角理解社区中各种社会现象与整体社会结构的关联性，进而将基于对社区研究的概括和分析作为解释中国社会变迁的动力。在这种方法论的指导之下，《江村经济》《金翼》等一系列作品都在自觉或不自觉之中将"中国农民的生活"和"中国的宗族制度研究"作为自己的副标题。

在关于中国农村社会的研究中，社区研究主要表现为村庄研究。因而，在以上的研究中，村庄成为社会的缩影，而社会则是村庄的无限放大。但是，从村庄到社会是否是一个自动的延伸过程？一个未必典型的村落凭什么说是中国社会的缩影呢？从村庄到社会，这中间是否存在惊险的一跃？将原本应用于原始部落社会研究的社区研究方法应用到中国这样一个具有悠久历史传统且地大物博的国家中时，这种村庄研究能否反映中国社会的全貌？这些问题成为村庄研究中的待解之谜。

对村庄研究的批评主要由海外的汉学家和人类学家所做出。弗里德曼（Maurice Freedman）认为对村庄民族志式的个案研究不足以把握有长远历史传统的文明大国的特点，因此，社区不是社会的缩影，对于中国的研究还得借助于文献，并采用研究文明史和大型社会结构的方法（转引自王铭铭，2003：6-9）。进而，对中国社会的研究应该走出社区，在更大的空间跨度和时间跨度中探讨社会运作的机制。这种批判本质上是对将马林诺夫斯基的民族志方法论演化为中国社区论的质疑，反映了学界对将适用于简单社会的研究方法移植到复杂社会后的适应性问题的反思。

费孝通晚年对自己的村庄研究方法也进行了反思，他认为：

> 对中国农村的调查不能限于农村，因为在经济上它是城乡网络的基础。离开了上层的结构就不容易看清它的面貌。在意识形态上，更受到经济文化中心洗练过用来维持一定时期的整个中国社会的观念体系所控制。这里存在着一个立体的上下关系，基础和上层建筑的关系。（费孝通，1996：35）

村庄仅仅在数量上的堆砌无法描绘出一个整体中国社会的景象，这正是企图从村庄研究上升到认识中国整体社会的研究方法所面临的一个方法论缺陷。

在村庄研究中，还一直存在另外一条对村庄进行学理化操作的研究之路。为了避免别人对是否具有代表性的质疑，这种研究不追求"以小见大"，不再让个别村庄承载反映整个社会面貌的重任，而是注重对村庄的深度观察，力图从中发现人类行为的一般特点。利奇（Leach）就秉持这种观点，并对费孝通等人早期的村庄研究进行了批评。

费著的优点在于他的功能主义风格。与社会人类学者的所有优秀作品一样,它的核心内容是关于关系网络如何在一个单一的小型社区运作的细致研究。这种研究没有,或者不应自称代表任何意义上的典型。它们也不是为了阐明某种一般的论点和预设的。它们的意义在于它们本身。虽然这种作品以小范围的人类活动为焦点,但是它们能告诉我们的是有关人类社会行为的一般特点,其内容远比称为文化人类学的普通教材丰富博大。(转引自王铭铭,2005:30)

随着以大规模抽样调查为内容的定量研究以及统计学分析方法越来越多地被应用到社会科学研究领域,研究者正逐步实现对宏观社会的把握,在这种压力下,个案研究必须进一步"走出个案"(卢晖临、李雪,2007),以实现对自身研究方法的合法性论证。费孝通"走出个案"的方式是,个案研究同样可以解决代表性的问题,这具体体现为从村庄研究到类型研究,进而推广到对整体社会认识的研究谱系。然而,针对定量研究所提出的代表性问题,利奇的主张则代表了另一种应对方式,即个案研究的意义并非要作为宏观社会的缩影。作为一个各种社会关系能够得以展开的相对完整的社区空间,研究者完全可以通过对村庄的观察来实现对人类社会一般性行为方式的理论概括。

在后一种村庄研究中,不存在所谓代表性的问题,研究者强调的是村庄研究对于知识生产的意义。在这种研究理路中,村庄本身不是研究目的,理论建构、证明抑或证伪才是他们的目的,对村庄的关怀是理论和方法意义上的,村庄是理论观照下的建构性存在。相对于理论而言,这些研究可以不顾村庄到底是什么样的,以及能否代表整个中国社会,关键问题是村庄对于理论有什么意义,理论才是最主要的(申端锋,2010)。

在这种研究中,作为研究对象的个案村庄不具有本体的意义,更多的是作为一个知识生产的"场域"①。这种研究不是对村庄的研究,而是"在村庄中做研究"。正如格尔茨所认为,研究地点不等于研究对象,而人们时常混淆个案的代表性和个案特征的代表性(卢晖临、李雪,2007)。研究者研究的是个案特征,而非个案。换句话说,个案可以是非常独特的,甚至偏离正常状态,它体现出的某些特征却具有重要的代表性。

在社会科学研究领域,任何基于对微观研究单位的观察所得出的结论都要超越个案本身,而具有一般性的意义。在对个案特征而非个案本身的研究路径中,一个偶然选择的研究个案并不因未经过严格的科学抽样而失去其存在的研究意义。个案所能呈现的现象虽然具有特殊性和偶然性的特点,对个案的深度发掘以实现对其内含的逻辑和机制的揭示却可能具有普遍性,从而实现知识的可迁移性。在这种研究路径中,个案研究的成功与否取决于研究者"透过现象看本质"的能力,相应的,评判作品优劣的标准就并非"科学-实证主义"的研究思路所设置的"个案多大程度上能够代表整体",而是研究者对个案深度发掘的程度。因此,作为一种与量化研究相区分的质性研究,这种研究不仅不能以前者所设置的标准作为评价自身的标杆,反而具有其他方法所不具备的独特优势,

---

① 布迪厄将"场域"这个概念运用到许多不同的社会生活领域中,如科学、社会阶级生活方式、高等教育、宗教、文学等各个领域。他认为"根据场域概念进行思考就是从关系的角度进行思考……一个场域可以被定义为在各种位置之间存在的客观关系的一个网络(network),或一个构型(configuration)"(皮埃尔·布迪厄、华康德,1998:133-134)。

即它能更充分地展示被"科学－实证主义"研究所遮蔽的社会内部各种关系的复杂性。个案式的研究与"科学－实证主义"式的研究是两种并行不悖的研究，二者的方法论互为补充。

在两种村庄研究方法的争论以及运用中，如果说第一种研究体现了社会科学研究者所无法摆脱的对本土社会发展的强烈关怀，那么第二种研究则提供了一条与"科学－实证主义"的方法论和思维方式不同的研究路径，进而有力地论证了个案研究的优势和特征。本研究所关怀的乃是对中国农村土地制度形态的认知。由于中国社会的区域差异，自上而下的政策执行呈现不同的实践后果，对农村土地制度形态的总体概括必须借助于长期的、大规模的、跨地区的统计和抽样调查。在个案研究中，研究者自然无法完整地呈现土地制度的全貌以及所有的实践特征，而只能关注制度运作的机制、特征以及内部的张力等科学统计分析方法所无法发现的另一面。在这个意义上，本书又力图借鉴第二种个案研究的方法，即更多的是关注个案的特征，而非个案本身，因此得以避免研究对象"是否具有代表性"的质疑。

个案研究的意义通过村庄的研究得到说明，但个案研究的外延要远远大于村庄研究。通过对以上方法论争论的梳理，本书吸收并力图运用个案研究的基本方法，但本书的个案并非局限于村庄，而是试图对研究单位进行再次的选择，以更有力地呈现主题。

（二）研究单位的再选择：乡域

在 20 世纪初的社会人类学家中，小村庄成为认识大社会的一个窗口，这是因为在中国农村，村庄历来是农民聚居的一个基本单元。作为各种人际交往活动、生产活动得以进行的一个相对完整的空间，把村庄作为中国研究中一个重要的研究单位无疑具有强大的现实依据。但是，这并不意味着村庄是中国社会研究中的一个必然单位，对研究单位的选择还要受研究主题的影响。事实上，对于村庄更容易进行一种民族志式的研究，而一旦研究主题明确，一个更有利于呈现研究主题的单位就有可能不是村庄。尤其是当研究者怀揣着观察国家制度实践效果的目的时，村庄作为一个研究单位就未免过于局促与狭隘，因为当村庄本身无法包含制度实践过程的全面经验时，又何来进一步的概括、分析以及对整体政治社会的折射？

事实上，除了村庄之外，研究者一直也在进行其他研究单位的选择，这表现为空间的进一步延伸。费孝通在完成了《江村经济》一书后，为了克服单个村庄不足以反映中国社会的弊端，转向对不同类型的村庄社会进行研究，企图通过类型比较的方法来逐渐接近对中国社会的认识。在他看来，江村不能代表中国所有的农村，但是许多农村由于所处条件相同，在社会结构、文化方式方面和江村基本上是相同的，所以江村固然不是中国全部农村的典型，但不失为许多中国农村所共同的类型或模式（费孝通，2001：319）。不过，由于对于村庄类型如何界定，以及中国农村到底存在多少种类型等问题缺少回答，类型比较的方法仍然缺少可操作性的工具，而且新中国成立后一度废止了社会学学科，从而中止了这一计划的进一步实现。

作为一位经济人类学家，施坚雅（G. William Skinner）通过对四川盆地的实证研究发现，农民生活的实际社会区域并不是村落，而是基层市场区域。在他看来，单纯的村落无论从结构上还是功能上都是不完全的，构成中国乡村社会基本结构单元的应该是以基层集镇为中心、包括大约18个村庄在内的、具有正六边形结构的基层市场共同体。进而，他认为，基层市场又围绕一个更高层的中间市场而展开，通过一层一层往上推演，中国社会最终被划分为九大宏观经济区域空间。由于行政单位是以经济空间为基础，表面上决定一切的帝国行政机构仅仅是依附于区域经济空间的第二性组织，他以此来理解中国国家与社会那种并不是对立而是互相兼容的关系（施坚雅，1998）。这一研究单位能够包容宏观文明史的进程以及国家与社会的交错关系，具有方法论上的创新意义。但是，基于西南地区研究得出的基层市场范式在其他地区是否具有解释力？这一研究单位的选择一直遭受忽视中国各地区经济文化差异性的批评。

由于强大的研究惯性，改革开放之后，对中国社会的田野研究成为可能。曾经被海外学者批评甚至摒弃的村庄研究重新焕发了光彩，一批以村庄为研究单位的作品相继问世。[①] 此时的村庄研究已经不同于传统的村庄研究，而是具有"扩展个案"的方法论倾向。"传统个案研究通常将他们的研究结论局限在他们研究的日常世界的范围内，无力或者无心顾及广泛的历史模式和宏观结构。扩展个案能够走出个案自身的狭小范围，转而站在宏观场景，特别是宏大权力的领域中，居高临下地观察具体的日常生活；同时借由具体个案反观宏观因素，从而实现理论的重构。"（卢晖临、李雪，2007）在这个意义上，这些村庄研究已经不再局限于村庄内含的经验本身，而是更关注村庄与宏观国家之间的关系和互动。"新一代人类学家对村庄的研究，关注的还是中国，但这时的中国已经不再是

[①] 这些以村庄为研究单位的作品包括：*Chen Village: The Recent History of a Peasant Community in Mao's China*，《林村的故事——一九四九年的中国农村变革》，*Agent and Victims in South china*，等等。

一个作为天然体系的社会,而是与国家、宇宙观、政治经济过程、意识形态的概念结合起来,这使得村庄民族志研究的问题不再是一个村庄如何反映整个中国,而是转变成村庄与国家关系过程的分析。"(王铭铭,2003:12)这种新的研究取向从既有的对村庄研究的批评和反思中汲取了养分,并赋予了村庄研究新的内涵。

这种村庄研究要在村庄社会中完成对微观力量与宏观力量的沟通、交错的观察,进而涵盖中国国家与社会的关系特征,然而,传统的国家政权只渗透到县一级行政单位,县以下的乡(镇)、村主要是由民间社团和社会组织控制,是一种自治性的社区。因此,在对村庄历时性的研究中,很难包容宏观历史的演进轨迹。而且,在现代国家政权建设完成的当下,村庄社区固然已经实现"单位化"和"细胞化",基层的政治精英成为国家的"代理人",但是,国家和现代性因素在县、乡(镇)两级的存量仍然要远远地高于村落一级,村庄社会中的"国家"往往是不完整的"国家"。因此,在对中国社会的研究中,研究单位的重新选择并没有以村庄研究的恢复与创新而终结,研究者继续进行着放宽研究视野和提升研究单位层次的努力。

21世纪以来,"县域"和"乡域"的研究层级代表了一种新的研究单位尝试。以县为研究单位,这在相当程度上是因为自秦推行郡县制以来的两千余年中,县一直被作为中国的基层行政区域单位而保持了相对的稳定性。作为一个在历史上长期被整合的有机社会,县在某种程度上是一个较为完整的空间体系、经济体系、社会体系、文化体系,它是基层意义上最完备的"国家"(樊红敏,2007)。不过,问题也随之而来,若坚持以田野调查的方法来研究"县政",势必会遭遇单个研究者不易把握的规模效应问题,其结果是,对于"县政"的田野研究往往因为研究者在结构和过程这两头无暇兼顾而呈现非驴非马的状况,既无法很好地发挥田野研究揭示复杂情态的优势,又自废了制度性分析的长处。——可以说,迄今为止,尚未见到比较成功的以田野方法所做的"县政"研究(狄金华,2008)。

与之相比,介于村庄与县域之间的乡域研究则更加具有研究的可行性。相对于村庄研究而言,乡域研究能观察到村庄研究所无法观察到的更多经验和现象;相对于已经高度官僚化、科层化和部门化的县域政治而言,乡域不仅更能发挥田野研究的优势,而且更能体现出体制与非体制、结构与非结构以及制度与文化的贯通方面所呈现的时空统一性和完整性。这种在空间上的包容和事件上的涵括将基层政治由破碎的"点"提升到了一个相对宏阔的"面",这是对村庄小社区研究的拓展,也能为区域研究提供更加切实的路径(吴毅,2007b:600-605)。

本书以乡域作为研究的基本单位,以乡域范围内发生的土地纠纷作为整体的观察对象。同时,为了结合村庄研究的优势,本书选择了五个村庄并予以重点关注,力图实现乡域范围内"点"和"面"的结合。之所以做如此的方法论选择,与本书的研究对象和研究宗旨有关。我关心的是土地制度在基层社会中的实践,农民、村组干部和乡镇政府都是直接的利益相关方,他们的互动直接影响到地权的表现形态。在农村税费改革之前,乡镇政府的工作被戏谑地称为"要钱"和"要命"(收取税费和计划生育),能否及时、足额地收取税费一度是考核乡村干部的重要指标,如今,在发展经济和维护稳定的行政压力下,地权的形态同样与实现地方社会经济发展和政治稳定的目标休戚相关;在现有的法律框架下,作为农村集体土地的代理人,村委会不仅是农村土地的发包主体,而且是土地级差地租和资本化收益的直接受益者；在乡村社会中，作为土地直接的耕种者和经营者，农民的切身利益乃至生存安全都与土地制度的安排密切相关。在这个意义上，围绕农村的地权具有多重的利益主体，地权实践形态就不只是由国家政策单方面决定，而是由国家、乡镇政府、村委会、农民等多方的互动关系所塑造。

正是在乡域的范围内，各种利益主体的行为才相互碰撞、影响，这一单位因而成为展现并观察各方的行动逻辑，进而理解地权实践形态的一个最贴切的平台。

四　资料来源与田野地点

本书调研选择的湖北省楚市①是我所在的研究团队长期进行乡村建设实验的地点之一。从 2005 年开始，我多次来到这一地区进行相关课题的调研。当关注的问题收窄时，我发现这一地区的乡、村两级正在为日益增多的社会矛盾和纠纷而困扰，其中不稳定因素的一个重要来源就是围绕土地的权属争议。

作为中部的农业型地区，当地土地仍然以农业种植为主，地权纠纷主要是农地领域的纠纷。但是，在日益加快的城镇化和工业化的浪潮下，因土地的非农使用所引发的激烈矛盾在这一地区也开始出现。因此，当地地权的冲突基本上囊括了当前土地纠纷的各种类型，从而能够为在一个特定的时空内整体性地透视土地制度提供可能。之所以要以这种整体性视角切入对土地制度的研究，其背后的一个判断在于，现有土地制度的研究过于政策化，即按照政策和法律的划分将土地制度切割成不同的侧面，如土地征收、土地流转、

---

① 按照社会人类学作品匿名的惯例，本书所涉及的关键性地名、人名皆为化名。

土地调整。对策化研究固然具有极强的现实针对性，但忽视了土地制度不同侧面之间的互相牵制和影响。对于基层政权和农民而言，土地制度是一个整体，他们行动的逻辑并不会因为政策和法律对土地制度的人为区隔而发生变化，因此，如果将土地制度的研究从以往过于强调国家视角转向农民社会视角，那么摆脱以往的对策化研究，将土地制度重新作为一个整体来对待是这种视角在研究中的进一步延续。

这种研究需要在特定乡域范围内进行，于是，我需要在该区域范围内选择一个乡镇作为长期观察的对象，以实现深度发掘问题的研究需要。考虑到调研的便利，和当地乡镇政府的关系无疑是一个重要的选择指标，由于我所在的单位和该区域曾经具有长期的合作关系，地处江汉平原西北边缘和荆山余脉交汇处的江镇成为我最终选择的调研地点。

江镇行政上隶属于楚市白云区，境内辖27个行政村，现有32291人，其中31000人为农业户口。全镇共有耕地41722亩，林地105972亩。境内工业发达，有农副产品加工、服装贸易和磷化工等57家企业，2009年全镇工农业产值达到63亿元，是楚市连续多年的"十强工业重镇"之一，这主要得益于该镇有一家著名的大型化工企业——大江集团。当然，由于工业辐射能力有限，江镇大部分地区仍然是典型的农业型地区，农业种植以水稻、油菜等作物为主。据当地镇政府的统计数据，2009年，农民人均收入在5000元左右，绝大多数农民的经济水平处于"温饱有余，小康不足"的阶段。

江镇是由原江镇与石镇在2001年合并而来，其中原江镇辖9个行政村，石镇辖18个行政村，由于工商企业主要分布在江镇，这使得人口规模远小于石镇的江镇反而兼并了前者，足见地方经济在政府考核体系中的核心地位。江镇现有的 27 个行政村概况如表 0-1 所示。

表 0-1 江镇村庄概况

村庄	人口数（人）	村民小组数（个）	耕地面积（亩）	林地面积（亩）
中心村	2068	8	2059	146
张村	1348	8	2103	2066
叶村	1200	7	1453	2162
骏马村	1129	8	1865	5000
普村	1265	7	2214	3100
黄岩村	892	4	1913	1959
栗冲村	603	4	986	2487
新市村	2108	9	3358	1500
英岩村	424	3	716	1620
山池村①	2188	3	60	150
雷坪村	1483	5	1598	3609
五柳村	683	5	929	3675
花园村	713	6	650	2450
八里铺村	741	4	908	1895
廖坪村	980	6	2100	4600
五家村	820	6	1279	3415
彭湾村	749	7	1452	1267
马坪村	1207	5	1469	2704
大桥村	820	6	1618	2700
象河村	1325	9	1838	18993
长圣村	1532	9	2021	7500
陶河村	1060	7	1493	1411
余坪村	1372	9	2294	2500
山泉村	872	7	671	13685

---

① 原石镇镇政府所在村，该村原本土地面积较少，再加上地处集镇，城镇化发展导致大量的土地被转化为建设用地。由于该村非农业人口占绝大多数，其在 2009 年已经被改制为社区，原村委会也变更为社区居委会。

续表

村庄	人口数（人）	村民小组数（个）	耕地面积（亩）	林地面积（亩）
河堤村	898	6	1180	4178
杨桥村	2000	8	2000	6200
海棠村	1811	8	1495	5000
合计	32291	174	41722	105972

由于村庄数量较多，我无法在有限的时间中一一调查，而选择了相对有代表性的村庄。选择的标准有二：第一，先从一般性的村庄入手，理解常态下的村庄治理、土地制度的现状，以获得对该地区基层治理和土地制度的基础性知识；第二，选择土地纠纷事件较为严重的个别村庄，力图通过具体的事件来剖析土地制度的表现形态。依据第一条标准选择的村庄为普村，依据第二条标准选择的村庄为张村、叶村、五柳村以及黄岩村。主要访谈村庄的地理位置如图0-1所示。

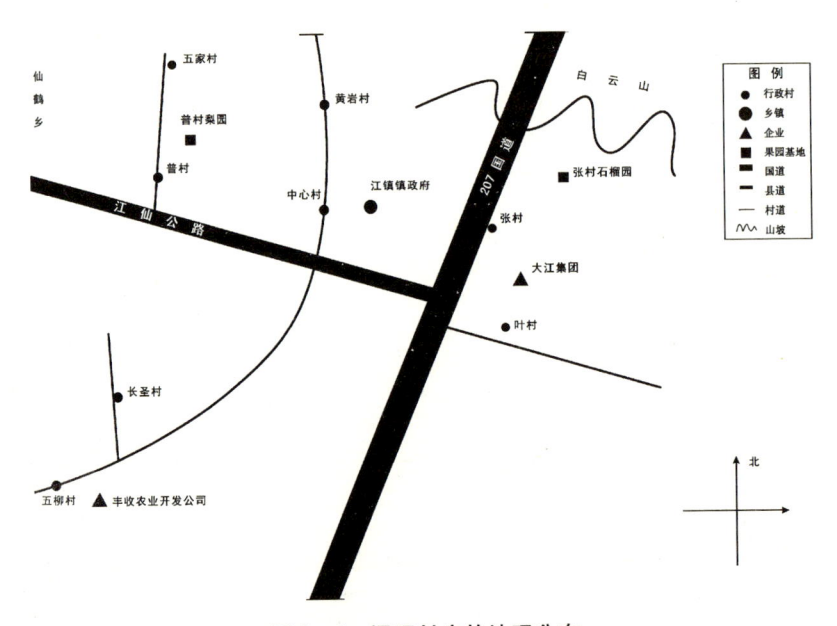

图0-1 调研村庄的地理分布

第一个层次的调查是在村庄层面进行，第二个层次的调查则是在乡镇范围内进行，因为在村庄的调研中我越发感觉到该主题不能仅限于村庄范围，乡镇政府的意志和行动逻辑亦深深地左右着村庄内的地权样态。乡镇政府的行为既与村级组织的行动有重合的一面，又有着自身独特的利益驱动。在乡镇的调研中，我访问的主要有乡镇党政班子成员，以及分管各领域的领导。职能部门主要访谈了镇农村经济管理站（以下简称农经站）、司法所、国土资源管理所、林业站和信访办公室（以下简称信访办）等单位的负责人。为了对江镇的经验进行更好的定位，我还访谈了区农村经济管理局和区国土资源管理局的有关人员。

基于以上的调研，本书的资料主要由以下几个方面构成。

第一，乡镇政府以及相关职能部门保留的土地问题相关资料。在江镇镇政府档案室、司法所、信访办都保留着大量涉及二轮承包、土地流转、土地征用等方面的资料，其中包括政府的会议纪要、事件处理意见、对土地纠纷的排查和搜集整理情况等。遗憾的是，由于乡镇多次合并，且之前的档案管理不规范，江镇分田单干以来涉及土地制度的文件和资料并没有完整地保留下来，这也是我以二轮承包以来这段时期的土地制度演变为研究对象的一个客观性原因。

第二，《楚市志》《湖北省志》等关于这一地区历史变迁以及现实状况的记载。白云区行政建制的历史较为短暂，江镇在历史上属于楚县，1983 年楚县才撤县设市。其中《楚市志》于 1994 年出版，对这些资料的查阅加深了我对该地区的理解。

第三，田野调查获得的人物访谈资料。由于访谈的对象涉及普通农民、事件当事人、村干部、乡镇干部以及区职能部门人员，我力图在同一现象和同一事件中获得各个层次利益相关者的基本态度，以完整地再现事件和现象的经过。

五 核心概念和基本框架

(一) 核心概念

1. 土地与土地制度

一般意义上的土地仅指耕地，本书所指的土地则包括耕地、林地以及荒坡三种农地类型。江镇具有丘陵地带的地理特征，林地和荒坡占整个国土面积的大半以上，其在当地农民的生产中同样具有重要的地位。

尽管如此，土地仍然属于物的范畴，社会科学的研究对象却是人，因此本书研究的对象只能是围绕土地的各种关系。这种关系包含两层含义：一层是人与地的关系，另一层是人与人之间的社会关系，这就是所谓的土地制度。然而，土地制度仍然是一个涵盖范围广、涉及层次多的概念，本书所使用的土地制度在内容上侧重于农地领域的一系列法律和政策表达。从一轮承包15年不变，到二轮承包30年不变，再到土地承包关系的物权化、土地承包关系的长久不变以及土地的流转，这些连续的、叠加的法律和政策构成了本书所指的土地制度。

这些对农地领域法律和政策的表达事实上是关于农村土地的一种正式制度，以此为参照，本书还将发掘当下乡村社会中存在的一整套关于土地的"非正式制度"，并讨论二者之间的互动与关联。

2. 土地集体所有制

至1956年底，我国农村基本普及了高级农业生产合作社，土地改革中分到土地的农民基本上都加入了农业生产合作社。

1975年颁布的《中华人民共和国宪法》第七条规定：现阶段农村人民公社的集体所有制经济，一般实行三级所有、队为基础，即以生产队为基本核算单位的公社、生产大队和生产队三级所有。农村土地的集体所有首次在国家最高法律层面得到了确认。2004年，修订后的《中华人民共和国宪法》第十条规定：城市的土地属于国家所有。农村和城市郊区的土地，除由法律规定属于国家所有的以外，属于集体所有；宅基地和自留地、自留山，也属于集体所有。这表明，自从农业社会主义改造以来，我国农村实行的土地所有权制度一直是集体所有制，这个表述并没有发生任何的改变。

然而，农村土地的集体所有在不同的历史阶段有着不同的实践内容。1956年后，土地的集体所有权一度被放置在生产大队甚至公社一级。1962年后，由于《农村人民公社工作条例修正草案》（即著名的《农业六十条》）的出台，土地的集体所有表现为"三级所有、队为基础"的多层产权结构形态。分田单干之后，土地的集体所有又表现为"以家庭承包经营为基础、统分结合的双层经营体制"。在这种集体土地制度下，村组"集体经济组织"享有土地的所有权和发包权，农民享有土地的承包使用权，这种制度被概括为具有"共有与私用"（赵阳，2007）的特征。本书所谓的土地集体所有制主要是在这个意义上使用。

由于集体经济组织并非一个实体组织，以至在现实中土地的所有权事实上是被村委会和村民小组两级组织所行使。因此，农民和干部也往往将村、组两级组织特别是村委会称为"村集体"，本书有时也使用了农民的这种说法。

3. 治理

"治理"（governance）一词源于拉丁文和古希腊语，原意是控制、引导和操纵。长期以来它与"统治"（government）一词交叉使用，并且主要用于与国家的公共事务相关的管理活动和政治活动中。20世纪90年代以来，西方政治学和经济学家赋予"治理"以新的含义。按照全球治理委员会的定义，治理是各种公共的或私人的个人和机构管理共同事务诸多方式的综合。治理不是一整套规则，也不是一种活动，而是一个过程；治理过程的基础不是控制，而是协调；治理既涉及公共部门，也包括私人部门；治理不是一种正式的制度，而是持续的互动（俞可平，2000：4-5）。

治理的目标在于"善治"（good governance），即实现一种国家和社会良好的合作关系。本书中的治理概念包括两层含义：第一，在乡村社会中，乡镇政府和村民委员会等公共权力机构对社会进行管理、协调，以达成良好秩序的过程；第二，乡村基层政权的意志并不能完全决定乡村社会的秩序，尤其是在后全能主义的政治体制下，乡村秩序的达成往往是乡村基层政权与农民等各方利益主体互动、博弈的结果。尽管公权力的主导性作用仍然明显，但乡村治理的内容绝非其能完全垄断，还必须兼顾其他利益主体的影响。在这个意义上，本书的治理是指乡村社会中利益主体所共同形成的一种权力关系格局，这是一个多方持续的互动过程。

（二）基本框架

包括导论和结论部分在内，本书主体部分共分为八章，各部分的基本内容如下。

导论部分，交代本书拟回答的问题、既有研究的综述。在此基础上，本书将以农民社会作为理解农村土地制度的基本视角，并以乡域为基本的考察单位，以实现对乡镇土地制度个案演变的分析。

第一章交代地域社会的自然地理特征、土地的耕作制度，以及地域社会中关于土地制度的地方性知识和实践等，从而为下文进一步分析提供一个在地感和场景化的背景和铺垫。

第二章以二轮承包作为叙述的起点，关注这一时期土地制度的基本特征。由于农业生产承载着沉重的负担，土地承包对于农民而言很大程度上是作为一项义务而存在，这使得土地承包经营权无法稳定，而在村组范围内频繁地变动。农地制度表现出以"村社为本位"而非以"个人为本位"的特征。

第三章关注二轮承包30年不变的政策是如何成为可能的。农村税费改革之后，农村土地的市场行情开始逆转，在新一轮"确权确地"运动中，国家的土地确权政策与村庄伦理的冲突加剧。最终，在权力的强大动员下，土地权属高度不稳定的事实被打破，土地制度的转型就此开始。

第四章关注围绕土地的纠纷发生机制。在纷繁复杂的地权纠纷中，重点分析农民地权主张依据的来源，以此来探析乡村社会中关于土地的各种传统认知和非正式制度的形态。其中，祖业权、生存权和土地占有的平均主义似乎是农民秉持的不证自明的真理。由于它们所勾连的是一连串土地制度的历史，国家所欲建构的长久不变的土地承包权面临难以确立起点的技术困境。

第五章继续关注围绕土地纠纷的发生机制。为了最大化地得到土地的收益，农民根据人民公社体制下"三级所有、队为基础"的土地所有权规定，上演了当地较为激烈的一种地权纠纷。到底谁是农村土地的所有者？当国家在自觉或不自觉中实现土地所有权的转移时，乡村社会中关于土地所有权的传统认知依然存在。

第六章关注基层政权在土地纠纷中的角色和作用。基层政权不仅没有成为农民土地产权的有效仲裁者，反而因自身利益深陷其中而成为土地纠纷发生的诱因之一,新的地权表达被基层政权变通和利用。

最后为本书的结论部分。该部分一方面是对全部内容的理论提炼,另一方面则试图表达对中国农村土地制度改革的现实关怀。

第一章

地域社会

我到江镇调研的时候，正值油菜花灿烂开放的时节。一望无际的大地被一层金黄色的地毯所覆盖，诗意的乡村生活让人沉醉其中。然而，文学的浪漫与想象不能替代对现实问题的理性分析，统一的、极富视觉美学的景象亦无法掩盖村庄土地制度的高度复杂性。从实践来看，在当地土地制度的运行中既有正式制度与非正式制度的杂糅，又有国家法律、政策和乡土知识体系的互构，而这一切又孕育于特定的自然环境、地理空间与社会结构之中。

在本章中，我首先对地域社会做出一个全景式的展现，在此基础上，对当地土地的基本耕作制度和乡土性的土地知识做出说明，最后关注当地极具地域特点的村级土地交易市场。这些都是关于土地的"地方性知识"，在很大程度上与国家正式的土地制度表述相去甚远，它们反映的是当地农民对土地的理解、认知以及当地土地制度的实践形态。尽管这些关于土地的知识对于今天新一代的农民来说已经不再重要，但获得这些知识是理解当地土地制度的前提，二轮承包之后土地制度在当地的变迁路径、方式也与此密切相关。

一 地域社会

(一) 移民村庄

江镇地处江汉平原西北端,属于鄂中丘陵地带,海拔100—200米。江镇行政上隶属于楚市白云区,在历史上属于楚县。这一地区古时属于权国、鄀国,汉时置当阳县,晋设长林县,唐立楚县,宋建楚军,清为直隶州(领当阳、远安二县)。民国时,降州为县。新中国成立后,沿袭了县的建制。1983年,楚县撤县设市,并设立白云区。该地区是楚文化的发祥地之一,春秋战国时,楚国曾在此区域内建都达400多年,王公贵族死后均葬于这一带,迄今的考古发现已经发掘出大量的楚国贵族墓葬群。

全境地处中纬度北亚热带季风气候带,雨量充沛,阳光充足,无霜期长,具有春湿、夏热、秋凉、冬寒四季分明的气候特征。日平均气温15.6℃—16.3℃,年平均气温13.3℃—16.9℃。最冷月是1月,平均气温在1.4℃—3.8℃;最热月是7月,平均气温在25.2℃—28.4℃。近年平均降水量为977.4毫米,主要集中在夏季,占全年总雨量的46.1%,春、秋季分别占26.5%和21.7%。无霜期为246—255天,年日照时间为1997—2100小时。

该地区的地形地貌以低山、丘陵为主,山区、丘陵、库区多种地形兼备,有"七山一水二分田"之称。区国土资源管理局提供的资料显示,全区总面积164504.63公顷,占全市国土面积的13.3%。其中耕地26658.71公顷,园地2665.26公顷,林地90796.97公顷,城镇工矿占地7648.46公顷,交通用地2911.43公顷,水域22008.42公顷,未利用地11815.38公顷。目前,全区辖

9个乡镇及街道办事处，239个行政村，共有230223人，全区人均耕地在1.45亩左右。

这一地区的村庄大多形成于明朝所谓"江西填湖广"的移民运动。至今，老一代村民仍然口口相传着祖先来自江西的记忆。相关的历史研究表明，在元末明初之时，两湖地区基本上都是地旷人稀、耕作粗放的地区。明朝洪武年间，政府有组织地将长江下游的农户迁入两湖地区，之后随着两湖平原土地的开发，巨大的土地资源优势吸引了江南地区的农户迁入，导致人口密度不断增大，农业生产得到发展。相对于华南、江西等地的宗族世代聚居村落，当地的村落历史较为短暂，由于移民的不断进入，村落也呈现杂姓混居的特征。在该地区的村庄中，祖先崇拜、宗教信仰等传统观念较为淡薄，当地的村民大都表现出务实、理性的生活态度。

由于两湖地区具有复杂多样、零碎分割的地形地貌特征，加之受到移民迁居方式、经济生产活动以及社会文化背景等诸多因素的影响，散居成为村里的主要形式（杨国安，2004：32）。从江镇村民的居住格局上看，当地村民分布在大小不等的"湾子"（自然村）里，这些"湾子"大的有一二十户，小的只有两三家。一般情况下，一个村民小组由数个邻近的"湾子"组成，而一个行政村范围内的"湾子"数量往往在几十个以上。即使是在现代交通、通信设施已经基本进入当地村庄的条件下，由于居住十分分散，村子里的许多事情处理起来还是很不方便。以普村为例，全村方圆20公里，从最东端的"湾子"步行到最西端的"湾子"，至少要花费1.5小时。

由于村内地域大、居住散，一个"湾子"内的村民才是名副其实的邻里。村民之间的走动往往限于"湾子"内部，红白事少不了要邻里来帮忙烧饭招待、抬棺下葬，"湾子"成为人情往来的基本单位。除此之外，一个"湾子"内的田地基本上都在一起，灌溉亦属于同一个水系，农业生产就常常需要村民之间的相互协作。如果说"湾子"是一个紧密的生活圈，那么作为行政建制的村民小组则因为直接嫁接在一个或数个"湾子"的生活单元之上，而成为与当地村民关系最密切的一级组织。为了更好地维系农业生产秩序，村民小组的制度设置在当地的乡村治理体制中具有重要地位。尤其是在农村税费改革前，村民小组一直是进行农业生产基础设施的建设、纠纷调解和税费征收等乡村治理内容的基本单位。

除了"湾子"之外，村民关于当地地理特征的另一种说法有"冲"和"坪"。在高低起伏的地势中，村民把相对开阔之地叫"坪"，而丘陵地带以及山坳则叫"冲"。相应地，冲内和坪内的耕地则被分别称为"冲田"和"坪田"。"坪"地势平坦，居住其中，村民生活和生产都较为方便；而在"冲"内，村民则面临地势高低不平所造成的诸多不便。"坪"和"冲"的地理范围要远大于湾子，有时甚至能覆盖数个村民小组，因此，很多行政村庄的名字都是以主要姓氏和所在的地势来命名，如栗冲村、马坪村等。与"湾子"和村民小组相比，行政村则是一个"半熟人社会"（贺雪峰，2003：1-4），本村的村民之间虽然认识，但还谈不上熟悉。

关于这一地区农村当下的治理状况，已经有学者做出了研究，如贺雪峰的《新乡土中国——转型期乡村社会调查笔记》、陈涛的《村将不村——鄂中村治模式研究》等。从区域文化特征比较上看，这一地区村民的集体行动能力较弱，呈现行动"原子化"特征，即村民缺少对更高一级家族单位的认同，他们的日常行动一般以核心家庭为单位。在江西、福建等地区至今仍然有着重要影响的家族力量，在这一地区几乎难见踪迹，这一方面使得当地村民具有极强的"现代"意识，另一方面却也使得村民在行动中缺少了一项重要的"社会资本"。因此,无论是在村庄内公益事业的组织上,还是在应对外来力量以保卫村庄利益的行动中,村民之间都很难形成一定规模的集体的行动,人际关系具有离散化的特征。

(二) 经济与生活

和改革开放之前相比,江镇村民的经济收入水平大幅度提高,但由于就业方式和收入来源的多元化,农民群体本身已经发生了分化。在我完成对江镇的田野工作之后,2011年底,我所在的研究团队又专门对楚市农民收入状况进行了专门的问卷调查。这次调查共涉及4000个农民家庭,并依据农民生产方式和收入的不同将之划分为8种类型,表1-1是不同类型农民的家庭年收入情况。

表1-1 2011年楚市不同类型农民的家庭年收入情况

主要生产方式	收入(万元)
务农	2.67
主要务农兼外出打工	3.01
主要外出打工,农忙时务农	3.60
外出打工	3.55
家庭手工业、副业	3.76
个体经营	4.76
教师	3.42
村干部	4.62

从收入结构上看,对于不同类型的农民而言,尽管所占比例不同,但大部分家庭的收入来源事实上表现出典型的二元结构,即务工收入和务农收入并存。事实上,除去后三种数量较少的农民类型,不同农民之所以处在不同的经济地位主要是由务工收入的不同所导致。一般情况下,务工收入越高,家庭的经济条件也

就越好。

自20世纪80年代中后期起,江镇的农民就开始到沿海地区的城市打工,持续至今,打工的人群和规模越来越大。据估算,在全镇3万多总人口中,目前外出务工的约有1万多人,其中大部分是年龄在18—45岁的青壮年劳动力。他们主要分布在沿海地区的加工制造业和服务业中,虽然也有部分打工者成功转型,跻身于管理者阶层,但大部分人从事的都是体力活和简单的技术工种。

相对于临近的农业型乡镇,江镇拥有一定的工业资源,这为当地农民在本地非农就业提供了机会。在叶村,坐落着一家大型的化工股份公司——大江集团。20世纪80年代中期,该公司只是一家小规模的乡镇企业,后来经过企业改制,规模不断壮大,现有固定资产总额20亿元,员工4000余名。除了中高级的技术和管理人员之外,大约有3000名正式与临时职工来自江镇的村庄。在大江集团上班的村民平时在工厂上班,家中年迈的父母负责农业生产的日常管理;在农忙时,工厂会专门放几天假,他们便得以再次投入农业生产。尽管要忍受生产化工产品的不良工作环境,每年仍然有大量的农民想进入该工厂上班,因为在该公司就业不仅能极大地增加家庭的收入,而且能保持家庭生活的完整性。

然而,由于辐射能力毕竟有限,大江集团不可能满足当地所有村民在本地就业的愿望。为了增加家庭的收入,而又不离开家乡,江镇还有相当部分的村民选择在本地打工。这部分人一般以40岁以上的中年人为主,活动范围主要在本市内,从事的大都是建筑工地上的体力活。由于没有远离家乡,他们一边继续耕种土地,一边在本地打工(即表1-1中的第二种和第三种农民类型),打工收入成为家庭收入的重要补充。和沿海及城郊发达地区的农民相比,他们基本上处在"温饱有余,小康不足"的阶段。

外出务工、本地就业以及本地打工构成江镇农民务工收入的主要方式，与之相比，农民来自土地的家庭收入相对较低。就目前来看，江镇务农人群的年龄一般在 50 岁以上，表现为"老人农业"的特征。李荣生是普村的一位朴实农民，58 岁，共有耕地 3.2 亩，他计算了 2008 年时一亩土地的收支情况。

表 1-2　2008 年李荣生每亩土地的收支情况

成本	收入	纯利润
种子：35 元 农药：50 元 肥料：100 元 机械耕作费用：100 元 请小工插秧：100 元 收割：80 元 总计：465 元	0.75 元/斤 × 1000 斤 = 750 元	285 元

注：2008 年当地稻谷价格为 0.75 元/斤，当地稻谷的亩产一般在 1000 斤左右。

油菜的经济效益略高，即使种植两季作物，一亩田的总收益也只能在 600 元左右，远不如打工或者在本地做小工收益高。这意味着，对农民来说，耕种土地所能得到的基本口粮和微薄收入只能维持生存，他们之所以仍有人完全从事农业大都是由于自身年龄、身体状况等客观原因导致。如果存在其他的就业机会和条件，农民一般都会从事非农生产，在这个意义上，土地在当前农民家庭经济收入来源中所发挥的功能已经下降。在农村税费改革前，农业产出的效益低，土地还承担着农业税和"三提五统"等各种税费任务，农民更是普遍不愿意种田。如今，在国家的各种惠农政策下，农民耕种土地的愿望才得以好转，即使如此，真正完全从事土地耕种的农民仍然是少数。

在大批青壮年劳动力外出的背景下,平日的村庄显得格外宁静,能见到的人群和听到的嘈杂声更多的是来自麻将桌旁。由于最近几年农业机械化水平提高,农业生产基本不再需要大量的体力劳动,劳动效率也得到了提升,原来要耗费几天的农活可能一个上午就可以干完,留守的村民便有了更多的空闲时间。在村庄中,他们支配空闲时间的主要方式是打麻将。村庄中的小店和茶馆是村民打麻将的主要场所,几乎每个小店和茶馆都至少有 2 桌以上的麻将同时"开战",而在整个江镇街道上,提供活动场所的茶馆和麻将馆达 40 多家。

村民们不仅通过打麻将来休闲娱乐、消磨时间,相互之间的人情往来亦呈现迅猛的发展势头。现在的村民有着各种办人情的"新风俗",红白喜事自不必说,从 30 岁开始,村民的生日也是逢十必办。此外,建房、考上大学、参军等都是人情往来的重要内容。一次人情支出一般在 100 元左右,如果亲戚朋友多的话,村民一年的人情支出累计达四五千元,甚至接近万元。由于人情需要相互往来,村民一旦参与进去,就必须在下一个时间点进行偿还或收回人情。依靠来来往往的人情链条,村民乐此不疲地为村庄平日的平淡生活增添色彩。

打麻将和人情往来不仅仅是村民的娱乐方式,也是一种村庄信息传播的主要途径。在生产之余,由于缺少公共性的活动,打麻将和人情往来反而成为村民在生活中聚集的主要缘由,在"张家长、李家短"的闲言碎语中,村民也在交流着村庄中的各种信息,编织着村庄生活的新秩序。于是,在大批人员远离村庄的条件下,村庄的共同体生活仍然得以维系。

二 关于土地的基本制度

(一) 耕作制度

作为农业型地区的江镇,农业种植以水稻、小麦等作物为主,经济作物以油菜种植为主。在历史上,该地区盛产水稻,有古诗"犬声扑扑寒溪烟,人家烧竹种山田"为证,生动地展现了当时"畲田"的景象。但是,一直以来,该地区种植结构较为单一,复种指数小,其中中稻面积大,由此造成农活集中,水、肥、劳、畜的矛盾突出,农作物的产量低。现在当地以水稻和油菜为主、辅以其他耐寒作物的农业种植结构只有几十年的耕作实践。从20世纪50年代农业合作化至今,当地农耕制度经历了四次主要变革。

第一次,发展晚稻,减少中稻面积。1956年,县政府从江苏、浙江引进晚稻品种,种植面积2.89万亩,产量高于本地中稻,而且晚稻的播种、插秧时间迟于中稻,可以错开季节,缓和单一种植的矛盾。后来由于晚稻生长期长,水、肥需求量大,且不容易脱粒,种植面积逐年减少。

第二次,发展豆科绿肥,实行肥－稻一熟制。1964年后,淘汰大麦绿肥,发展以苕子为主的豆科绿肥,与中稻实行肥－稻连作,实现用地与养地相结合。1966年,苕子种植面积占水稻面积的69.59%。

第三次,发展双季稻,中稻改种"691"品种。1971年,县政府提出"发展双季稻,粮食超纲要"的口号,全面推行双季晚稻套种蓝花苕子的种植模式。据《楚市志》记载,当时的农民普遍称赞"蓝花苕子配691,肥稻连作产量高"。从此,该水稻成为当地农业种植的当家品种。不过，这种种植方式也在不少乡镇导致土壤板结、地力下降，造成以后粮食产量的下降。

第四次，压缩双季稻，扩大油菜种植。分田单干后，县政府因地制宜，压缩双季稻面积，扩大小麦、油菜与水稻连作的面积，"油菜－水稻"或"小麦－水稻"连作的耕作方式基本形成。

和富庶的江汉平原相比，江镇乃至白云区都远非"鱼米之乡"。该地区地势高低起伏连绵，海拔在120—665米之间，山丘、林地面积占总面积的80%。土壤主要为黄棕土壤和紫色土壤，前者土层薄、肥力低，后者土层深厚、质地中等、氮钾含量高、酸碱度为6.0—8.5。由于地势的原因，区内的农田基本上都是高低不平的梯田，这增大了耕作的难度。根据水源的有无，田地又可分为水田和旱地。水田由于具有灌溉水源，主要以种植水稻、油菜为主，旱地则只能种植耐寒的作物，如棉花、玉米、花生、高粱等。一般情况下，旱地主要分布在冲田中，较高的地理位置使得灌溉用水难以到达。

"山区丘陵怕旱，江湖平原忧涝"，这一地区的农业自然灾害主要以旱灾为主。据《楚市志》记载，983—1279年的297年间，该县共出现洪涝3次，相当于百年一遇，而大旱之年则出现了12次，平均25年一遇，其中1181—1183年连续三年大旱。1644—1911年这268年中，扣除气象资料缺失的44年，该县共发生大旱19次，其中1751—1752年和1785—1786年都是连续两年大旱。新中国成立后，1958—1985年共出现旱灾63次，其中大旱9次，中旱22次，小旱32次，平均每年都有2—3次旱灾。从统计数字上看，旱灾不仅是当地自古就存在的一种主要的自然灾害，而且发生的频率也越来越高。

直至今天，农业靠天吃饭的格局仍然没有完全改变，降雨量直接影响到农业的收成。在农田四周，分布着大大小小的堰塘和挡坝，专门用来积蓄雨水、拦截河水，以供农业灌溉之需。在当地，判断土地优劣的一个主要依据就是堰塘、挡坝的好坏，故有"要想种好田，先修当家堰""蓄水如蓄粮，修堰如修仓""种田不挖堰，等于强盗偷"的谚语。在人民公社时期，全县大力兴修水利工程，力图从根本上改变靠天吃饭的传统农业方式。据统计，截至1985年，全县共整修堰塘5.4万口，兴建大型水库1座、中型水库14座、小型水库212座、饮水工程32处、泵站10处，这极大地改变了当地农业生产的条件，为水田面积的继续扩大奠定了基本的水利条件。

当地农民一般都按照节气来安排农耕时间。他们在清明左右开始插秧，一个月后收割小麦和菜籽。其间，要进行耙田、灌溉、收割等高强度的作业，时间持续一个半月左右；在经历三个月农闲时期之后，从农历七月开始进入新一轮的农忙时期，这时主要收割稻谷和玉米，之后种植油菜、小麦等过冬的作物，这次农忙时间也在一个半月左右。农历九月过后，当地就彻底进入了农闲，一直等到下个轮回开始。

（二）土地制度的基本演变

据《楚市志》记载，1948年，楚县共有耕地面积148.54万亩，其中私人占有147.55万亩，学田、庙田、族田以及各类公田共0.99万亩，分别占耕地面积的99.33%和0.67%。此外，山林、湖泊、堰塘等也主要归农户私有。关于当时土地的分配状况，《楚市志》第211页记载了1949年楚县各阶层占有土地的相关数据。

表 1-3 1949 年楚县各阶层土地占有状况

阶层	占有土地		按户计算		
	面积（万亩）	占总面积（%）	户数（户）	占总数（%）	户均占有土地（亩）
合计	179.93	100%	114826	100%	15.67
贫农	5.85	3.25	61682	53.72	0.95
中农	59.23	32.92	43868	38.20	13.50
富农	19.20	10.67	4742	4.13	40.49
地主	95.65	53.16	4534	3.95	210.96

表 1-3 呈现一种土地分配严重不均的状况，即贫农和地主的两极分化，正所谓"富者阡陌连陇，穷者无立锥之地"。据《楚市志》记载，新政权成立之前，城北一带有常家、罗家、李家、傅家四大地主，城南的大地主为陈文华，城东的地主则是姚家兄弟。他们每家的土地都在数千亩以上，最多的能达到万亩。从表 1-3 可见，作为土地改革中被革命的对象，地主和富农户数占总数的 8.08%，其土地却占当地土地总面积的 63.83%。这样的比例与土地改革之前革命者对全国土地占有状况极端不均的表述基本一致。如在 1947 年，毛泽东就说道：地主与富农只占农村户数的 8% 左右，占有土地则达到全部土地的 70%—80%（毛泽东，1991：1251）。

但是，对于土地改革之前土地的分配状况，相关的研究也提出了很多质疑。在对史料分析的基础上，对于地主和富农占有土地比例的判断，一般认为在 50% 以下（郭德宏，1989；章有义，1988），这低于相关历史书中的表述。在对湖北咸宁地区 20 世纪 30 年代土地分配状况的研究中，有学者发现，他调查的 38 家地主总共占地 533 亩，地主户均只有 14 亩左右的土地（周世彦，1977），仅略高于当地的户均土地占有水平。《楚市志》中关于当时土地占有状况的统计,究竟是服从政治的需要,还是对真实情况的反映,如今已经无从考察,不过从我对江镇有限的口述史访谈来看,至少村庄内部土地占有的悬殊程度还远没有达到表1-3所反映的状况。普村三组当年共有27户人家,领导土地改革的农协会长邓家元回忆了当时阶级划分和土地占有的状况。

表1-4 邓家元回忆土地改革前普村三组的阶级划分和土地占有状况

成分	人均占地面积	户数	备注
贫农	1亩	8户	其中只有1家没有任何土地,靠给地主家打工为生
中农	2—3亩	15户	—
富农	3—5亩	2户	
地主	5亩以上	2户	两家地主为孙家和苏家:孙家有20亩土地,人均10亩;苏家有10亩土地,人均5亩

据邓家元的回忆,当时划定地主主要遵循两个标准:第一,占有土地的多少;第二,是否存在剥削,即是否雇工经营。为了实现划定阶级身份的任务,当地以人均占有土地5亩为界线,之上即为地主。由此可见,即使是地主,他们所占有的土地只是略超出村庄人均土地水平。如果《楚市志》中关于土地分配的记载属实的话,一种可能是,地主之间的土地占有量存在巨大差异,地主户均占有土地的水平有可能因为少数特大地主的存在而被拉高了。

土地改革完成后不久,在国家的主导下,楚县的农民就开始组成临时、季节和常年三种形式的互助组,实行耕牛和劳力的换工互助,但土地仍由各户经营。到1954年时,全县加入互助组的农民达到91257户,占农户总数量的79.1%。农民除了留取少量的自留山、自留地以及小型生产工具外,其余的土地、堰塘、山林、耕牛以及大型农具全部作价入社。1955年,初级农业生产合作社升级为高级农业生产合作社，农民自己经营的土地就变更为集体统一经营，除一切生产资料和工具归高级农业生产合作社所有外，农民还参加集体劳动，评工记分，实行按劳分配。1958年，楚县大办人民公社，以原有的行政区划为单位，全县共建成8个政社合一的人民公社，同时，废除了社员的一切自留地、自留山。与全国其他地区一样，社员的生产劳动实行军事化管理，"大兵团作业""吃饭不要钱""大食堂管理"等成为这一时代的标记。

在遭遇了"大跃进"的失败以及全国性的饥荒后，1962年，《农村人民公社工作条例修正草案》出台，国家试图缩小生产和经济核算的单位，明确了公社、大队、生产队"三级所有、队为基础"的土地产权结构。在政策的调整下，楚县人民公社的规模被压缩，最终调整为75个，土地、山林、堰塘、耕牛等生产资料开始下放到生产队所有。

这次调整意味着权力的下放，生产队获得了较多的组织农业生产、经营和分配的自由，公社和大队至少不能再像以前那样随意地调配劳动力和物资，也不再直接组织农业生产。从此，生产队正式成为土地集体所有的产权单位，由生产队干部全面组织和领导本队社员的生产劳动。对于社员而言，劳动生产是以生产队为边界，不同的生产队因劳动效率、生产条件等不同，彼此之间的福利也不同，这在无形中强化了社员的生产队归属意识。每年初，大队给生产队下达生产任务，生产队进行统一的经济核算，在完成国家的粮食生产任务之外，生产队队长和会计根据社员的"工分"分配集体的收益。这种体制在当地一直持续到1981年左右，即"家庭联产承包责任制"推行之前。

家庭联产承包责任制推行之后，土地仍然归集体所有，农民享有土地的承包权以及各种生产工具的所有权，并按照土地的面积和家庭人口上缴国家税费和乡、村两级的"三提五统"。1985年时，全县共有16.02万户农民，承包集体耕地152.05万亩，其中水田123.67万亩，旱地28.38万亩。在土地经营形态变化之后，人民公社时期形成的生产大队和生产队的单位建制随之瓦解，村民自治委员会和村民小组成为村庄中新的两级组织。

尽管农业生产重新向一家一户的小农生产方式回归，村、组两级组织并没有完全退出村庄的农业生产，直至农村税费改革前，它们在诸如土地的调整、统一灌溉等事务中仍然发挥着重要作用。在这一时期，一方面，村组行使土地的管理权和发包权，另一方面，农民以户为单位享有土地的承包经营权，家庭联产承包责任制具有明显的"统分结合的双层经营"特征。

与农地制度的变化相伴随，楚县（1983年撤县设市）的土地总量也在逐年下降。表1-5展示了1949—1985年部分年份楚县（市）农业人口、耕地面积以及人均面积的变化情况。

表1-5 1949—1985年楚县（市）农业人口、耕地面积及人均面积

年份	农业人口（万人）	耕地面积（万亩）	人均面积（亩）
1949	42.86	179.93	4.2
1953	45.12	182.00	4.0
1957	47.89	189.90	4.0
1958	48.32	186.30	3.9
1962	52.31	176.90	3.4
1965	57.32	173.70	3.0
1966	59.77	173.60	2.9
1969	68.02	168.10	2.5
1978	78.26	161.30	2.1
1980	79.61	161.00	2.0
1985	75.41	152.05	2.0

新中国成立后,由于工业发展、城镇建设、交通建设等原因,农地面积不断缩减。同时,随着人口的迅速膨胀,到 1985 年时,农民人均土地面积不到新中国成立时的一半。之后,当地工业化和城市化进程不断加快,人均土地面积继续呈现迅速下降的趋势。2009 年,全区人均耕地面积在 1.45 亩左右。由于农业耕作面积关系到国家粮食安全,从该地区土地面积减少的规模和速度来看,耕地的保护仍然要引起国家的足够重视。

三 关于土地的乡土知识体系

(一)土地的计量单位:"地方亩"

按照江镇政府上报数据,江镇范围内共有耕地 4.1 万余亩,林地 10.6 万余亩,但是,每一个熟悉情况的乡村干部心里都清楚,这远不是当地的实际土地面积。江镇土地面积的基数形成于人民公社时期的"四固定"① 运动,当时是由各个生产队上报土地面积,进而汇总成全公社的土地面积总数,以后土地面积的修订或调整都是以此为基数。问题是,每一个生产队中所谓的"亩"并不是一个统一的概念,由于当地的"亩"不具有"通约性",以此为基础形成的土地总面积与实际土地面积存在较大的偏差。

由于地处丘陵,当地村庄中大部分田是梯田,每块田的形状不

---

① 所谓"四固定"是中国 20 世纪 60 年代初国家重要的农业政策之一。其主要内容为:以土地改革确权和农业合作化为基础,根据实际情况对农村集体所有的土地(山林、水面、草原)、牲畜、农具、劳动力进行统一调整和固定,本着属地原则,兼顾有利生产、方便管理,将土地等生产资料划归就近的生产队集体所有。

规则,大小、水利条件也都不一样,如果以面积作为衡量土地大小的标准,那么同样面积的土地在产量上可能相差较大。因此,在历史上,村民一直习惯于用土地的产量来作为计量土地大小的单位。产量就是每块土地稻谷的收获量。根据长期的农耕经验,村民对每一块地的稻谷产量基本上都心中有数。其中,"斗"和"石"是表示稻谷产量的基本单位,十"斗"为一"石",如果按照当地土地平均产量来计算的话,一"石"田相当于三亩左右的土地。

除了以产量来计算土地大小外,江镇所在地区同样流行以面积来计量土地的习惯做法,只不过这种面积单位不是我们通常所理解的亩而是"平方丈"。对于较为细碎的地块来说,亩的衡量单位较大,因为很少有超过一亩的完整地块,1平方丈约等于11平方米,即一亩的1/60,以之为单位较切合当地土地面积的实际。即使在新中国成立后,这种以平方丈为单位的计算方法也一直在江镇流传,直到现在仍然是村民在计量土地面积时经常使用的一个单位。

为了统一掌握全国的土地面积,国家必然要求各地以更加通行的计量单位——亩作为计量单位,由此各个生产队必须将自己的土地重新用这一新的计量单位衡量。然而,对于生产队来说,此时的上报面积不仅是计量单位的变化,而且关系到今后自己生产队的直接利益。在人民公社体制下,作为一个基本的生产单位,生产队承担着上缴粮食的任务,上报的土地面积正是其以后缴纳公粮的基本依据。为了减轻本队社员的生产压力,一些生产队队长开始弄虚作假。普村在位20年的老书记李东阳回忆了20世纪50年代在他手中完成土地面积上报时的情况。

当时公社要求(生产队)报面积,给各生产队定任务。

胆子大的队长就少报，这样可以给自己队的社员多捞点好处。我是书记，心里明白，就当作看不见。当时全大队报了2200亩，只要我当书记就永远是2200亩。①

关于生产队"弄虚作假"的另一种说法是，这是生产队为了完成粮食"上纲要"的任务而不得不采取的一种投机取巧的办法。当时，亩产800斤是上级制定的一个标准，即"纲要"，如果一个生产队的平均亩产超过了800斤就是"上纲要"。一些生产队队长在单位面积提高产量几乎不可能的情况下，就在耕地的亩数上做起文章。他们将土地的面积少报，以实际远超过一亩的耕地面积作为一亩来参与到行政压力所导致的竞争中去，亩的实际面积也就被放大了。以普村三组为例，当年实际的土地面积为9600平方丈，如果据实上报的话有160亩，但队长上报的面积为120亩，这样一来，一亩地所要承担的粮食任务事实上由1.3亩地所承担，这就减轻了该生产队的生产任务。从此，120亩就成为该生产队土地面积的正式基数，以后土地面积的变动都是在此基础上增减。

不管出于何种原因，在土地的上报完成之后，形成了关于土地面积的两种计量方式和表述。一种是国家所掌握的，以亩为单位计量的，和真实面积并不一致的土地面积；一种是村庄社会中存在的，仍然以平方丈为计量单位的、真实的土地面积。由于上报的面积取决于生产队队长个人的胆量，每一个生产队上报的总亩数与实际面积的差别程度并不一致，土地在册面积与实际面积存在不同程度的偏差。以当时的普村为例，如果做一个换算的话，普村7个生产队每亩的实际面积如下。

---

① 2009年3月7日对普村老书记李东阳的访谈。

一队：1 亩 = 118 平方丈

二队：1 亩 = 90 平方丈

三队：1 亩 = 134 平方丈

四队：1 亩 = 80 平方丈

五队：1 亩 = 70 平方丈

六队：1 亩 = 75 平方丈

七队：1 亩 = 90 平方丈

也就是说，在当地，平方丈是一个实在的单位，亩则是一个虚的单位，具有不确定性。后来，由于国家的推动和倡导，村民才逐渐开始使用亩的概念，但当不同生产队的村民在说自己的土地有多少亩时，他们所说的亩却不是一个统一的概念。这种亩的概念来源于其所在生产队的历史，是一种只有当地村民才能知晓的"地方性知识"。

在农村税费改革之前，亩数偏大的生产队的村民是占了便宜的，因为他们实际缴纳的税费少于其土地真实面积所应该承担的任务；而在税费改革后，国家取消了所有的"三提五统"和农业税，而且正在以越来越大的力度对种粮农民进行补贴，补贴金额的多少正是以当初上缴税费的土地面积为准。形势的逆转让当初少缴税费的农民反倒吃了亏，正所谓"三十年河东，三十年河西"。即使如此，仍然有多数村民不愿意将自己土地的在册登记面积改正过来，他们保守地认为，如今的惠农补贴可能只是国家一项暂时的政策，隐藏一部分土地面积乃是更为长远的生存之道。

当国家出于土地登记以及收取税费的目的要求生产队和农民必须以亩的单位重新计量自己的土地面积时，亩作为一个现代性的概念便进入了乡村社会，却始终没有打破村庄中土地的传统计量习惯，反而与原有的土地计量单位"和平共存"。农民只要掌握了村庄中土地计量单位与亩之间的换算技巧，就既可以保持自己传统的习惯，进而捍卫自己的利益，又在表面上接受国家统一的、格式化的行政管理方式，这是农民对抗强大国家权力的一种生存智慧和策略。

土地的丈量是历代王朝为了收取税费采取的一个重要手段，但是由于中国幅员广大，举行一次全国性的土地清丈是一件费时、费力的事情。一来工作量大，地方行政人员知识水平低，不易掌握土地丈量的技术与计算方式。故历朝皇帝都认为全国性的土地清丈是扰民之事，尽量避免举行。二来严格而彻底的清丈工作将杜绝巨室大户隐田逃税的可能，往往会受到既得利益者的阻挠（赵冈，2006：53-54）。对于当下的基层政权而言，情况同样如此。土地的丈量因涉及千家万户的利益而具有巨大的工作量，并且有可能因农民社会的反对而很难推行。更何况，在丘陵地区，土地的不规则性导致土地的丈量工作困难重重。由此，土地的实际面积与上报面积的偏差在基层社会已不再是秘密，而成为国家必须接受的既定事实，一个在乡村社会明知有误的在册面积反而登堂入室，成为国家判断土地面积的正式依据。

将每一个小组的土地平方丈数换算成标准的亩数之后，发现普村实际的土地面积应该在3200亩左右，这比上报的土地面积足足多出了1000亩。

（二）土地的地方性分类

对农村土地的分类可以有不同的分类依据。如果依据土地的用途划分，土地可以分为农业用地和建筑用地；如果依据土地的经营状况划分，在所有土地都属于集体所有的前提下，农村土地又可分为农民的承包田和村组集体所有、并未承包到户的集体土地（机动地）；如果按照土地的自然属性划分，土地可以分为耕地、林地、荒坡以及水面等。

除此之外，当地土地还存在一种极具地方色彩的分类。这种分类是村民在日常生活中传达土地信息的重要知识，并广泛存在于他们的土地认知之中。我概括了一下，村庄中大致存在"插花田""黑田""坨子田"等不同土地类型，以下分别介绍这几种土地。

1. "黑田"

由于地处丘陵地带，一些丘陵和山坡具有开发成土地的潜力，尤其是人口的不断增加而导致人地关系日趋紧张时，开发新的土地便成了许多农民的选择。分田单干之后，土地为农民家庭承包经营，利益主体的独立进一步促成了这种土地的开发，到20世纪90年代初期时，江镇所能开发的土地基本完成。这种新开发的土地一般归开发者私人所有，在缴纳税费的体制下，村民一般不会将这样的土地上报，国家并不掌握这种土地的任何信息，它们是事实上的所谓"黑田"。

这种"黑田"在"冲"地大量存在，虽然这是农民家庭的"秘密"，但在一个熟人社会中，这些新开发的土地未必能瞒过一个村民小组内其他村民的眼睛。不过，"谁开发的归谁"，村民之间秉持这一简单的产权界定原则，对别人拥有"黑田"的产权这一事实予以了承认。对于"黑田"的主人来说，在农村税费改革之前，这部分田被隐藏起来固然是出于逃避税费的需要，但在如今国家减免税费，进而进行粮食补贴的惠农政策下，他们中的很多人仍然不愿意到乡镇农经部门进行土地登记。与隐藏土地面积的心态一样，尽管得不到粮食的补贴，他们得到的却是"心安"，因为普遍存在一种担心，即以后国家会重新收税，正所谓"党的政策像月亮，初一十五不一样"。

2. "插花田"

所谓"插花田"是指在 20 世纪 50 年代农业合作化时,山林和土地随社员一起入社,后来由于人口在临近村庄之间迁移,原来的社员改变了合作社的身份归属,如果秉持"地随人走"的原则,社员所迁入的合作社就应该拥有对该社员原有山林、土地的管理权。由于土地的不可移动性,在地理空间上,该土地仍然只能位于原来的村庄,即所谓"插花"。之后,由于国家农业"四固定"政策的出台,也为了农业耕种的方便,大队或生产队之间往往进行协商,尽可能地进行地块的交换,但对于一些达不成交换协议的地块和山林,就只好维持"插花"的现状。分田单干时,土地和山林大都按照属地主义的原则进行了分配,但由于"插花田"不在自己的村庄,不方便耕种,农民就不愿意分到这种土地,这导致许多"插花田"无法分配下去,而仍然以村组集体所有的机动地形式存在。

集体不可能自己经营,一般以短期发包的形式交给附近的农民经营。在五柳村三组,大约有 10 亩的土地"插花"在陶河村,这部分田由于距离五柳村三组较远而不方便本组的村民耕作,就由该组作为机动地临时发包给陶河村的村民,后者缴纳的承包费作为三组的集体收入,一直维持到现在。在江镇,许多村庄都存在类似的情况。

"插花田"有队与队之间插花,村与村之间插花,也有镇与镇之间插花。对于这类"插花田",由于是作为机动地发包给耕作者,现有的耕作者就不享有法律保护的承包权,维系"插花田"存在的制度基础在于村组集体对土地的所有权。一旦土地的所有权虚化,尤其是在农村税费改革之后,村民小组建制被取消,农业税费不再收取,这些土地的发包费很难再次被收缴上来,"插花田"

何去何从就成为当地一个极易引发权属矛盾的问题。

3. "坨子田"

以上两类土地都是在国家登记在册的土地面积之外而存在，除此之外，江镇范围内被称为"坨子田"的土地，几乎在每一个村民小组内普遍存在。在江镇所属的鄂中方言区，"甩坨子"是一个使用较为频繁的日常口头用语，转化成现代汉语接近"一次性算清""整体性"的意思。比如一个人买东西，如果只剩下几个的话，买方和卖方常常达成一个协议，即不再按照单价计算，而是以一个价格整体买进。

因不同位置的土地生产条件不同，分田单干时，为了将土地分下去，各个生产队都将土地划分为"三级九等"，即按照土壤的肥沃程度、水利条件的好坏、交通便利与否将其分为三大级别，每一大级中又分为三个小级。在此基础上，生产队对土地进行好坏搭配从而尽可能地实现土地分配到户的公平。在后来的土地经营中，这些在"三级九等"中处于末端位置的土地常常因耕作条件恶劣而无人耕种。由于每个村和村民小组都承担着向国家和乡镇政府缴纳税费的任务，为了尽可能减轻本村或本组村民的负担，村委会或者村民小组长只好将这种无人耕作的差田以"甩坨子"的方式重新发包。对于"集体"而言，尽管甩坨子的承包"价格"低廉，但有总胜于无。在普村，当时村民耕种一标准亩"坨子田"只需要每年向集体缴纳30—40元的费用即可，与当时每亩责任田要负担二三百元的税费任务相比，这个承包"价格"足够优惠。

与责任田30年不变的承包期限相比，村民对"坨子田"的承包大都是临时性的，他们与"集体"签订的合同期限一般也就几年，即使这样，"坨子田"也难免再次被抛荒，从而导致土地经营者不断变动,"千年土地八百主"的俗语用在这类土地经营上再合适不过。显然,"坨子田"的重要性无法和责任田相比,后者被称为"口粮田"或"户头田",而"坨子田"承载不起如此强大的生存伦理,它体现的仅仅是村社内部农民与村组集体之间的一种合同关系。农民向集体缴纳承包费,村组集体则以发包的形式向村组内的村民招标,双方都有可能在合同约定到期之后随时终结这种关系,如此而已。

有时,为了避免"坨子田"难以发包的问题,村委会会对连成片的"坨子田"进行整体改造,开发成鱼池、果树、林场等,以改变单一农业种植的结构。但是,由于税费的缴纳任务已经被确定,并不会因实际土地面积的减少而减少,这些土地原本所分摊的税费任务就平摊到其他土地上去。事实上,导致后来农民负担加重的原因,除了总量增加的客观因素以外,一部分登记在册的土地面积消失而将其承担的任务转嫁到其他农民和土地那里,同样是一个重要的推手。乡镇政府并不关心土地的具体承包关系,而是关心作为一个整体的村庄完成税费的情况,因此,这类土地的处置权就完全掌握在村、组两级组织所代表的"集体"手中。

在这个意义上,"坨子田"事实上是村组所掌握的"机动地"。当地的集体"机动地"并非在分田单干时村组干部考虑到以后人口的增加而预留下的土地,而是在后天不断形成的。随着农民负担的逐渐加重,越来越多的土地被抛荒,由此而使得村组所掌握的机动地面积不断增加。至农村税费改革前,普村的"坨子田"已达30亩左右。作为集体的机动地,"坨子田"的发包成为村、组两级尤其是村民小组重要的集体收入来源。每年初村民小组长负责将"坨子田"的承包费收齐,以用于本组内的公益事业开支。对于那些人多地少的村民小组而言,"坨子田"也是小组范围内土地调整和再分配的重要土地来源。

《农村土地承包法》规定集体机动地面积不能超过集体经济组织耕地总面积的5%。作为对1998年二轮承包的完善，2004年，湖北省范围内开展了土地"确权确地"的运动。建设权属清晰的地权成为国家土地制度改革的总体方向，在以后的土地制度实践中，众多"非法"存在的土地究竟何去何从？在江镇，性质如此复杂而又充满变异的土地事实为以后一场场争夺地权之战的上演埋下了伏笔。

四　村庄中的土地交易

在江镇的所有村庄，从20世纪80年代至今，一直存在土地的"买卖"。按照法律规定，土地为农村集体经济组织所有，集体所有的土地不容许农民个人自由买卖。然而，户籍和土地管理中的一系列变通却使得土地的交易成为可能，一种事实上的"土地买卖"在相当长的时间内普遍存在。

农民之间的土地"买卖"伴随房屋买卖一起进行，当地村民称之为"搭地售房"。在江镇，买主大都来自四川、恩施、十堰等地的山区农村，以及楚市范围内地处大山区的一些偏远乡镇。房屋、土地买卖成交后，这些外来户就迁入该村。总体而言，外来户原来所在地区的生活和生产条件大都低于江镇农民的水平，"人往高处走，水往低处流"正是这些外来户迁移的主要心态。据我统计，从20世纪90年代初至我调查时的2010年，普村一共发生了30起土地、房屋交易事件，表1-6是我对这30起房屋与土地交易情况的统计。

表 1-6 1995-2010 年普村房屋与土地交易情况

姓名	来源	迁入人口（人）	流转面积（亩）	年份
王成	本镇	3	4	1995
唐有福	邻镇	4	3.2	1995
张大满	本镇	4	6	1995
马正军	本镇	4	6	1996
赵昌明	本镇	3	2.8	1997
周代真	本镇	4	6	1998
罗小楼	本镇	3	4.6	1998
刘兴国	本镇	3	7	1998
钱菊	本镇	3	3	1999
彭明远	恩施	5	3.4	2000
王程	恩施	4	3.6	2000
高魏	本镇	5	8	2000
廖中品	恩施	3	4	2000
陈根生	本镇	4	4	2001
张留红	本镇	3	3.6	2001
罗峰	恩施	4	2.7	2001
赖国发	本镇	4	6	2002
龙星炳	恩施	4	2.8	2002
唐建军	十堰	4	3.6	2003
廖蔓全	邻镇	5	6	2003
谭修申	邻镇	4	3.4	2004
谭柱齐	恩施	5	8	2004
于品正	本镇	4	2	2005
刘青山	本镇	1	4	2006
黄大忠	本镇	4	3.2	2006
熊有志	恩施	4	6	2006
张学森	本镇	4	6	2006
栾青秀	本镇	3	5	2006
赖建峰	本镇	4	5.8	2006
艾毅勇	本镇	4	5	2007
总计		113	138.7	

从表 1-6 可见，普村的外来户大都在 2000 年左右迁移而来，当时每亩地的平均税费在 300 元左右，正是农民负担最重的时期。由于土地的价值较低，外来户往往以很低的价格就可以买到主家的房屋、土地以及山林。例如，2004 年，普村的谭修申一共购买了三间瓦房，连同 3.4 亩的土地，只花费了 7000 元人民币。买房子必须连同土地一起搭售，这是当地一条不成文的规矩，没有土地一起搭售的话，房子本身是卖不出去的。即使有非农业的其他收入来源，外来户也往往要以土地一起"销售"为前提，他们把拥有土地当作在村庄中生活的基本条件。

问题是，谁愿意变卖自己的房屋和土地呢？一般而言，出卖房屋和土地的村民分为四种情况：第一种，急于用钱。在种地不划算的情况下，他们不惜将房子和土地卖掉，自己"裸身出户"，选择长期在外打工。而且，将土地转手给他人意味着自己摆脱了缴纳税费的责任。第二种，在村庄中违规占有两处宅基地。为了出售房屋，不得不搭售一部分土地。第三种，夫妻双方中有一人是非农业户口，自己能够在土地卖出后迁到城镇生活。第四种，老人上了年纪后投靠在城市工作的子女。不过，考虑到以后的退路，一些做事周全的村民不会将土地全部卖光，多少还会为自己留点土地，这使得相当部分村民在房屋和土地出售之后，还能留守在村庄中继续从事农业生产。如果没有房屋的话，他们会暂时借住亲戚家中，或者在村庄中想办法另置一块宅基地。

由于村庄的内聚性较弱，加之本身就是一个移民村庄，外来户很少担心在新的村庄中受到既有土著村民的欺压以及人际关系的不适应，往往很快就能融入其中。其实，外来户的迁移并非盲目，基本上采取的是"亲戚串亲戚"的方式，由当地的亲戚提供土地买卖信息、引见村干部、认识村民代表等。当"落地生根"之后，他们再帮助老家那些具有迁移愿望的亲戚朋友"牵线搭桥",一户接一户地搬迁而来。在江镇范围内,恩施某县的农民不下百户,全部是"亲戚串亲戚"的方式迁移而来,俨然形成了一个"恩施帮"。2004年迁移到普村七组的谭柱齐回忆了他当初搬来的情形。

> 老家在恩施,条件不好,有9亩旱地,1亩水田,遇到天气不好时,几乎没什么收成。我那时在广东湛江打工,有亲戚在(普村)一队,就从那里到这里来看有没有(房子卖)。一连待了12天,没有找到。(走之后)亲戚打电话,说找到了,我又回来待了18天。卖房子的老板是个瓦工,不愿意种田,他自己种了一点点,其他(十亩二分)田都是给别人在种。(我们)说好了,买了房子就把田收回来(给我)。后来,别人种了一年多,我才都收回来。①

在亲戚的帮助下,外来户和本地卖家进行直接的市场谈判,如果双方能就价格达成一致,下一步就是要获得村干部的批准。这是至关重要的一步,只有村干部答应了,外来户才能够顺利地办下各种手续,房屋和土地的买卖才能够在村庄范围内"合法化"。对于村民之间的房屋和土地买卖,村干部一般不加任何干涉。村干部说,其中一个重要原因是碍于情面,毕竟卖主是本村人,在房屋买卖都成为惯例的条件下,不答应的话岂不是要得罪于他?在抛荒严重以至税费无法正常收缴的年代,一些村干部甚至"组团"到西部山区招募村民迁移到自己的村庄中来,并以土地和房屋的低廉的交易价格作为吸引外来移民到来的优惠条件。既然有了先例,外来

---

① 2009年4月13日对普村七组村民谭柱齐的访谈。

户就有了迁入的模式可循。而且，按照"村规民约"，外来人员迁入本村要向村委会缴纳相应的落户费和管理费，这对于村委会来说是一笔额外的收入。

江镇的中心村因地处乡镇的街道上，历来是外来户迁入的首选，村委会为此制定了关于外来人员迁入本村的一系列规定，但有外来户认为这是乱收费，还拨打当地的"市长热线"进行投诉，村委会只好向江镇镇政府做出说明。江镇镇政府档案室至今还保存着这份记录。

关于对外来人员收取管理费的说明①

关于外来人员来我村买房落户收费的问题，我村村规民约有明确的规定，经村民代表会议讨论决定，凡外来人员来我村购房落户的都需要按规定缴纳有关费用，主要包括电力设施、村庄道路、灌溉设施的投资费用。如果外来人员来我村购房落户，他们就要与我村村民享受同等的待遇，包括调整责任田。我村村民普遍认为，房屋（固然）可以私人买卖，（但）该村民的房屋宅基地属于集体划拨土地，此项活动未经村民委员会同意。（所以）外来人员购买我村村民的房屋必须按规定缴纳费用。此项费用收取后，主要用于村公益事业开支，村各项收支情况都经村民代表会议同意，并有明确公示。

土地收费标准：10—15元/平方米（宅基地面积）

落户费：1000—1200元/人

中心村村委会

---

① 江镇镇政府档案室保存档案，2006年卷。

对于村庄的这一规定，江镇政府持支持的态度，并将此事向"市长热线"办公室进行了情况说明。

> "市长热线"办公室：
>
> 经查，因我镇中心村地处集镇，关于外来人员到该村购房落户问题，该村经村民代表会议讨论同意，在村规民约中明确规定：凡外来人员在该村购房落户的，都要按规定缴纳有关费用，主要包括电力设施、村庄道路、灌溉设施的投资费用，主要用于村公益事业开支。该村民房屋买卖属于私人买卖，私自转包责任田，未经村民委员会同意。该村民的房屋宅基地属于集体划拨土地，所以按该村规定需缴纳土地补偿费（10—15元/平方米）和落户费（1000—1200元/人），政府不便干涉。
>
> 江镇人民政府办公室

显然，对于村委会收取外来农户管理费的做法，乡、村两级乃至乡、村、区政府三级之间都存在高度的共识，他们对村民之间的土地交易采取变相承认的态度。鉴于土地转让之后原农户与外来户之间的土地纠纷不断，2007年之后，区政府和镇政府开始要求各个村委会停止接受外来户。但是，在此之前，村民之间的土地和房屋买卖却得到了它们的默许，这使得游走在《农村土地承包法》之外的土地买卖事实上被"合法化"。

其实，按照正式的法律和政策规定，村民之间的这种土地交易在操作上并不可行。按照《农村土地承包法》第五条规定，农村集体经济组织成员有权依法承包本集体经济组织发包的农村土地。这表明，只有具备本村的户籍才能获得土地的承包经营权，而外来人员如果要获得本村土地的承包经营权，首先应该拥有本村的户籍。然而，按照户籍管理的相关规定，农村人口落户的前提是其在该村拥有土地的承包经营权和房屋所有权，这与《农村土地承包法》的规定之间无疑是一个互为前提的规定。尽管制度上的关系没有理顺，但在现实中，外来户往往是土地和房屋交易在先，办理相应的手续在后。在他们看来，只要自己拥有了土地和房屋，且得到了村委会的承认，人就安定了下来，即便一时办不下手续，但早晚能够办下来，因为总不能把自己再赶回去吧。在江镇，大部分的外来户都是采取这种先造成既定事实，然后再寻求制度承认的做法。而且，事实也的确如此，如今，除个别情况，当年较早迁移而来的外来户大部分已经成功地拥有了村庄土地的承包权和房屋的所有权。①

依靠这种方式，江镇范围内的耕地、房屋以及宅基地的交易一直在进行，成为土地制度实践运行中的一种常态。但与真正意义上的市场交易不同，这种交易还伴随着村庄成员身份的转移与获得。也就是说，一个纯粹的外人是不能购买村庄的土地和房屋的，无论在交易之前还是之后，其必须在制度上成为村庄正式的一员，从而限制了土地市场的开放性，防止了土地资源的外流。

这样，一方面，江镇的土地交易是以村庄为边界进行，另一方面，这种边界又并非确定不变，外人有可能通过身份的转化进入村

---

① 按照区农经局局长黄海峰的解释，按照规定，外来户因没有本村的户籍而只能得到土地的使用权，承包权则是一种身份权，即只具有本村合格成员资格的农户才能得到。外来户之所以获得了土地的承包权，是因为赶上了2004年湖北省范围内土地确权的运动。由于在这一运动中，政府重新颁发了土地承包经营权证，鉴于外来户已经定居的事实，农经部门就一并给其办理了土地承包经营权证。但对于之后迁来的外来户，政府不再给予土地承包权的确认，这意味着他们不再有机会"转正"。

庄。表面上，村庄遵循了国家的法律规定，但实质上，村庄社会却将国家的法律与政策进行变通，从而在正式的制度之外开辟了一个能够长期存在的灰色地带。如果没有后来地方政府的强力制止，这种土地交易就可能一直进行下去。

在中国社会，由于土地制度是国家一系列经济、政治与社会制度的重要基础，土地制度便成为国家最为看重并着力建构的一种重要的制度安排。但是，在远离"庙堂"的乡村社会，土地制度的知识和实践并非国家的法律和政策单方面力量所能决定，而是国家力量与乡土社会中的制度、习俗等各种力量博弈的结果。土地制度的实践形态与地方社会的地理、历史、社会、经济以及基层治理的状况等因素存在高度的关联性，上述分析便可见一斑。

第二章

前夜：嵌入治理的土地制度

出于对缺乏"退出权"而导致效率低下的人民公社体制的否定，追求生产效率并赋予农民充分的自主经营权成为改革开放以来国家农地制度安排的基本目标和价值追求。人民公社体制下集体统一劳作的土地经营方式一直延续到 20 世纪 70 年代末 80 年代初，最终为以家庭为单位的土地承包制度所代替。在这种制度下，村组集体经济组织仍然享有土地的所有权，农民享有土地的承包权和经营权。从实践来看，农村家庭承包制度的推行既增加了农民的收入，又提高了全国的食物供给，是一个"帕累托"式的改进（姚洋，2000a）。然而，土地一轮承包所释放出的生产热情在 20 世纪 80 年代后期逐渐消失殆尽，尤其是 1994 年中国财政体制的分税制改革启动之后，中央和地方"分灶吃饭"，一些重要税种的上收导致地方财政的困难，致使其转而通过向农民多收费来渡过难关（李芝兰、吴理财，2005），这加剧了农民负担，恶化了农业形势。

在宏观的体制困境下，"农民真苦、农村真穷、农业真危险"成为 20 世纪 90 年代中后期中国农村社会现状的真实写照，特别是在中西部农村地区，因本身经济发展程度欠缺，"三农问题"更是严峻。在此时，土地一轮承包即将到期，但农民并不关心新的二轮土地承包将何时到来。因为，在整个农业形势低迷的局面下，农民经营土地的热情难以产生，乡村社会正处于衰败之中。

本书对江镇土地纠纷的叙述正是由此开始。

一 "中心工作"与基层"利益共同体"

在20世纪90年代直至农村税费改革前，乡、村、组三级组织铆足了马力，以征收税费为一切工作的中心与重心，农民之苦、农业之困、农村之衰首先由沉重且不断加码的税费任务所导致。

从当时农民缴纳的税费类型上看，主要包括三类：农业税、"三提五统"和共同生产费。其中，农业税上缴国家，"三提五统"归县、乡两级政府财政所有，共同生产费是村、组两级组织根据农业生产情况而自主决定的收费。乡镇政府最为关注的自然是与自身利益相关的"三提五统"部分。因为所占比例较高，"三提五统"成为农户负担不断加重的主要根源。江镇的农经干部给我提供了1994—1998年全镇税费任务连续增长的数据。

表2-1 1994—1998年江镇农业税费任务统计

单位：元

年份 项目	1994	1995	1996	1997	1998
三提五统	631728	780347	1202935	1355045	1600010
农业税	834307	1082838	—	1120983	1130987

注：以上为江镇未合并之前的数据。

"三提五统"是乡镇所征收税费的统称，它是"三项提留"和"五项统筹"的简称。在正常的年份，"三项提留"包括公积金、公益金和行政管理费,"五项统筹"包括教育附加费、计划生育费、民政优抚费、民兵训练费、乡村道路建设费等。"三提五统"为地方财政所支配,关系到地方政府的运转和基本的行政能力,具有不断被提升的趋势。对于当时的江镇政府来说,工业规模还远没有发展壮大,农业收入几乎是其全部的财政资金来源。而且,在"压力型体制"下(荣敬本等,1998),税费的完成是一项特别重要的政治任务,每一个乡镇都被分配了相应的指标,如果完不成任务,乡镇政府"一把手"的帽子就有可能被摘掉。

即使是官僚体制的末端,乡镇政府的主要领导仍然要通过各种权力手段来实现对乡村干部的彻底动员。每年秋收后,镇委书记和镇长都要在政府礼堂召开全镇干部大会,将税费收缴的任务布置下去,并与全镇9个行政村(未合并之前的江镇)的村委会一一签订任务完成责任状,开会时镇委书记激昂的讲话以及严厉的措辞至今让经历过的人印象深刻。为了保证村干部能够及时、有效地完成任务,镇政府在各个村都设立专门的包村干部。江镇当时的在编干部约30人,主要干部都有包村的任务,他们监督、督促各自所在村的村组干部及时、足额地完成税费收缴任务。一旦完成不了,包村干部的工资、奖金甚至政治前途都会受到影响。

作为基层自治组织的村委会虽然在形式上完成了权力合法性来源的转移,但是基于治理的需要,乡镇政府对于村干部仍然实施着高强度的控制。与具有正式编制的乡镇干部不同,作为村民自治组织的成员,村干部处在官僚体制之外,虽然有少数优秀的村干部以选调的方式进入了政府公务员行列,比如江镇分管工业的副镇长、农办主任等都是当年的村支部书记,但这种晋升并非一种制度化的渠道,大部分的村干部都保持着一种"半官半农"的身份。因此,政府层级之间的科层制压力并不能完全作用到村干部的身上。村干部往往会在工作压力大时发出这样的牢骚:"大不了不干这个村干部,回家种我的田。"在两种体制的交接点上,为了完成行政任务的顺利传递,乡镇政府还必须用经济利益牵制的方法来驱使村干部做事。以下是当时江镇的村干部管理条例。

关于农村干部管理的具体规定①

为全面科学地考核农村干部的工作成绩,充分调动农村干部的积极性,使他们致力于发展农业和农村经济,促进农村双层经营的发展,提高人民群众的生活,特制定本规定。

一、村干部报酬实行以政绩为主的结构工资,它主要包括以下几个方面:

1. 基础工资。书记、主任全年400元,副书记、副主任全年300元,委员250元,另兼一职加50元,兼二职加80元,兼三职加100元。

2. 政绩工资。对全年各项经济指标和精神文明建设均实行双百分考核,每分值6元。年终用(参加)党委、政府1号文件考试的平均考分(成绩)乘以村干部人数,再乘以分值,即得此项工资总额,再评定到人。

3. 奖金报酬。根据各村当年的经济效益、工作量来评定到人,总的原则是保底不封顶。

二、各村政绩严格按照乡党委、政府文件要求进行考核,年终乡党委、乡政府将组织专班逐村考核打分。

三、在全乡范围内开展职责竞争,其报酬多少与其分管工

---

① 江镇镇政府档案室保存档案,1994年卷。

作在全乡所占名次先后挂起钩来。

四、在工作中,由于主观方面原因造成重大经济损失的,除赔偿损失外,还要追究其责任。

五、工作出色、政绩显著者,要予以重奖。

六、坚决实行计划生育一票否决制,对超计划生育的单位和个人一律取消评选先进的资格,凡出生一个三胎,村干部每人扣报酬100元。

七、大力发展村组集体经济,切实减轻农民负担;积极引导农户调整种植结构,努力发展优质、高产、高效农业,村干部的报酬30%来源于村组集体企业的经营所得。奖金除保底部分以外全部来源于村组集体企业的经营所得。若村组集体企业无力支付,这两部分均不能在村组提留中补齐。

S乡人民政府
1994年1月

村干部虽直接收取"三提五统",却要全部上缴乡镇政府,即便是村干部的工资和村级提留也要依赖于乡镇政府的返还。正是利用了这一点,乡镇政府将村干部的工资水平与其完成税费任务的情况直接挂钩,以此来调动他们完成税费任务的积极性。我访谈过的许多村干部表示,由于村民经济水平参差不齐,以及村庄"钉子户"和"贫困户"的存在,他们几乎不可能足额完成乡镇布置的税费任务。在这种情况下,村干部往往不求奖励,只是努力地减少与任务的差距,以尽可能地保住自己的基本工资。

除了用工资的发放来约束村干部外,乡镇政府还故意让渡出一定的经济利益空间,以此刺激他们的工作热情。在当地的税费结构中,一个重要的税费项目是"共同生产费"。共同生产费主要是用于村集体灌溉和抽水的费用，与作为政治任务的农业税和"三提五统"的收取数额与方式不同，该费用的收取数额和开支情况一般都由村委会和村民小组长决定。表2-2是2000年江镇镇政府根据各个村委会上报而汇总的全镇共同生产费的分布情况。

表2-2 2000年江镇共同生产费的构成

项目	支出（元）
水费	203788
抗旱电费	206345
设备维修	81027
添置设备	63368
运杂费	22063
修路铺沙购涵管	42221
开挖堰塘	17925
统一防虫治病	2435
村组管水员工资	54116
杂工费开支	24874
完成合同任务奖励	52601
生活及招待费	23138
弥补灾情减免缺口	5222
还历年超支	510
抗排抽水费	81881
总计	881514
亩均	48.1

注：2000年江镇还未与临近的石镇合并，其当时辖9个村，58个村民小组，耕地面积18319亩。

事实上，在以后的税费改革中，改革的一个重点就是要彻底清除较为随意的共同生产费以及各种临时性摊派和集资。2000年，江镇"三提五统"总数为1066298元，亩均为58.2元，仅略高于共同生产费的亩均数（48.1元）。何况，在从中央到地方关于减轻农民负担的"三令五申"①压力下，以上共同生产费的数额与年初时制订的预算相比已经大为缩减。

在土地细碎的耕作格局和地处丘陵的地理条件下，江镇农业生产的完成需要定期进行灌溉水系的疏通、机耕道的维修等公共基础设施建设，从而需要在村委会或村民小组一级保留一笔集体资金，以作灵活机动使用。然而，由于缺少有效的监管，这笔费用的项目设置和支出都表现出较大的任意性，并成为许多村干部和村民小组长个人的"小金库"。在当地，为了减少工作量，共同生产费往往是与"三提五统"以及农业税的收取一起完成的。这样，至少在理论上，收取税费成为乡镇、村委会以及村民小组长三方的共同利益之所在。

为了能更有效率地完成任务，乡镇政府有时会任命那些在村庄中家族势力大、拳头硬的人担当村干部，因为一味地做老好人不符合当时的工作需要。在村庄中，由于村民小组长更加熟悉村庄的情况，村干部还需要村民小组长的大力配合，因此，村干部再遵循同样的逻辑和标准来选任村民小组长。出于经济利益和政治压力的双重刺激，村组干部的工作作风往往较为强硬，导致这一时期出现大量针对村组干部的群众上访事件。表2－3是我根据1997—2000年江镇信访办保存的档案对当时每年度农民上访原因的统计。

---

① 为了减轻农民负担，中央、省、市曾下达了大量关于严禁乱收费、规范收费的文件，如中共中央办公厅、国务院办公厅《关于切实减轻农民负担的紧急通知》（1993），湖北省《承担费用和劳务管理实施细则》（2000），楚市《关于落实农村政策、解决农业突出问题的若干意见》等。

表 2-3　1997—2000 年江镇农民上访原因及数量统计

上访原因	农民负担过重	村组干部经济、侵权问题	要求生活照顾	民事纠纷	其他	总计
1997 年	6	16	3	4	3	32
1998 年	5	10	4	5	4	28
1999 年	4	10	4	4	2	24
2000 年	5	8	2	3	3	21

对于当时的村组干部，群众的意见非常大，从当时的一封检举信中我们可以体会到他们的那种激愤。

检举信①

在五家村个别村委（干部）的指派下，2002 年 4 月，刘有道接任六组组长。任职以来，（他）不坚持党的农村工作方针、政策，不听取群众的意见，专横跋扈（扈），给该组工作带来了不可弥补的损失，群众意见较大。为了维护集体的利益，彻底减轻群众负担，特向镇党委、镇政府反映刘有道的所作所为事实。

一、今年夏天被犬咬伤，以收农业税为由，生硬要求集体报销被犬咬伤的医疗费 200 元。

二、在征收农业税中，三人每人每餐补助 5 元，他却在镇餐馆大吃大喝，其中包括宴请赶集的亲朋好友，一次金额就达上百元，这些都是由集体报销的，这不是肆意增加群众负担吗？

---

① 江镇信访办保存档案，2002 年卷。

三、在收农业税时，部分老百姓无现金支付，便以粮食抵交，他却谎称自己亏秤、亏价，事后在小组结账时无任何证据，但是知情人反映，根本就没有亏秤、亏价现象，实属虚报，贪为己有。

四、工作作风恶劣，不讲工作方法，不耐心细致地做群众工作。在修路占用邓伟有的自留地时，未经邓伟有同意，邓伟有说了几句，他竟忍心打这位八十高龄的老人。为了自己能当选为村长，他竟逼邓秀英投他的票，邓秀英不同意，他们夫妻二人竟一起殴打她。在任期不到六个月时间里，他打人多次，骂人无数次，甚至用石头砸老百姓的房子。这样一个会打人、会骂人的组长他带的什么头？他是在严重破坏党在农村中的干群关系，影响安定团结，实属"土霸王"。

五、不讲原则，以权谋私。随意给自己的弟兄报销1990年已处理完的水沟设施费80元，将朋友的承包旱田提留款取消。

六、不听群众意见，群众反映较大的事不通过集体讨论。为了建立私人感情及拉帮结派，任意减掉部分农户承包提留款，甚至在这次费改税中，随意减掉承包旱地10亩，导致该组在这次征税中局面混乱，工作无法进行。

七、在选举换届中，滥用职权，拉帮结派，做小动作，向群众许愿，把他选为村长后，他就给某某记杂工20个，给某某补还税费，还给某某做河坝的（义务）工多给了200元报酬，等等，都是他以权谋私的所作所为。

…………

以上列举，均属事实。像这样不讲原则、以权谋私、不能为群众服务的组长，如果继续用下去，五家村六组财务制度会混乱不堪，更会给六组群众带来真正的负担。为了减轻农民负担，使群众利益得到真正的保护，我们谨请领导认真调查落实。

我们强烈要求换掉该蛀虫！！！

我们强烈要求民主选举组长！！！

检举人：六组农户签名（略）

但忙碌在收缴税费一线的村组干部也有自己的苦衷。其一，来自上级的压力巨大，经常因为完成不了任务而在大会上被领导批评；其二，税费收缴的任务往往激起村民的强烈反抗而使得工作难以进行；其三，常常因不能及时完成任务而拿不到工资。显然，基于种种现实，村组干部大都觉得自己的付出与所得相差太大，这种失衡的心理正是滋生腐败的源头。为了得到一点直接的好处，在收缴完税费之后，村组干部大都会利用公款到餐馆吃上一顿，除此之外，村委会也会给每一位参与税费收缴任务的村组干部发上一包或几包烟，算是对一天工作的慰问。这造成了当时基层较为严重的吃喝现象，引起广大村民的不满。

针对村组干部的种种问题，乡镇政府大都是"睁一只眼、闭一只眼"。除非实在民愤较大，对于群众检举的干部，乡镇政府基本上是以保护的态度为主。当时江镇的一位镇干部这样说道：

> 对于群众检举的村（组）干部我们话要狠狠说，（但）手要轻轻放。农村的干部什么都要管，培养一个农村干部不简单。查是查，但是尽量不处理干部，手要高高举，话要狠狠

说。换一个干部要几年才能达到现任干部的工作能力。①

　　作为生活在村庄中的一员,村组干部毕竟还不能完全像乡镇干部那样不用太多顾及乡村社会的情面,因为有了这种"当家人"与"代理人"(徐勇,1997)的双重考虑,一些村组干部或者不堪工作的压力而中途辞职,或者因为不能在各种问题上与乡镇政府保持一致而被"开除公职"。这样,即使在职的村组干部有各种问题,能够坚持下来就已经实属不易,他们被视作乡镇政府收缴税费时所必须依赖的重要"干部资源"。

　　由此,在收取税费的中心工作下,从乡镇政府到村级组织再到村民小组,三者的利益牢牢地结合在一起。它们不仅在经济利益上相关,而且权力的运行方式也高度一致,并形成一个相互庇护、以收缴税费为中心工作的利益共同体。面对来自三级组织的强大税费征收压力,农民将会采取何种行动呢?

二　重赋压力下的农民行动

(一) 被抛荒的土地

　　当不断增加的农业税费负担逐渐变得不堪忍受,一些胆子大的村民采取了直接反抗的形式。他们将征税的干部拒之门外,或者与之发生肢体的冲突,从而充当"钉子户"。由于这部分村民的税费无法收齐,村组干部采取牵猪、牵牛等强制措施,以此给他们施加压力。在实在收缴不上来的情况下,村组干部就将这部分亏空转嫁

---

① 2009 年 5 月 28 日对江镇农经办会计胡朝阳的访谈。

到其他村民身上，其他大多数的村民所承受的负担因此更加沉重。至今，每个村庄中都保留着那时村民因欠缴税费而形成的农业税费"尾欠"。

而更多的村民则采取消极的抵抗，他们干脆放弃土地，转而外出务工，脱离村庄的生活。对于他们来说，种地划算不划算取决于土地的成本与收益之比。在当时，除了缴纳沉重的农业税费外，村民还要完成国家的粮食征购任务。以普村为例，全村共有耕地2214亩，在1998年时要完成夏粮收购计划13.5万公斤和菜籽收购计划5万公斤。在粮食的国家最低保护价执行之前，村民并不能从这种强制性的粮食出售中得到太多实惠。据村民回忆，从1995年开始，水稻的价格一直徘徊在每斤0.4元左右，这极大地抑制了农民从事农业生产的积极性。

如果没有其他的就业机会，尽管农业生产效益低下，农民仍然会被束缚在土地之上。然而，在20世纪90年代初期，由于本地工业的发展，以及南下打工浪潮的兴起，江镇的农民开始具有了非农就业的大量机会。于是，祖祖辈辈面朝黄土背朝天的农民开始不愿意耕作土地，土地抛荒的现象开始出现，并不断蔓延。目睹由此带来的种种问题，当时江镇的人大主席秦天松极为忧虑，他向乡政府①写了一份汇报当前农业生产的材料②。

> 乡政府办公室：
>
> 据部分区、乡人大代表反映，有部分农民不愿意种田的情况。我实地调查了中心村、英岩村、新市村、栗冲村以及

---

① 当时的江镇还是乡的建制。
② 江镇镇政府档案室保存档案，1991年卷。

骏马村等村的村组干部和弃田农户。不愿种田的有 21 户，占总户数 324 户的 6.5%。弃田 31 亩，占总耕地 1802 亩的 1.7%，其中水田 16.6 亩，旱田 14.5 亩，现将具体情况反映如下：

中心村四组陈炳军等 3 户，承包水田 12.9 亩，今年夏收后荒芜水田 4.5 亩。陈炳军、马中友两户承包的 5.1 亩水田全部未种。陈炳军在磷肥厂当采购员，马中友夫妇均是残疾人，以屠宰为业，经济收入可观，所以田弃而不种，按原定合同夏季应交款 424.10 元，小麦 106 公斤，至今分厘未缴。

新市村二组朗传新等 6 户，分别于 1989 年、1990 年先后强行退水田 6.8 亩。生产队长①（村民小组长）黄列金怕荒田受批评，"甩砣子"，说好话，对朗传新退的田只分配公粮（缴纳）任务不摊分村基本建设工，而且每亩全年只交组里 70 元钱，与正常承包合同相比，每亩少负担 42.95 元。

英岩村三组黄学仁等两户，去年秋收后，强行退水田 2.6 亩，至今荒芜。黄学仁原承包水田 5.9 亩，其媳妇和儿子农转非，只有他二老和三个孙娃，且二老年近七旬，无能力耕种，今年夏收后退的 2.7 亩有人承（接）受了，但去年秋退的 1.6 亩，生产队长（村民小组长）苏长林多次做工作至今无人接受。

栗冲村一组裴顺国等 4 户，有的嫌田远、花工多、不便管理，有的人迁出，有的年纪已偏大，村组多年没有调整就自找受主，四年前将 2.6 亩水田移交给本组其他农户，2.5 亩旱田给邻近的新市村、双河镇民生村村民耕种。每年每亩收 50 元，

---

① 在当地，村民日常生活中一般还是将村民小组的组长称呼为"生产队长"，特别是 20 世纪 90 年代，"村民小组长"的叫法在农村还不普遍。

提留、粮食任务、基本建设用工仍由他们承担,每年亏10多元。

骏马村二组许继明等6户,承包沿河旱田12亩,去年因水灾收成甚微,决心丢掉,生产队长(村民小组长)张修云无奈,只好以"甩砣子"的方式,以每年150元的价格包给张修梅兄弟二人。(然而),夏收后长期阴雨,下一季没有种上,生产队长(村民小组长)说(让这块土地不荒芜的希望)又将成为泡影。

骏马村民反映四、七组荒芜水田和旱田10多亩,我未实地调查,无法具体反映。因此,建议政府办公室另派专员作全面、详尽调查,以便乡领导了解情况,研究对策采取措施,如果让其蔓延下去,就是我们各级领导的失职。

S乡人大主席　秦天松

一九九一年八月六日

历朝历代,土地的耕作者向地方和国家政权缴纳租税是亘古不变的法纪,"皇粮国税"的缴纳义务具有坚实的社会心理基础。在一种高度累退的租税结构下,每当国家的赋税加重,农民如果只在很小的一块田地上耕种,其每年所得将不足以缴纳赋税。与之相比,大地主和享有特权的官僚则可以具有免税的特权,农民弃产逃亡或带产投靠他们的记载便不绝于史书(赵冈,2006:9-23)。在这种情况下,一方面朝廷的课税基础日渐缩小,而必须进行租税制度的改革,另一方面小农社会因难以承受重税而影响到整个社会的公平和稳定。20世纪90年代,江镇出现土地抛荒的局面并非特殊时代的偶然,其与历史上的上述现象有着某种相似性。

幸好,江镇的抛荒还只是个别村民的行为,还没有如在对同一地区其他地方的调查中所发现的那种大面积抛荒情况。①

但是，此时的农业形势已经足够严峻，如果这种趋势进一步蔓延开来，乡、村、组三级收缴税费的任务将受到极大的影响，这是干部们最为忧虑的地方。出于治理的考量，乡村基层组织拼命地做工作，力图让村民安分种田，针对那些抛荒或者有可能抛荒的村民，他们以"不种地了，你还叫农民吗？"这一农民的天然职责来进行训斥。村民往往也不甘示弱，总是气愤地说"老子不种田照样活"。土地越多，负担也就越重，在土地能够满足基本口粮的前提下，村民就不愿意多种田。这就导致土地的承包经营无法作为一项权利而存在，一位来自普村的村民说：

>当时对田怀疑，田分多了觉得吃亏，还要按田、按人头出工，搞得了啊？现在都免了，尽得利了，以前哪有这好事？多一分田，多一份负担，还搞不到钱。②

与行政权力侵害农民土地承包权利的一般性假设完全相反，此时基层干部所要努力实现的恰恰是让农民珍视自己的土地权

---

① 比如在江汉平原的监利县，土地抛荒的现象较为严重。李昌平写道，"开春以来我们这儿的农民快跑光了。连续二十多天来，东风大卡车（坐不起客车）没日没夜地满载着外出打工的农民奔向祖国四面八方的城市。我们乡有 4 万人，其中劳动力 1.8 万人。现在外出 2.5 万人，其中劳动力 1.5 万人。今年人员外流和往年比有新的特点：一是盲流。过去一般是有目的的流动，今年所述农民是抱着运气和要死也要死在城市，下辈子不做农民的一种负气的心情外出。二是人数多、劳力多。过去外出打工的主要是女孩和部分富余劳力，现在是男男女女齐外出。三是弃田撂荒的多。过去出门一般都待田转包出去后再出门，今年根本不打招呼就走人。外出的人数还在上升，估计今年全乡弃田弃水面积将达到 3.5 万亩，占全乡总面积的 65%。现在我们全力以赴调田转包工作，估计今年至少要撂荒 2 万亩以上"（李昌平，2002：20）。

② 2009 年 5 月 23 日对普村一组村民张全能的访谈。

利。然而，面对许多已经远离村庄空间的农民，乡、村、组三级干部的动员却无法发挥效力，土地的进一步抛荒完全有可能在此时出现。

（二）土地权属的频繁变动

一般情况下，当时村民有两种弃田方式：一是将田无偿转给本组、本村其他愿意接手的村民；二是不辞而别，直接弃田而去。

在第一种情况下，村民本着对村庄负责任的态度自行寻找土地接收的下家，只要达成协议，双方就立刻到村民小组长那里变更土地承包关系，进而转移土地的农业税费任务。在2004年土地确权之后，村民拿到了国家颁发的土地承包证，上面详细地记载了他家承包土地的面积、四至和块数，并规定30年不变。但在当时，由于土地经营主体的频繁变动，土地的承包经营者没有也不可能以如此固定的方式确定下来。

第二种情况则会令村组干部措手不及，这些村民或者因为躲避计划生育，或者因全家外出打工，一夜之间不辞而别。这时，村民小组长就要千方百计地找到下家，通过说好话、给予特殊照顾（即适当减少该土地承担的税费）等手段将土地重新承包下去。正是在基层组织的这种有力干预下，当地农业生产的秩序才得以维系，在一定程度上减轻了当地土地抛荒的严重程度。在江镇，每一个村民小组长手中都保管着一个土地簿，上面记载了本组土地的分布、本组村民的承包状况、地块的名称和面积等详细的信息。每当土地的承包关系发生变动，村民小组长就负责在土地簿上进行重新登记，从而做到承包者和实际经营者的统一。

当我试图对村庄内发生的这种土地的相互转让做出一个统计时，发现工作量巨大。因为一块土地的权属变动往往不止一次，土地易主的速度之快使很多村民已经很难弄清土地的历届主人。显然，在这一时期，土地承包权发生频繁的变动，农民与土地之间是一种高度不稳定的、暂时性的关系。

面对土地承包经营权属的不断变化，乡村干部也感到些许不安，因为这种权属变动随时有可能因为无人继替而导致土地实际经营的中断。同时，为了发展农村经济，改变单一的粮食种植结构，乡村干部想出了新的主意，他们鼓励进行土地形态的改造，在此基础上通过拍卖、整体发包的形式转让原有农民的土地经营权，以发挥土地的经济效益。以下是江镇1994年发布的一份关于发展多种经营的文件。

江镇人民政府关于突破性发展多种经营的决定[①]

各村委会、乡直各单位：

为了认真贯彻落实市区突破性发展多种经营的决定，逐步提高我乡多种经营在农业经济中的比重，确保农民增收致富奔小康目标的顺利实现，特作如下决定：

一、放活政策、促进开发

（一）建立新的土地流转机制，山林、水面的大面积开发可采取租赁、合作、入股、互惠、帮扶、出让等形式，坚持谁投资、谁开发、谁受益的原则，放活使用权。

（二）允许拍卖转让山林、水面或农户无力经营的边远山地及有植被无效益的稀疏灌木林地，闲置大水面可拍卖使用权，使用权50年不变。

…………

[①] 江镇镇政府档案室保存档案，1994年卷。

在这份文件中,"放活政策"的提法引人注目,它表明这是乡镇政府在没有明确的法律和政策规范下进行的一次土地制度改革的尝试。事实上,在20世纪90年代,从全国农村的情况来看,这一时期普遍出现了"反租倒包""两田制"等土地承包的形式,即村委会将农田划分为"承包田"和"口粮田",然后从农民手中租用承包田,进而重新发包。这种变通国家土地承包政策的做法既可以解决农民不愿意种田的问题,又能为自己创造经济上的效益,满足了基层干部的工作需要。

在江镇,当时土地的转包、拍卖主要发生在旱地和山林上。和水田相比,这些土地的生产效益较低,且一旦村民交还土地,就不用再承担相应的税费任务。如果后来的经营者能够创造效益,原来的村民还有可能分红。因此,对于村民来说,在保持基本"口粮田"的前提下,他们非常乐意将土地交还给村委会。在得到村民退出的土地之后,村委会就将该村民名义下的土地"注销",土地究竟如何处置就与村民无关了。村委会或者将整片的土地开发,栽种各类经济作物;或者改变土地用途,将之开挖成鱼塘,发展"水面经济"。当时的多种经营状况种类繁多,表2-4就是1994年时江镇土地多种经营状况的典型代表。

表2-4 1994年江镇土地多种经营状况统计

村庄	普村、黄岩村	张村	英岩村	叶村、骏马村	中心村、叶村、张村	黄岩村	新市村	张村
经营类型	梨树	石榴园	茶叶	水果	蔬菜	养殖	水果	水产
面积	1000亩	500亩	500亩	1000亩	1000亩	1000亩	1000亩	500亩

在土地形态改变之后,这些土地的权属也变得复杂起来。从法

律上看,《农村土地承包法》还没有出台,国家对于农民土地承包权的保护力度并没有后来那么大;从现实来看,农民往往是自愿让出土地的承包资格,并与村委会签订正式的土地退出和分红收益协议。撇开法律上的承包关系是否变动不谈,至少在当时的村庄共识中,土地事实上已经成为由村委会完全支配的集体机动地。

对于土地的多种经营,一开始,村委会怀揣着壮大集体经济的强烈愿望,大都直接经营,比如,当时很多村主任和副主任往往兼任村办集体林场或果园的负责人。但一段时间下来,村委会直接管理企业的弊端逐渐显露,为了减少损失,有些村委会不得不将土地再次整体承包给其他经营大户,自己只收取租金。至此,土地涉及的利益主体更加复杂。

由于土地经常变动的事实,弃田的村民认为在以后如果想重新种田的话,他们随时可以在村民小组内从那些不愿意种田的村民手中接到田种,这更加让他们没有了后顾之忧。因此,在退出土地之后,村民并不关心以后是否还能收回自己的这块土地,谁能想到以后的土地形势会发生如此之大的变化呢?在村民对于土地承包权缺乏权利意识的条件下,许多土地不断地易主。"千年土地八百主"的描述虽然夸张,却也符合当时江镇土地制度的基本特征。

三 "强所有权、弱承包权"的土地产权形态

一方面是基层组织以税费征收为中心工作的强大压力,另一方面是农民与土地关系的若即若离,在这两种结构性力量的共同影响下,当时的农地制度表现出"强集体所有权、弱农户土地承包权"的特征。

（一）土地集体所有的表现形态

在江镇村民的语言中，他们曾经历两次"分田单干"：一次自然是20世纪80年代初期的土地承包到户，另一次则是农村税费改革以来更加具有单干特征的土地承包经营方式。这表明，在第一次分田单干直至税费改革的相当长的时期内，尽管土地已经承包到户，但土地由村组集体所有的特征仍然足够明显，并外化为一系列的集体行动。

比如，在农业生产中，村委会和村民小组承担着提供农业公共服务、统一安排生产、统一建设基础设施的重要任务。由于地处丘陵地区，农业灌溉用水主要来自堰塘的蓄水，而堰塘的水源除了雨水之外，还需要村民以行政村或者村民小组为单位向河道抽水或者向临近的水库买水。后来被国家以减轻农民负担名义清理的"共同生产费"，其最初和主要的功能就是灌溉用水的集体费用。此外，农业机耕道路的维修、打谷场和晾晒场的提供，都需要村组集体的相关工作。

在以税费征收为中心工作的政治压力下，乡、村、组三级必须为村民提供必要的农业生产条件，否则，村民就有可能以此为理由拒缴税费。在当时大量的反映村组干部问题的上访信件中，村民在最后就经常写道：如不能够给我们解决问题，我们将集体拒缴任何的税费，直到罢免某某为止。以此来看，农民不仅仅是基层组织的压迫对象，他们同样有可能以拒缴税费为理由反制后者，要求后者为农业生产服务。在这个意义上，由于税费的存在，基层组织不得不介入农业生产中去，它们以集体的名义管理村庄的农业生产，从而强化着土地集体所有的表现形态。

在农村土地的产权关系中，村组土地的集体所有还通过频繁的土地发包得到强化。由于税费任务的沉重以及农业生产的低效率，土地的承包者不断发生变化，而唯一不变的则是村组作为土地最终所有者的地位。在混乱的土地权属变动中，村组负责土地的重新处置，它们是土地承包关系变更与确立的主要力量。相对于"短暂的"农民享有的土地承包经营权，村组集体享有的土地所有权是更稳定、更长久的产权形态。

与二轮承包后农民所得到的土地承包经营权证相比，一轮承包颁发的土地承包使用权证显得较为随意，它们一般是由县政府颁发，且用钢笔填写，在内容上也没有对具体地块位置的详细登记。在土地承包权经常变动的事实下，土地承包使用权证无法反映农民实际的土地承包经营面积和地块分布，国家也就不可能掌握农民的具体土地耕种信息。对农民来说，他们的土地承包关系变动不需要与国家发生关联，而完全依靠村组所代表的集体。在这个意义上，土地的集体所有在当时的确是名副其实。

（二）以义务为取向的土地承包

在土地集体所有特征明显的条件下，农民为作为"地主"的"集体"劳作，并缴纳"地租"，因此，农民的土地承包权更多地具有义务取向的特征。

以下是当年的一份土地承包合同。①

发包单位：张村村委会

承包人：李功桥

一、承包期限

---

① 江镇镇农经站档案室保存档案，2000年卷。

本合同自2000年1月1日起至2000年12月31日止。

二、承包面积及有关要求

发包方将土地5.26亩发包给承包方经营，其中包括水田、旱地、林地和水面。承包土地的所有权属集体，承包方只有使用权，不得出租、买卖、荒芜，不得转作宅基地或其他违反《土地管理法》的用途。

三、承包方所应承担的费用和劳务

（一）承担费用总额952.97元。其中：税金201.56元；集体提留231.32元；乡镇统筹164.56元；据实征收项目，农业特产税64.22元，屠宰税46.34元，畜禽防疫费32.00元，预提共同生产费212.97元。

（二）承担劳务：义务工10个，积累工5个。

具体结算办法是：2000年7月31日以前缴纳费用总额的70%，计667.08元，12月31日前全部交清。到期不能以现金结算时，可用农产品实物按当时市场价格折抵。义务工、积累工每个按10.00元年终一次性结账。

四、双方权利和责任

（一）发包方有权要求承包方认真履行合同所规定的各项义务。同时，有责任将国家供应的各种生产资料及时按承包面积或经社员大会讨论决定的方式如数发给承包方，并做好生产过程服务工作。

（二）承包方在保证完成国家农产品订购任务的前提下有权独立自主地安排生产经营活动，有权要求发包方提供急需的生产服务，有权抵制合同外的各种非法摊派。同时承担按期完成国家税收、集体提留、乡镇统筹费、政策规费和义务工、积累工等各项义务与责任。

五、违约责任

经双方商定的违约处理方法是：如果在7月31日前交清全年任务，奖励2.5%，如在12月31前不能交清，按月利率0.015%计息。

六、纠纷处理办法

本合同如发生争议或纠纷，由张村村委会承包合同仲裁委员会进行调解或裁决。

七、本合同一式三份，自双方签字并加盖发包单位印章之日起生效。

2000年1月1日

这样的合同每年签订一次，它真实地反映了每户农民土地承包经营的情况。然而，这种合同之所以一年一签，其根本的功能是要明确农户在该年度所要承担的基本税费。而且，从整个合同的内容来看，其重点也是对农民履行任务的强调。一个基本的逻辑结构是，作为土地所有者代表的"村集体"将土地发包给农民，农民获得土地的前提和根本任务是要按时、足额地完成税费。显然，在农民与土地的关系上，农民土地承包经营权利的获得是依附于承担税费任务这一义务的。

正是由于土地承载着如此强大的义务，地方政府征收土地的行为基本是畅通无阻，他们往往以低廉的价格就可以将土地不费力气地征走。2000年，江镇与邻近的仙鹤乡之间修建一条公路，要征收公路沿线数个村庄的耕地，其中普村被征收的土地面积达80亩。江镇政府按照每亩旱地1000元、每亩水田4000元的标准补偿村委会，村委会共得到了20余万元的补偿。之后，村委会取消了被征地村民原有土地的税费任务，并仅仅补偿了一季农作物的损失，征地的工作即宣告完成。在最近几年，当年那些失地的村民纷纷后悔，抱怨当时补偿太低，其实在当时的社会经济条件中，大部分村民是没有表示太多异议的。对于他们而言，因土地征收导致自家土地面积减少，这本身就是减轻自己负担的"好事"，根本不会奢望还有进一步的土地补偿。此外，对于那些确实不愿意土地被征收而想继续耕种土地的村民，村委会和村民小组可以通过土地的再调整来分配土地，他们也没有要求获得土地补偿款的理由。

  总之，在这一时期，尽管国家的土地承包政策已经表现出稳定地权的倾向，但国家话语和农民话语之间出现了严重的脱节。一方面，在政策的表达中，国家宣称农民的一轮承包期 15 年不变；另一方面，在农村土地制度的实践中，土地权属却是一变再变，服从于当时乡村税费收缴和治理的需要。在低迷的粮价和沉重的农业负担压力下，耕种土地仍然更多的是耕种者的一项义务，这导致农民的土地权利意识无法产生，土地承包权稳定所需要的利益基础并不具备。

第三章

变革：30年不变的政策是如何可能的？

当前在对中国农村土地制度的研究中存在一种主流观点：将土地制度症结归结为农民的土地权利得不到保护，其中最大的原因在于基层政府和组织的权力侵害。正如张孝直（2000）所言，在政府力量强大、农民力量弱小的现实政治条件下，农民根本无力保护自己的土地产权，要保护农民的土地权益就必须限制政府的行为能力。然而，产权观念的建立需要相应的利益基础为支撑，尤其是排他性产权的建构更需要物品对主体的价值存在。在耕种土地的义务色彩浓厚、土地价值低迷的政治经济条件下，土地承包并没有在实践中真正成为农民的一项权利，政治权力对农民土地权利的侵害便无从谈起。

与这种"权力-权利"对抗的逻辑相反，无论乡镇政府还是村委会在相当长的一个时期内反而想尽各种办法要求农民珍视自己的土地权利，不要轻易放弃。在一轮承包15年到期之际，国家又开始实施土地承包30年不变的二轮承包政策，力图赋予农民更长久、更稳定的土地权利。在层层的政治考核压力下，基层的干部只好贯彻国家的这一意图，改变之前农村地权高度不稳定的状态，并就此确定农民正式的、受到法律保护的土地承包关系。如果说30年不变的土地承包政策是一项重要的土地权利的话，那么这项权利的最终实现不是依赖农民社会对强大国家的抗争，反而是国家力量所强力推动的结果。

30年不变的政策是如何一步步实现的，其与农民社会的运转逻辑之间呈现何种互动关系，这是本章所要讨论的主题。

一 从二轮承包[①]到土地确权

（一）日渐明朗的土地形势

1984年中央1号文件规定农民的土地承包期一般应在15年以上。在第一轮承包临近到期的1993年11月，中共中央、国务院发布的《关于当前农业和农村经济发展的若干政策措施》指出：为了稳定土地承包关系，鼓励农民增加投入，提高土地的生产率，在原定的耕地承包期到期之后，再延长三十年不变。1996年，湖北省政府贯彻国家政策，出台了《关于做好延长土地承包期工作的通知》，并下发到各市（州）、县人民政府，要求在其境内实施并贯彻二轮承包。1997年，湖北省政府再次出台了《关于切实抓好延长土地承包期工作的通知》，要求全省要在1998年结束这项工作，各地在1997年秋播之前，要把已到期的土地承包合同的延期工作全部做好。接连不断的文件相继下达，湖北省的各个地方都掀起了开展二轮承包的高潮。

在1997年底到1998年的这段时间，江镇时任党委书记郑守华、分管农业的副镇长刘奎三天两头地在区、市参加关于二轮承包的各种会议。为了贯彻上级政府的意志，镇政府成立了以农经站工作人员为主体的二轮承包工作小组，并给各个村的村干部布置了土地二

[①] 在政府的相关文件表述中，土地二轮承包又被称为二轮延包。

第三章 变革：30年不变的政策是如何可能的？

轮承包的任务。当时正值农民负担的高峰期，一件大家几乎不想要的东西要确权到户，这样一项工作并不容易开展。在五柳村，村干部实在没有办法，只好对那些不愿意进行土地承包的村民讲狠，"你种也得种，不种也得种，谁让你是农民，农民种田天经地义"。在那个时候，村民只愿意种自己家庭被分配的"口粮田"，多出的田则避而远之。五柳村二组的张家正长期在外打工，二轮承包时，他被通知返乡办理手续，但得知是要办理土地承包的合同之后，他办完之后就将新的土地承包经营权证撕掉，以表示再也不愿意种田的决心。

经历过这次土地承包的乡、村两级干部都坦言，当时的工作并不细致，很多土地的重新登记和承包权确定并没有让相关的农民签字确认。在沉重的农业负担下，很多村民并不关心每一块土地的权属，也不配合土地确权的工作。为了完成土地二轮承包的确权和登记工作，他们只好"闭门造车"，在村民不在场的条件下就填写了土地承包证中的经营者、地块分布、地块四至等各项内容。大量的工作被花费在了统计和表格的制作上，因为这样，至少能在形式上完成上级政府布置的政治任务。因没有调动农民的参与积极性，土地二轮承包政策在当时成为一纸空文，二轮承包在多数的村庄走了过场。而在1998年之后，由于农业负担的不断加重，土地的抛荒和转让更为严重。

后来，农业和农村的形势不断变化。虽然从20世纪90年代以来，中央、省、市不断要求各地切实减轻农民负担，但并没有从根本上制止农民负担不断上涨的趋势。例如，按照国家的规定，农民负担的总额应控制在上年农民人均纯收入的5%以内，但为了提高税费的标准，江镇政府通过多报农民收入的做法来为自己增加税费的做法提供依据。当以"农民真苦、农村真穷、农业真危险"为主题的三农危机为整个社会所关注时，国家则以前所未有的力度开始了一轮新的治理农民负担的运动,这表现为大量的、措辞严厉的"减负"文件的颁布和执行。2000年,为了贯彻中共中央和湖北省委、省政府的文件精神,楚市下达了一份题为《关于落实农村政策、解决农村突出问题若干意见》①的文件,其中规定了14条禁令,以此作为基层干部不能逾越的"红线"。

> 1. 禁止平摊农业特产税、生猪屠宰税、车船使用税,实行由财政部门按国家政策一律据实征收;
> 2. 禁止一切要农民出钱、出物、出工的达标升级活动;
> 3. 禁止一切没有法律法规依据的行政事业收费;
> 4. 禁止面向农民集资;
> 5. 禁止各种摊派行为;
> 6. 禁止突破义务工和劳动积累工的限额;
> 7. 禁止强行以资代劳,防洪保安确需以资代劳的,要按规定程序上报审批;
> 8. 禁止村组用公款招待下乡干部,取消村组招待费;
> 9. 禁止收费办培训班;
> 10. 禁止强迫农民超比例提前缴纳税费和向农户下达农产品订购任务;
> 11. 禁止设立向村组和农户收费的生产环节奖和税费征缴奖等;
> 12. 禁止用集体资金为干部投保,村干部投保可以从其工资中扣缴;
> 13. 禁止在征缴税费时用非法手段向农民收款收物;

---

① 江镇镇政府档案室保存档案,2000年卷。

14. 禁止公款游山玩水，村组干部外出考察学习必须从严掌握，严格审批。

显然，这些禁止的内容都是当时基层社会严重的问题。为了加强对基层干部的监管，区政府推行"报账制"和"一个漏斗向下"的做法，即所有的涉农上缴费用都必须经过区农经局的管理，这就极大地挤压了基层收费的"灰色"权力空间。2002 年，税费改革开始在江镇启动，税费项目中的"三提五统"和"共同生产费"被清理，所有的收费项目统一合并为税费，即农业税和农业特产税。在基层的乱收费被制止后，国家通过规范的税费征收实现了对农业负担的直接控制，不久，亩均负担直线下降，从 2001 年亩均不超过 100 元，到 2002 年亩均不超过 50 元，直到 2004 年所有的农业税费全部被取消，农村税费改革在江镇得以完成。

延续千年之久的"皇粮国税"结束了，这在农民中引起了强烈的反响，大部分农民发自内心地感谢党中央，由此产生的感恩心理和对政权合法性的再次认同彻底扭转了三农危机时的严峻政治形势。农民对土地的态度随着形势的不断变化而发生变化，只是前者还没有跟上后者变化的节拍。税费改革之初，在迸发出欢悦之后，当地村民对土地的经营还是心存疑虑，他们怀疑这项政策能持续多久，认为种地迟早还是要交税。在那个时候，村民仍然不愿意接手一些被抛荒的土地，即使接手，他们也要村干部作证，要在土地的转让协议上附上一句，"如果以后要缴纳农业税费，仍由原来某某农户承担"，以此作为接手土地的前提条件。

然而，"先知先觉"的村民也不乏其人，他们看准了形势，尽可能地做好准备。普村的钟如宝早年担任过村里的会计，因熟悉各种国家政策，且善于思考，人称村庄中的"小诸葛"。在农业税费减免的时候，大部分村民还没有改变对土地的态度，他就开始张罗着扩大自己的土地。他的一个叔叔是五保户，由于无儿无女，去世之前，他一直在耕种这块土地，后来索性将这块地确权到了自己的名下。另外，他所在的村民小组大约有两亩左右的抛荒田无人耕种，他也向生产队提出要求，希望将这块地确权到自己的名下。这样，他原有的7亩土地扩大为12亩。据他说，是在向一位从武汉某大学教授岗位退休的叔叔咨询过之后，他才放心地张罗扩大自己的土地。果然不出所料，缴纳了一年税费后，农业税就被取消，之后国家还按照农民的土地承包面积进行粮食补贴，钟如宝暗自庆幸，对自己当初的决策感到高兴不已。

慢慢地，土地的行情随着国家政策的调整而彻底地被扭转过来，越来越多的农民开始重视土地的权属和经营。由于之前土地负担的沉重，土地的经营者发生了多次的变更，这时，原来抛荒或者转让土地的村民也开始索要自己的土地。对于1998年前后土地二轮承包重新确定的土地权属，他们并不认可，认为当时的土地权属变化没有经过自己的签字同意，进而不承认土地承包权被转移到他人名下的事实。于是，二轮承包草草收场的问题暴露了出来，以致国家不得不开展新一轮的土地确权运动。

（二）政治压力下的土地确权

农村税费改革之后，从全国农村的情况来看，土地纠纷的涌现具有普遍性，为此，国家予以了高度的重视[1]。湖北省范围内因曾经抛荒问题而造成的土地纠纷更为复杂，鉴于此，2004年，在国

---

[1] 2004年4月30日，国务院办公厅发布了《关于妥善解决当前农村土地承包纠纷的紧急通知》。

家政策的基本精神下,湖北省政府出台了一份文件,即《关于积极稳妥解决当前农村土地承包纠纷的意见》,以为土地纠纷的解决提供指导。在此基础上,同年,湖北省政府又出台了《关于完善农村土地二轮延包的若干意见》,力图在化解承包纠纷的基础上,开展对土地重新"确权确地"(以下简称土地确权)的运动,从而彻底地稳定土地承包关系,这正是对二轮承包未完成工作的继续。

依托"压力型体制"的动员,土地确权成为2004—2005年江镇政府的中心工作。相对于1998年的二轮承包,这次土地确权得到了各级政府的空前重视。针对土地确权中的每一项工作,区政府都制定了详细的考核指标,并以打分的形式实现对各个乡镇土地确权情况的评判。表3-1和表3-2是区政府对各个乡镇和村委会土地确权工作考核的标准。

表3-1 对乡镇土地二轮承包工作完成情况的考核表

项目	评分标准	分值	得分
1. 成立专门的领导小组及办公室	未成立的分数扣完	5	
2. 层层召开会议,宣传二轮延包政策,集镇上有一条以上固定宣传标语	缺一项扣1分,扣完为止	5	
3. 结合本镇实际,制订依法完善农村土地二轮延包工作实施方案	未制订方案的分数扣完	8	
4. 市委、市政府公开信发到村组农户	缺一户扣1分,扣完为止	5	
5. 有国家干部派驻到村(每村不少于3人)	缺一人扣1分,扣完为止	6	
6. 实行"五定"责任制,重大纠纷有包案责任人	一起未落实"五定"责任制的扣2分,一起重大纠纷未落实包案责任人的扣2分	5	

续表

项目	评分标准	分值	得分
7. 土地承包纠纷全部成功调处并实行"三签字",辖区内纠纷调处率为100%	一起未调处的扣1分,一起未实行"三签字"的扣0.5分	5	
8. 辖区内确权确地率为100%,农户自签率达到100%	一项未达到的扣5分	5	
9. 对包村驻村干部进行业务培训,并开展承包合同和经营权证填发专项培训	一项未开展的扣2分,扣完为止	6	
10. 农户的合同签订率为100%	缺一户扣1分,扣完为止	5	
11. 经营权证发放率为100%	缺一户扣1分,扣完为止	5	
12. 有镇级及以上机关对土地纠纷调处的档案资料	缺一份扣2分,扣完为止	8	
13. 各种土地承包档案按照规定归档	未归档的扣完	6	
14. 有申报检查验收方案,有工作总结	缺一项扣3分,扣完为止	6	
15. 对辖区内土地承包情况实行微机化管理,使用上级规定的统一软件管理	未实行的扣10分	10	
16. 农村土地承包管理制度、流转制度、档案管理制度等建立健全,且下发执行	未制订和下发执行的扣完	10	
合计		100	

被验收乡镇负责人签字:(略)

验收人签字:(略)

第三章 变革：30年不变的政策是如何可能的？

表3-2 对村委会土地二轮承包完成情况的考核表

项目	评分标准	分值	得分
1. 成立领导小组和工作专班	未成立的扣完	3	
2. 层层召开动员会，召开群众大会、村民代表会、党员干部会，有会议记录	缺一项扣1分，扣完为止	4	
3. 有公开栏，有宣传标语，有宣传资料	缺一项扣1分，扣完为止	3	
4. 市委、市政府公开信发到农户	缺一户扣1分，扣完为止	5	
5. 有驻村的乡镇干部（每村不少于3人）	缺一人扣1分，扣完为止	5	
6. 有完善的二轮延包实施方案并实行一组一策	缺一个方案扣2分，扣完为止	4	
7. 对外出务工或经商的农户有致信、致函、电话及电报等形式的告知记录	缺一户扣2分，扣完为止	5	
8. 成立土地纠纷调处专班	未成立的扣完	4	
9. 坚持依法依规按政策调处并实行"五定"责任制	未做到的扣完	6	
10. 纠纷调处率达到100%	一起未调处的扣1分，扣完为止	8	
11. 对调处的纠纷实行"三签字"回告制度	一起未做到的扣1分，扣完未止	5	
12. 确权确地农户自签率为100%	差一户扣1分，扣完为止	6	
13. 确权确地面积为100%	差一亩扣2分	4	
14. 确权确地情况全面公开	未全面公开的扣完	3	
15. 与农户的土地承包合同签订率为100%	差一户扣2分	4	
16. 合同填写规范，无涂改、简化等问题	有一处问题的扣2分，扣完为止	3	
17. 农户间的土地流转按规定办理流转手续	一起未按规定办理的扣1分，扣完为止	4	
18. 经营权证填写规范，无涂改、简化等问题	有一处问题的扣2分，扣完为止	4	

续表

项目	评分标准	分值	得分
19. 经营权证发证率为100%	未完成的，每户扣2分	4	
20. 确权书、合同书、经营权证与农户实际承包面积"四相符"	有一项不符的扣2分，扣完为止	8	
21. 各种土地承包档案资料齐全，装订成册，规范管理	未归档的扣完	4	
22. 建立了农村土地承包管理各项制度，并已宣传到户	未建立的扣完，已建立没有宣传到户的，每户扣2分	4	
合计		100	

被验收村负责人签字：（略）

验收人签字：（略）

区政府对乡镇政府和村委会考核的指标达38项，且大都为可以被量化、被检查的项目。由于考核的指标过于细致，这无疑就极大地压缩了基层的应对空间。除了正式的考核指标，市政府成立了四个督察组，实行分片负责，定期或不定期地对各地农村土地二轮延包工作进行明察暗访。由此，江镇政府处于巨大的行政压力中。一篇工作汇报记录了当时江镇政府工作的情况：

> 镇成立了以镇领导为组长的工作领导小组和工作专班，并下设办公室，组织协调土地二轮延包确权登记工作。2004年10月29日召开了动员会，全面部署土地确权登记工作，并多次召开督办会。各村也分别召开了三会，即群众大会、村民代表会和党员干部会，广泛宣传完善农村土地二轮延包政策和《农村土地承包法》及鄂政发〔2004〕第36号文件精神，共培训骨干197人，其中国家干部85人次，村干部112人次，各种会议累

计参会人员达 35000 人次，共刷写大幅标语 28 幅，办宣传栏 28 个，发公开信 7941 份。①

在强大的政治压力下，江镇政府认真地贯彻和执行土地确权的政策。按照当时的政策要求和宣称口径，农村土地的承包权将就此稳定，并将保持 30 年②不变。然而，此时已经不同以往，在土地价值显现的新形势下，农村的土地已经具备了承包权确立并稳定的利益基础，农民要求得到土地承包权的愿望日益强烈。面对土地权属历经变化的历史事实，此时的乡村干部究竟如何确权？他们究竟将土地确权到谁的名下？

二　情与法的冲突：土地确权的不确定性

（一）"村规民约"：刚性政策下的村庄伦理

对于没有争议的土地，乡村干部直接在新的土地经营权证上进行登记就可以完成。土地确权的主要工作是要处理大量的有权属争议的土地纠纷。

在听说这次确权完成之后土地承包权真的就 30 年不变了，村民便争相要回自己原来的土地，在他们看来，即便自己不种地，也要为下一代留下一点保障。之前农业负担的沉重使得他们不关心土地的法律权属，但如今形势不同了，这些村民纷纷改变了想法。当

---

① 江镇镇政府档案室保存档案，2004 年卷。
② 但因土地二轮承包期是从 1998 年算起，在 2004 年土地确权时承包年限应该还有 24 年。

初撕毁土地承包经营权证的张家正后悔不已,他也开始筹划重新办理土地承包经营权证。在江镇,当时的土地纠纷主要有两种类型:其一是因代耕代种或者抛荒原因导致的农民之间的土地权属争议;其二是因村委会大面积地转包土地引发的农民与村委会之间的纠纷。显然,这些纠纷都是因税费负担沉重等历史原因造成的,与之类似的情形在湖北其他地区同样广泛存在(罗兴佐等,2006;罗峰,2005;张泽涛,2006)。

在意识形态、社会以及政治稳定的考量下,土地的权属并没有被宣布为私有,但国家对农村土地制度的安排和设计一直延续着保护农民土地承包权利的基本导向。由此出发,农民被假设为是希望得到更多土地权利的,而土地权属的稳定方能实现"有恒产者有恒心",这被视为增加农民对农业和土地投资的关键。因此,从土地承包15年不变到30年不变,分田单干以来,国家土地承包政策的主线是稳定。依此逻辑,一轮承包所形成的土地权属构成了二轮承包确定权属的基础,二轮承包又构成了确定土地权属主体以及以后土地延包的基础。面对2004年左右中国农村普遍出现的土地承包权纠纷,国务院办公厅在2004年4月30日颁布的《关于妥善解决当前农村土地承包纠纷的紧急通知》第四条规定中,明确提出要坚决纠正对欠缴税费或土地抛荒的农户收回承包地这种做法。也就是说,恢复二轮承包时的承包经营格局,对于农民在二轮承包之后放弃土地承包经营权的做法,国家并不承认,而是坚持认为原有农户仍然享有土地的承包权资格。

为了解决本省范围内更为严峻的土地纠纷形势,考虑到本省更为复杂的情况,湖北省人民政府在2004年9月2日出台的《关于积极稳妥解决当前农村土地承包纠纷的意见》中对本省土地纠纷提出了针对性更强的解决方案,其中对农民之间因代耕、抛荒土地

第三章 变革：30年不变的政策是如何可能的？

引发的纠纷处理规定如下：

> 处理拣种抛荒地发生的纠纷，要以二轮承包为依据，在确权、确地的基础上，明确原承包关系。代耕代种的，原承包户可依法收回土地承包经营权。农户相互转包土地，要签订规范的书面合同。

和国务院的文件相比，湖北省关于解决土地纠纷的文件体现出一定的灵活性。比如，参照国务院办公厅文件第四条"坚决纠正对欠缴税费或土地抛荒的农户收回承包地"，湖北省《关于积极稳妥解决当前农村土地承包纠纷的意见》第四条的表述为"纠正对欠缴税费和土地撂荒的农户收回承包地的做法"，其中已经没有了"坚决"二字的修饰。又比如，出于一直以来对规模经营的政策追求，对于发生在种田大户和原承包户之间的土地纠纷并未严格要求恢复原耕作状态，而是较为含混地表述为：

> 对于发生在种田大户与原承包户之间纠纷的处理，既要尊重原承包农户要求继续耕种的意愿，又要充分肯定和注意保护种田大户的积极性。通过民主协商，在村组集体、种田大户和原承包户达成共识的前提下，确定双方均可接受的合理解决办法。但一定要防止哄毁设施、作物的现象发生。

紧随其后的土地确权文件则以《关于完善农村土地二轮延包若干意见》为标题。"完善"二字充满了政治智慧，其既包含对1998年所签订的第二轮土地承包合同的承认，又似乎给了基层干部可以按照实际情况处理土地纠纷一定的自主空间。一项政策的被执行和被贯彻不仅仅取决于国家的意志,而且要尊重基层政权的治理现实,打乱后者而"另起炉灶"无疑需要巨大的社会成本。但是,急于要求恢复二轮承包时土地权属的农民显然不可能体会到文件中这种不甚明晰的"言外之意"。文件的总体基调仍然是以保护农民的二轮土地承包权利为特征,后来"维权"的农民正是以此为依据要求恢复1998年时的权属状态。

首先,如上文所述,当年的一些村民不珍视土地的承包权利,往往是将土地作为一个"包袱"甩给他人。村组干部为了弥补这部分土地的税费空缺,或者通过抓阄的方式分配下去,或者通过说好话转给那些家中土地较少的村民,或者收归村集体改为机动地再以较低的费用发包给其他村民。如果坚决执行了文件精神,将土地返还给当初弃田的村民,这不等于是在伸手打自己耳光吗?(村干部语)进而,如果出尔反尔,自己以后的工作如何开展,威信何在?在江镇的不少村庄,村组干部将撂荒土地大面积地承包给大户经营,后者已经进行了农业产业结构的调整,并已经进行了投资,恢复1998年的权属状态意味着作为土地发包方的乡村组织必须要赔偿经营大户的损失。显然,这意味着乡村基层组织的利益与这部分村民的"维权"主张之间正相抵触。

其次,从乡村社会伦理的角度出发,将土地归还给原来的耕种者也不符合情理。1998年之后,正是土地抛荒和转让最为严重的时期。在村庄中,当初弃田的村民大致有两种类型:一种是外出务工、"弃田而逃"的村民;一种是"钉子户"和"混混"。他们当初不务正业,不想种田,被村庄人指责为"麻木"[①]。村民认为"交税费时你不种田,如今又来抢着种,天下的便宜都要被这些狡

---

① 当地的方言,意思是"蛮横、不讲道理、不通情理的人"。

猾的人占尽"。尽管要田的村民总是有各种理由,比如当时家庭负担重、贫困等,即使这样,村庄的舆论是不支持要田一方的。比如在土地确权中,黄岩村一组共有73户,在土地确权中就有30户不愿意签字,他们集体抗议这种以1998年二轮承包为依据的确权模式。

在这种情况下,一边是国家的政策,一边是自身治理的需要以及乡村社会的情理,江镇的大多数乡村干部在解决土地纠纷时事实上是倾向于后者的,更何况,湖北省土地确权的文件还有"意味深长"的一面。基于此,乡村干部都尽可能地尊重"村规民约",进而维持土地经营的现状。在普村,对于一般土地的转包行为,如果双方都没发生争议的话,村干部肯定不会介入其中,这是典型的"没事找事"。一旦发生争议,村干部不是简单地依据政策进行判断,而是尽量尊重当时双方的协议,包括口头协议。一个重要的依据就是当初不愿意种田的村民是否说过以后再也不要回田的话,如果说过且又有人证明,那就要维持现状。在土地确权中,普村发生了4起土地转包纠纷,但全都以这种方式进行了处理。

1. 刘兴,原是小学教师,当时家中总共6口人。一轮承包时,全家共分得土地9亩。1998年时,刘兴退休在家,依靠退休工资生活。两个儿子不愿意种田,希望去外面打工。因此,刘兴的妻子找到村民小组长,表达了不愿意种田的想法。当时的组长廖大国做事比较仔细,就要求她写下保证书保证以后不再要回这块田。之后,组长将这块田分给了本组的其他村民。2005年时,刘兴找到组长希望收回自己的土地,但廖大国拿出了当年他妻子写下的保证书,刘兴自觉理亏,遂放弃了要求。

2. 朱同,外地人,1994年迁入本村,并买了本村一外迁户的房屋和土地。1996年，朱同外出打工，由其妻子留守在村中继续耕种该块田。1999年，其妻子也随之一同打工，导致原土地荒芜。组长为防止税费任务无人承担，只好将土地转包给他人。由于当时朱同和妻子私自抛荒，并未与村组进行协商，村组干部都不支持他要回土地的行为。至今，该地块仍由他人耕种。

3. 沈云山，在2000年时，他的妻子得了癌症，两个女儿也都在上学，按照他后来的说法，在家庭经济状况不好的条件下，为了减轻负担，他将自己的1.2亩地转给了同组的钟首秦。2004年时，沈云山开始要回自己的这1.2亩地，不料钟首秦并不答应，并提出如果要田的话就必须进行补偿，一亩田500元钱，且一补4年。对于钟首秦提出的条件，沈云山认为过于苛刻，双方发生了争执。在村干部介入调解无效的情况下，沈云山最终放弃了自己索要土地的要求。在他看来，把事情闹大并不划算，会破坏两家的关系，他就没有再继续索要自己的土地。

4. 王济明，全家5口人，1998年时大儿子到乡镇企业上班，由于家里劳动力不足，王济明将较偏远的6亩耕地转让给了本组的李成文。在土地确权时，王济明虽然坚持否认自己曾经说过"以后再也不要土地"的话，但由于无人证明，村里仍然按照"村规民约"来处理。在这种土地确权方式下，王济明的6亩田无法要回。

按照政策，以上村民均符合要回土地的条件，但他们遵守的是一种简单的"正义伦理"。在江镇，相当部分的土地转包并没有以纠纷的形式表现出来，正是得益于村民对这种村庄道德原则的遵守。村干部将自己维持现状的做法称为遵守"村规民约",在村民自治的制度框架下,将村民没有按政策办事的做法诉诸"村规民约"无疑是在寻求另一种承认,这也是一种表述的策略。由于这种道德的原则与乡村治理的需要是高度契合的,前者为乡村权力的运行提供了一种合法性论证。但是,"村规民约"并非总是有效,对于那些将事情故意闹大,以至于上访到乡镇、区、市的村民,"村规民约"就不再发挥效用了。

(二)村庄土地确权中的"越轨者"

我在村庄访谈中发现,在村庄层面上,许多土地的转包纠纷没有严格按照政策办事,但在江镇乡镇干部的记忆中却完全是另一番图景,他们所经手的纠纷大都恢复到1998年的耕作状态。这种表述的矛盾表明在土地确权中存在不同的解决方式。对于乡镇干部而言,一旦他们介入土地纠纷,就意味着村庄"村规民约"的解决方式已经无效。那些进行过多次调解的土地权属争议让处理纠纷的乡镇干部印象深刻,这对于他们来说才是真正意义上的土地纠纷。为了解决那些土地纠纷,他们不得不想尽各种办法,最终往往以一种妥协的方式来执行国家的确权政策。

在当时,江镇处理土地纠纷的主要职能部门是司法所、信访办和农经站,这些单位至今都保存着大量当时的土地纠纷材料。这些纠纷之所以闹到乡镇干部那里,往往就在于村民对村组干部处理土地纠纷的方式和原则不满,上访者拿出中央和省委、省政府关于土地确权和纠纷解决的政策文件,说乡村干部的确权依据不符合国家政策,是非法行为,要求上级政府主持公道。一时之间,这些违背村庄伦理的村民反而成了"受害者"和"维权的斗士"。

其实,要回土地的村民很多都是当年的抛荒者,弃田而走的行为使得他们至今仍然拖欠村集体的税费。比如在廖坪村，陈生金、陈生银、陈生财和陈生宝是远近闻名的"金银财宝"四兄弟，他们集体拒缴税费，欠村集体的账达到一万多元。在农村税费改革后，为了防止农民负担的反弹，国家实行农村债务"锁定"，全镇的村级债务高达1800万元，其中近1/4是村民拒缴农业税费所导致的。对于村干部来说，本来土地确权正是一个化解村庄债务的机会，也可以以此作为压制这部分村民不顾情理、要回土地的一个重要手段。但是，在国务院和湖北省的文件中，都对这种以欠缴农业税费为由收回土地的做法予以了禁止。种种的信号不断地刺激少部分人要回自己承包田的行动，他们迫不及待地要享有土地的权利，尽管他们之前没有尽相应的义务。由于国家一系列政策的倾向，在村民看来，土地承包权是一项基本的权利，它的实现不需要任何的前提条件。江镇信访办一份向区信访局说明境内上访情况的函件显示了要田村民给江镇的干部带来的困境。①

> 来访人金家明，家住江镇中心村六组。金家明1998年秋收以后，将其耕种的一块水田，田名"潮八斗"，面积2.1亩，在册单产500斤（较低），交给同组村民熊真有耕种。今年二轮延包（应为土地确权——作者注）时，因金家明耕种的其哥哥的田被收回，故也想将由熊真有耕种的2.1亩田收回。双方协商未果。后经村委会调解也没有解决，所以造成上访。金家明先到农经站，后到镇政府，再到区农经局。
>
> 我站接到镇转办函之后，7月26日就到金家明家进行了

---

① 江镇信访办保存档案，2005年卷。

| 第三章 变革：30年不变的政策是如何可能的？ | 115

走访，了解相关的第一手资料，并通知金家明 27 日与熊真有协商处理。但第二天联系熊真有后，金家明又到区农经局上访去了。

7月29日、8月1日，我们两次通过村主任联系熊、金二人到农经站进行协商，但熊真有两次都不愿意到场，造成我们无法进行调解，只能放弃。

其中，我们对金家明单独做了一定的工作，为双方自行协商创造了一定的条件，即金家明继续让熊真有耕种二到三年，或者每亩补偿熊真有一定的资金，而将土地经营权确权到金家明户头上。这种办法与当时熊真有提出的要求比较接近。

来函交办事宜，我们已经尽力，无法办结，敬请谅解！

江镇农经站
2005 年 8 月 1 日

从这起纠纷的时间来看，土地确权在江镇即将完成，土地的承包经营证已经办好，幸好该村委会还没有将之发放到每家每户，不然，村民有了受国家法律保护的土地经营权证，这起纠纷更不容易化解。针对金家明要回土地的政策要求，熊真有自认为是最大的受害者，他在调解中表达了自己强烈的不满。

田是我们双方老婆协商的，具体情况不太清楚。后来我在水库埂子上碰到了金家明的老婆，说田较差（不愿意种了）。我问她以后（万一）粮食涨价了你还要不要，她说不要了，这样本人才下定决心改造的。当年他们主动给本人 80 元钱用作买化肥。现在政策好了，他要把田收回去，本人不同意。①

熊真有的讲述基本代表了类似问题中一方农户的想法，也符合村庄熟人社会的交往原则。正是在这种思路下，中心村的土地确权基本上维持耕作现状，未严格地恢复 1998 年时的土地经营状况。然而，对于乡镇干部而言，如果此时再单纯地强调"村规民约"，显然不利于问题的解决，因为现在解决问题的最大障碍是不断上访的金家明。在调解中，中心村支部书记不得不承认在土地确权中没有贯彻国家政策。最终双方形成了以下的解决方案：

1. 金家明拿一条烟、两瓶酒上熊真有家表示道歉。
2. 金家明补偿 1000 元给熊真有。
3. 到镇上签订协议，金家明请客吃一顿饭。
4. 2.1 亩的土地经营权填到金家明的头上。

这起纠纷以双方妥协的方式解决，调解纠纷的干部尽可能地想让双方各退一步，以方便问题的解决。当然，最终的结果显然是偏向金家明一方，因为至关重要的土地承包经营权已经完全地归他所有。

事实上，综合江镇的土地确权案例，之前弃田的村民能否要回土地基本上取决于两个条件：第一，二轮承包中是否获得了承包经营权；第二，村民的个体行动能力。如果说第一个因素是国家的法律和政策规定，那么第二个因素则是国家法律和政策能否被执行的条件，而一旦这两个因素结合则势必对正处在土地确权压力下的乡

---

① 江镇司法所保存档案，2005 年卷。

村干部产生压力。因为，如果不满足这些村民的确权诉求，作为一项政治任务的土地确权将不能及时、全面地完成，这将给乡镇政府的工作成绩带来负面影响。在这种条件下，一种违背村庄情理的确权模式得以产生。

在乡村社会不断受到市场化力量渗透和影响的背景下，少数当年弃田的村民敢于置乡村社会的情面于不顾，赤裸裸地捍卫自己的经济利益。他们的行为固然合法，却不合村庄情理，也罔顾了之前村庄土地制度的历史事实，因此成为大部分村民眼中的"越轨者"。在论述乡土中国向现代法治的转型中，费孝通曾有过这样的描写：

> 现代都市社会讲个人权利，权利是不能侵犯的。国家保护这些权利，所以定下了许多法律。一个法官并不考虑道德问题、伦理观念，他并不在教化人。刑罚的用意已经不复"以儆效尤"，而是在保护个人的权利和社会的安全。尤其是在民法的范围内，它并不是在分辨是非，而是在厘定权利。
>
> ……………
>
> 在乡间普通人还是怕打官司的，但是新的司法制度却已推行下乡了。那些不同于乡土伦理的人物从此找到了一种新的保障。（费孝通，1998：57）

尽管费孝通只是在描述乡土社会中法治下乡所遭遇的尴尬，但是对一般的社会和制度转型的过程仍然有着概括性的意义。在农村土地制度的这场变革中，村社内原有的社会均衡被一定程度上打破，正是不容于村庄伦理规范的"越轨"行为承接了国家所提供的新的规范，成为宏观制度变迁在村庄的内部接应力量。从表面上看，这是一场制度和法律的胜利，但在村庄公平正义没有被满足或者被重新塑造的条件下,新产权制度的根基并不稳固。

三 被隐藏的集体土地

在村庄中,除了承包田,还有未分配到户而仍然由村组集体管理和经营的机动地,即上文所说的"坨子田"。一直以来,村委会或者村民小组将"坨子田"发包给村民,该村民则向村组集体缴纳一定的承包费,以用于集体范围内的公益事业开支。在土地确权的压力下,上级政府要求农村集体经济组织的机动地不能超过总面积的5%①,多余的机动地必须确权给农民,那么这部分多出的集体土地到底应该确权给谁呢?

机动地在当时一般采取的是发包形式,即村组干部将该土地短期承包给本村有种田意愿的村民经营,后者向集体缴纳一定的费用。尽管这些村民是机动地的实际经营者,但是村组如果将土地就此确权给他们,从而使他们享受30年不变甚至更长时间的承包权的话,这显然有失公平,本村、本组的其他村民会有意见。事实上,当时的村组干部所想的无非是为集体的机动地找一个名分,从而既能保持集体对土地的实际收益和处置权,又能避开当时政策的强大压力。问题是,如果将机动地确权给"没有觉悟"的普通村民,他们完全可以基于国家法律和政策赋予的权利而不再向集体缴纳土地承包费。一旦确权之后,"坨子田"就成为该村民的合法土地,他不再缴纳承包费的行为虽然不合情理,却得到国家法律的保

---

① 《中华人民共和国农村土地承包法》第六十三条规定:本法实施前已经预留机动地的,机动地面积不得超过本集体经济组织耕地总面积的百分之五。不足百分之五的,不得再增加机动地。

护。到那时,村组干部岂不"哑巴吃黄连——有苦说不出"?正是因为担心这种局面的出现,村组干部费尽脑筋,终于想出了一个两全其美的办法,即利用村民小组长或者村干部自身的农民身份,将土地确权到他们自己的头上。江镇的许多村庄都采取了这样一种方式,这既能保证将土地确权到个人的名下,又能保证村组对土地的实际收益和村庄内的公平。

周凤心是普村七组的组长。由于普村七组和五家村相邻,在20世纪90年代时,普村七组一块两亩左右的田因水源、交通不便而无人耕种。周凤心在本组内无人耕种的情况下,就转给了五家村的一位村民耕种。这位村民每年向七组缴纳150元的承包费。在土地确权时,五家村的这位村民要求将这块地确权在自己的名下,但周凤心及七组群众都不答应,为了保住集体的这块机动地,周凤心就将这块地确权在自己名下,而仍由该村民耕种。2004年后,国家开始实施粮食补贴政策,这块地得到了相应的补助。周凤心没有将这两亩田的补助给该村民,而是当做村民小组的集体收入。最终,这位村民的不满情绪爆发,接连打"市长热线"反映问题,以自己是土地的实际耕种者为由要求得到国家的粮食补贴。然而,由于他并非该土地的合法承包人,他的努力并不奏效。第二年,周凤心索性将这两亩地收回,由自己耕种,法律上的承包者和实际的耕作人也就一致了。不过,如果没有知情农户的监督,在以后的每一年中,周凤心能否如他开始所保证的那样自觉地将土地收益都交归村民小组集体所有,仍然是一个未知数。

五家村村民的上访行为最终不了了之,他最终没有撼动村组集体保持机动地的事实。而且,机动地的被隐藏绝不是村庄内部的秘密,而且得到了乡镇部门的支持,这是乡、村两级组织"合谋"的结果。对于这种将机动地确权到干部头上的做法,江镇农经站站长黄建国认为:

> 干部还是有觉悟的,有他先进性的一面,每当换届选举时就把田(机动地)交出来。机动地的情况我们都掌握,老百姓不知道的,就以为是村干部自己搞鬼,到我们这来反映问题。我们都会给他们答复,说一定会处理这个问题。其实,地方领导都知道,村里面现在紧张,机动地也算是集体的一项收入来源。①

村组干部以私人的名义去做"公家"的事情,一旦村干部发生变更,那么原干部户头上的机动地就要过户到新任的干部头上,村庄以这种方式保持了集体机动地的存在,然而,这种方式主要依赖干部个人的素质,即所谓的"干部觉悟",一旦有不听话、个人素质不高的干部出现,就必然会令乡、村两级组织在土地的处置上陷入极为尴尬的境地。

通过这种措施,村组对机动地保留了事实上的权利,只是不具有任何的正当性,一切都必须在村干部个人的名义下行事。从表面上看,村组干部平白无故地多得了土地,知晓的村民不理解,一旦在日常生活中对村组干部滋生不满,他们就会以此作为上访的理由。诚然,在机动地的确权中,虽不排除个别村组干部心存侥幸的想法,但如果设身处地地为他们想一下,似乎也别无更好的办法。

---

① 2009年3月11日对农经站站长黄建国的访谈。

第三章 变革：30年不变的政策是如何可能的？

在这场"强制性制度变迁"①（林毅夫，1994）模式下，时间的短促以及行政的压力都无法给机动地到底确权给谁提供一个现成的依据，在"半推半就"之中，掌握权力者就利用自己的身份自然而然地将集体土地变更为自己的"私人"土地，并受到法律的保护。

在经历了土地确权之后，土地的法律承包关系被建立起来，之前不稳定的、法定权利主体不清晰的权利格局终于被打破。至少在土地承包经营权的变更上，村组所代表的"集体"丧失了基本的处置权，农民对具体地块的承包权在法律上就此被确定。此后，农民不可能再如以前那样任意转让甚至丢弃土地的承包权，一个"土地皆有其主"的产权秩序初步建立起来。然而，在某种程度上，这个过程的完成是国家法律和政策进入村庄的结果，依托的是基层政权的强制性或者半强制性力量，而非农民社会自发孕育的结果。正因为如此，这个过程中充满了政策刚性与村庄土地伦理的博弈与冲突。

在江镇的土地确权中，一方面国家的确权政策在顺从村庄既有的土地规范和历史事实，另一方面国家政策又呈现压倒村庄规范、成为土地确权主导性规范的一面。这种看似悖论和复杂的关系在农村社会中其实是统一的，因为国家政策对村庄土地共识与规范的压倒依靠的是政治权力的"运动式治理"和由此产生的强大外部压力，而一旦权力恢复常态，转向日常化治理的运行轨道，被暂时压倒的村庄土地伦理将可能再次拥有生长空间，进而成为反制国家法律和政策的力量。

---

① 林毅夫将制度变迁分为诱致性制度变迁和强制性制度变迁。前者是指一个群体在响应由制度不均衡引致的获利机会时所进行的自发性变迁；后者是指由政府命令和法律引起的变迁（林毅夫，1994：382-403）。

江镇的土地确权持续了大半年的时间,其间,全镇一共处理有记录的土地纠纷128起。据江镇镇政府的汇报材料宣称,2005年3月,全镇的27个行政村中,完成土地确权的达25个,已经确权的农户达7885户,涉及38829亩土地,计36475块,其中已确权的户数占应确权户数的99.7%,已确权的土地面积占应确权土地面积的99.9%。① 2005年9月27日,区政府下达了要求将二轮承包煞尾的紧急通知。至此,作为一场政治运动的土地确权完成了,但土地确权的工作却仅仅只是一个开端。未确权的土地仍然存在,并且远不止汇报材料中那么微不足道,而且,对于这时的确权结果,许多村民也只是暂时认可,随时有可能随着形势的变化而继续变化。土地确权将成为江镇政府在以后的工作和治理中所要长期面临的任务。因此,此时只是变革时代的一个开端,土地承包关系30年不变所激起的社会波澜还远远没有得到呈现。

---

① 江镇镇政府档案室保存档案,2005年卷。

第四章

困境：地权纠纷的发生机制

随着土地二轮承包 30 年不变的政策深入人心，土地承包权的法定格局在政治力量的干预下得以暂时建立。从 2004 年开始，国家先后投入专项资金对种粮农民进行直接补贴。不久，良种补贴、农业生产资料综合补贴以及各种惠农政策先后出台，这进一步提升了土地的价值。2007 年，集体林权制度改革得以推进，其沿袭了分田到户的改革思路，力图将集体山林的承包权确权到户。这一系列政策和改革在江镇范围内如火如荼地进行，围绕地权的产权制度建设仍然在继续深化。

改革意味着利益的重新调整与确认。随着地权改革涉及领域的不断扩展和深化，由此产生的权属矛盾的数量和强度也在日益增加。每次农村改革往往就是农村矛盾的集中爆发期。在江镇所在的白云区，乃至整个楚市范围内，地方政府都在为当地的三大矛盾——耕地确权、林地确权和小产权制度改革①所引发的社会纠纷所困扰。由于土地价值日益显露，农民不仅要求将一些权属"模糊"的土地就此确权到户，而且不认同当初二轮承包和土地确权所建立的法定秩

---

① 小产权制度改革是指将原来由村组集体管理的农田小水利如堰塘、泵站等全部承包给个体农户，这是一种以市场化为导向的改革。

序，农民社会围绕土地的利益争夺活动开始大规模涌现。与农村税费改革之前相比，农民对待土地的态度已经迥然不同。

在访谈中，基层的干部也充满抱怨。他们认为，土地权属越是要明晰到户，土地的纠纷就越难以解决。从江镇 2004 年之后所产生的地权纠纷来看，土地纠纷不仅纷繁复杂、种类众多，而且直接涉及相关利益主体的大量既有利益，以至纠纷表现出"零和博弈"的特征。关键问题在于，在乡村社会中，土地纠纷的解决不是一个依靠法律就能辨析权利边界的司法技术问题，它涉及农民社会中一整套传统的土地伦理观念。

本章将对江镇的地权纠纷做出总体的呈现和分析，在此基础上，将重点分析地权纠纷中农民的行动逻辑和秉持的传统土地认知，探析当前建立地权新秩序所面临的困境。

一 地权纠纷的类型

农村税费改革之后，曾经引发极大关注的农民负担问题得到了解决，一度紧张的干群冲突局面已经较少出现。然而，农民和乡村干部之间没有转向一种"和谐相处"的融洽关系，围绕土地权属的社会矛盾仍不断地产生。江镇信访办保留着近年来关于农民上访的相关资料。从农民上访要解决的问题来看，乡村社会的矛盾确实已经发生了转移。表 4-1 是该镇对 2004—2008 年乡域范围内所发生的农民上访的原因分类。

表 4-1 2004—2008 年江镇农民上访原因分类

年份	反映干部经济问题	要求进行生活照顾	土地（林地）纠纷	其他	合计
2004	5	25	35	34	99

续表

年份	反映干部经济问题	要求进行生活照顾	土地（林地）纠纷	其他	合计
2005	6	31	49	41	127
2006	4	39	42	39	124
2007	2	42	25	50	119
2008	6	40	26	53	125

注：该表将所有涉及土地的上访全部纳入一类。其中 2004—2006 年，主要是土地确权导致的承包纠纷，2007 年以后，随着林权改革的进行，林地承包的纠纷开始增多。

从表 4-1 可见，要求进行生活照顾和要求解决土地纠纷是农民上访的两大类型。前一类上访主要包括退伍军人要求补助、退休村干部要求获得退休工资、民办教师要求转正和获取退休工资、农民要求获得低保资格等。可以看出，农民上访的目的已经多元化，不再只是希望国家为自己"申冤"以恢复原有的权利状态，而且要国家进行"照顾"，获得更多的利益。事实上，基层社会矛盾出现的一个总体背景是，不仅仅是国家的土地政策，多项惠农政策都开始在税费改革后实施，这让农民看到了希望，他们要为自己争取更多的利益。正如江镇当时的党委书记、镇长钟如明所说，"国家每出台一项好政策，都要引发一次大的上访，本来平静的心态被打破了，这叫'不患寡而患不均'"①。

在土地纠纷中，农民要求获得土地的权属和收益，可见，农民对土地的冷漠态度一去不复返了。从积极的角度来看，地权纠纷的出现表明土地行情的逆转，农民的承包权建构具有了相应的利益基础。正如镇林业站站长吴帆所说，地权矛盾的出现是正常的，不出现反而不正常，出现了就好，就不会给以后留下隐患。当前是

---

① 2009 年 3 月 20 日，江镇党委书记、镇长钟如明在全镇维稳工作大会上的讲话。

（矛盾）高发期，也是舒缓期。①

从消极的角度来看，土地承包纠纷在土地确权结束之后总量的减少并不意味着其消失。2004—2005 年土地确权期间，矛盾和争议的数量最多。但是，在确权完成之后，土地的权属争议仍然保持在一定的数量。如果说土地确权政策的执行是土地承包纠纷发生的导火索，那么为何在土地确权完成数年后，土地的权属已经基本厘清的状况下，当地的土地承包权仍然难以彻底地稳定下来？仅仅将承包纠纷看作一个暂时性的现象似乎还不足以理解这类纠纷的发生机制。

在江镇信访办和司法所保存档案中，2004 年以来有记录的地权纠纷共有 262 起，我根据纠纷的具体内容对之进行了基本分类（见表 4-2）。

表 4-2　2004—2008 年江镇地权纠纷分类

农户反映的主要问题	要求解决土地（林地）承包纠纷	要求解决农业生产问题	要求解决征地补偿问题	要求镇、村退还土地	要求村委会进行土地所有权	其他
纠纷数量	75 起	39 起	30 起	48 起	10 起	60 起

注：以上只是乡镇职能部门记录在册的纠纷。事实上，由于大量的纠纷是由村级组织解决，且没有登记在册，以上的土地纠纷数量只是江镇土地纠纷的冰山一角。

在乡村社会中，一旦农民"闹"到乡镇层面，就属于较为激烈的矛盾了。上述数字自然无法代表地权纠纷在全镇范围内的总量，但从类型上看，基本囊括了所有的地权纠纷。基于以上的分类可以看出，要求村委会解决农业生产问题、要求得到土地征收中的相应补偿等问题与土地的确权无关，而分别涉及基层组织公共服务

---

① 2009 年 5 月 9 日对江镇林业站站长吴帆的访谈。

职能和地方政府的土地补偿标准和方式等问题。除此之外，其他三类纠纷都与土地承包权的确立有关，这构成了本章所研究的地权纠纷的主要类型。

此时，面对土地承包权格局即将或者基本已经确定的局势，农民争取土地承包权的理由来自哪里？下文中，我将重点分析在土地承包纠纷中当事人所秉持的理由以及这种理由的正当性来源。农民的地权行动固然是以利益为导向，但支撑行动的还有一整套农民社会中关于土地的正义原则。在江镇，土地的祖业权、土地关涉的生存权和土地占有的平均主义是农民心中土地正义原则的具体体现。

二 祖业权：地域社会的产权规则

（一）耕地：祖业权的三重变奏

在江镇，村庄中普遍存在"老祖业"的民间说法，村民动辄指着某一地块说是自己的"老祖业"。所谓的"老祖业"是指自己的祖辈在土地改革时甚至土地改革之前分得或购买的土地①，既包括土地，又包括山林、宅基地、堰塘等。在土地改革中，由于国家实施"打土豪、分田地"的革命政策，农民就此被分配到了土地，进而形成了土地的私有产权格局。这场围绕土地的政治运动打破了

---

① 当地农民所称的"祖业田"一般是指土地改革时国家分配或者确认的土地。之所以有农民的"祖业田"是因为，在土地改革中，只有地主和富农才会将土地拿出来进行再分配，并分配给贫农阶层，占人口多数的中农阶层仍然继承了新中国成立之前的土地占有格局，他们的土地只是在此时得到了新政权的确认。因此，作为这部分人的后代，他们口中所谓"祖业田"的历史就更为久远。

乡村社会的传统关系和社会结构，为以后土地产权制度的变革奠定了重要的基础。

令人不解的地方在于，经历了社会主义集体化和人民公社时期"一切归公"的政治运动之后，原有的土地权利已经被打破，现有的土地承包格局都是国家分配的结果，农村的一切土地也被法律宣布为"集体所有"，祖业田的观念却仍然在村民一代一代的口头相传中挥之不去。很多村民习惯性地保留着20世纪50年代初土地改革时的土地契约，并将之作为一个重要的土地所有权凭证。

农业合作化完成之后，农民连同自己在土地改革时分配的土地加入了合作社，以及后来的人民公社。在强大的国家权力干涉和意识形态宣传下，伸张土地的祖业权无疑就是否认土地集体所有的事实，这对于每个社员来讲无疑具有政治上的风险性。村民回忆说："当时除了屋檐滴水以内（指宅基地以内），所有的土地都是国家的，谁敢说是自己的私人祖业？"尽管如此，祖业意识却没有消逝，而是潜伏起来。依靠家庭内部口头相传，大部分的村民仍然对自己的祖业在哪里一直保持着清晰的记忆。在当地流传一句俗语，叫做"宁失荒山不失业"，意思是说即使荒山上的树木可以给别人，也必须保住自己对荒山的祖业权。

20世纪中叶，红旗大队（后来的普村）是血吸虫病的重灾区，当地农民近一半死于血吸虫叮咬引发的肝腹水病，致使大量的土地荒芜。为了发展生产，县政府在红旗大队兴办农场，组织本县山区的农民迁移至此。20世纪60年代，数十家农户迁到红旗大队，来之前，他们较为犹豫，不仅担心自己在新地方人生地不熟，而且唯恐政府许诺分配的自留地在以后会受到原土地主人的后人的干涉。

第四章 困境：地权纠纷的发生机制

在托人打听到自留地"老板"①的后人已经不在时，才放心地迁移过来。由此可见，即使是在人民公社体制下，祖业权的意识仍然存在，没有祖业权的保障，村民在耕种土地时缺少底气，无法产生一种在村庄长久生活的安全感。

在20世纪80年代初分田到户时，祖业权的传统土地观念开始从"地下"走上了舞台。当时，分田是作为一项政治任务被下达的，县政府要求各个公社必须在限定的时间内完成分田到户的任务。由于地处丘陵地区，田块的交通条件、灌溉条件好坏不一，田因此被确定为"三级九等"。分田到户就必须将这些质量不等的田搭配着分下去，这需要巨大的工作量。在红旗大队的各个生产队，各种分田的方案都拿出来供社员们讨论，但每一种方案都难以完全平息社员中的不满和争议。对于生产队制订的分田方案，上级领导不加干涉，包队的公社干部甚至说"只要能把田分下去，你们说怎么分就怎么分，只要分下去就行"。为了将土地顺利地分到户，红旗大队的四个生产队全部采取了按照祖业分田的办法，即按照土地改革时的耕种情况将土地分配下去。据老干部回忆，江镇有接近一半的村组都采用了依照祖业分田的模式。在没有任何其他分田依据的情形下，公社和生产队干部都倾向于按照这种方式分田，毕竟这能够为大部分社员所接受，从而降低了工作的难度。

当然，按照祖业分田不是完全承袭土地改革时所形成的土地分配状态，而是遵循地块位置因循祖业、土地面积重新调整的原则。也就是说，在分田时，首先由生产队干部根据总田亩面积和总人口数计算出人均土地占有量，社员按照祖业选择好地块之后，还必须"多退少补"，由祖业田多的社员将多余的土地拿出来分给那些祖

---

① 当地俗语，"老板"指主人。

业田低于人均水平或者没有祖业田的社员。但是，当将土地的选择权交给个人时，祖业田多的社员拿出的余田往往都是差田，这就引发了祖业田少和没有祖业田的社员的不满。他们满腹牢骚，认为"辛辛苦苦几十年，一夜回到解放前"。尽管分田中充满村庄内的纷争，但这些社员的反抗力度终究有限。面对祖业分田的正当性，他们也常常无话可说，谁让自己的祖业不好呢？

一旦开了这样一个先例，以后的分山到户就有了模板可供遵循。1984 年，江镇实行山林分山到户政策时，就沿袭了依照祖业分田的"老办法"。当地山林大都是灌木林，经济价值不高，且山林不像土地那样为农民所重视，许多村民对分山到户的政策并不积极。此外，由于山上长有生产队集体栽种的树木，分到山的村民还需要根据树木的数量向生产队缴纳一定的费用，这更加抑制了他们的热情。当时，山林除了砍柴之外，没有多大的用处。在这种背景下，一些生产队就索性全部按照祖业分山，甚至没有如土地那样实行"多退少补"的调配方案。在这一过程中，山林更多的是作为一项义务分配给农民的，干部对不愿意分山的村民说"你不要谁要，谁让它是你的祖业山"。

无论分田，还是分山，祖业权都是行政权力完成自身目标的一个重要载体。换言之，国家所推动的产权制度建设在最初就是利用了祖业权这一村庄"习惯法"的存在，之后，政治力量界定的土地权属成为主导性的产权界定依据，从而实现了对祖业权的覆盖。后来，由于土地权属频繁变动，很多土地的祖业权被打乱，很少有村民再敢于公开拿祖业权说事，因为在国家已经实现对农村社会管控和整合的条件之下，这无疑是与国家法律公开对抗。在国家和村社权力介入土地权属确立与变更后，依据祖业界定土地产权的效力逐渐降低。

当依据祖业来界定土地承包权的做法不再有效时，久而久之，祖业权意识或许会最终消逝。因此，就正式承包的耕地而言，祖业权的产权规则经历了蛰伏、出现、被压制的三重变奏。

（二）不规则土地：祖业权的交易

在江镇范围内，土地的类型多样，既包括耕地、林地，又包括各种荒坡、旱地、禾场等。新中国成立以来历次土地权属变动涉及的主要是耕地和林地，其他类似荒坡这样的土地因缺少价值而较少被国家和村社利用，甚至没有经历过土地入社、集体化、家庭联产承包等运动。虽然在法律上，农村土地都是集体所有，但这些土地事实上被相关农民长期支配和占有，他们主要依据祖业来确定这类土地的权属，即是谁祖辈留下的遗产就归谁占有。

在普村，荒坡的面积较多，一般位于村民房屋的前后。按照地方习惯，房屋一般建在荒坡前，荒坡上长满了灌木、杂草以及各种不成材的小树，这样既保护了自家后院的安全，也符合"风水"的要求。从经济的角度看，这些荒坡价值不高，只能供村民砍柴使用。近20年来，由于人口增多，建房的需求增大，这些荒坡有可能被开发成宅基地，荒坡的价值才有了一定的凸显。

在村庄荒坡已经皆有所"归属"的现实条件下，围绕祖业权的村庄土地交易开始出现。对于一户打算建新房的村民来说，如果自己家没有这样的"祖业"，就必须与村庄中有"祖业"的农民达成协议，至少是征得别人的同意。一般情况下，如果关系好的话，打个招呼就可以；如果交往较少，这种荒坡的交易中就会有现金的往来，根据地段大约在一百元到几百元不等。在这种私下交易完成之后，建房的村民再找到村委会进行宅基地的审批，没有这样一个基本的前提，村委会也不可能随意审批宅基地。作为土地"集体"

的代理人，村委会理应对村庄内的土地享有管理权和一定的支配权，但在普村，对于这类土地而言，村委会对土地的支配权是象征性的。它的作用仅在于给村民之间基于祖业的土地交易提供一个合法性证明而已。

下面的一起山林承包事件展示了村民之间的一次祖业权交易，亦表明了村委会对待祖业权的一般性态度。

> 20世纪70年代末，普村在山坡上开发了一处村集体所有的沙树林，大约为50亩。后来因为集体经营不善，一直废弃，村里决定将这块山林以每年6000元的价格发包十年。村里的年轻人赖华明跃跃欲试，准备承包这块山林，大干一场。邓家龙、王凯权、王开发等农户却对村委会的做法极为不满，多次找到村干部，扬言这是他们家的老祖业。如果村里一直经营的话，自己二话不说，因为土地是集体和国家的。但如果村里要发包的话，只能发包给他们。村干部当然不同意这种要求，如果答应了邓家龙等人的要求，就等于是承认了村民对土地的祖业权，那么在以后类似的问题上，村委会会更加被动。由于邓家龙几户的强烈反对，发包工作僵持了大半年，迟迟发包不下去。最后，由赖华明主动和邓家龙协商，双方私下里达成了协议，即由赖华明将承包的山林的一半再转包给邓家，以此作为对邓家祖业权的尊重。至此，祖业权的争议才宣告结束。

到底如何对待祖业权，在村庄中显然存在表述与实践的两套逻辑，即表面上的土地集体所有与事实上的土地交易共存。对于村民之间祖业土地的交易，村干部一般不加干涉，而是选择"睁一只眼，闭一只眼"的默许。普村支部书记李天胜认为：

荒坡、荒地，国家土地确权和林权改革中都没有确认（权属），一直是农户自己占有，这是村里的习惯，村委会不好处理，（否则）引起的纠纷和问题比较多，水本来是清的，不能这样搅浑了。①

在村庄中这一强大的"习惯法"面前，村干部选择了尊重和不作为。

（三）祖业权的合法化

随着土地、山林价值的提高，农民在土地确权和林权改革中被分别赋予了30年和70年的承包期限。当承包关系具有物权化的特征之后，在法律上，农民对土地的承包权虽然还不是完整的所有权，但在现实中，农民却完成了一种对土地、山林重新私有化的想象。在这种背景下，村民普遍认为，既然土地、山林都已经明确到了个人头上，那些自己长期占有但法律权属一直"不明确"的荒坡乃至其他各种不规则的土地也要趁此明确下来。

除此之外，更严重的问题在于，本该是自己祖业的土地在此时却被其他组织或者个人占有，他们要为这类土地"争取一个说法"。

2007年起，黄岩村的张新华一直在为自己母亲留下的一块名为"碑石岭"的土地权属上访。这块土地包括他母亲原有的宅基地、林地和耕地，共计20余亩。他母亲原籍在中心村，并且是张新华的外公和外婆唯一的孩子。20世纪50年代

---

① 2009年3月28日对普村支部书记李天胜的访谈。

初,张新华的外公和外婆去世之后,张新华的母亲嫁到了黄岩村。后来,他母亲在黄岩村加入了合作社,秉持"地随人走"的原则,这块土地就成为黄岩村的集体土地。由于该块土地地理位置偏僻,耕作极不方便,国家实行"四固定"的农业政策时,中心村不愿意与黄岩村达成交换土地的协议,该土地就一直维持着"插花"的现状。但因为该土地的价值不高,且不在自己村范围内,黄岩村一直没有对该块土地进行过管理。分田单干后,中心村村委会就试图将这块土地以"坨子田"的形式低价发包出去,即使这样,这块田也经常荒芜,无人耕种。

因土地价值长期低迷,张新华一直没有关心过这块土地的权属。在国家出台土地确权和林地确权的政策背景下,张新华的态度开始发生变化。他认为"土地确权就是把原本属于农民的地还给农民,林地确权就是把原本属于农民的山还给农民,把原本属于农民的利还给农民"[①]。2007年后,他多次找到中心村村委会、黄岩村村委会、镇农经站以及镇林业站要求办理土地承包经营权证。中心村支部书记承认了土地"插花"的事实,但认为由于问题复杂,必须要两个村的村干部进行勘界。黄岩村支部书记则坚持认为这块土地应该归村集体所有,不能确权到个人。各方僵持不下,意见一直没能达成一致。于是,张新华不断地到上级部门上访,要求将该块土地确权到自己名下。

在这起案例中,张新华秉持的是一个简单的物归其主的逻辑。这块土地、山林曾经归他母亲所有,在如今土地和山林确权到户的法律实施过程中,作为原来主人的直接继承者,他理应获得这块土

---

① 张新华在上访行动和上访信中所坚持的口号。

地的承包权。黄岩村支部书记虽不否认他母亲历史上对该山林拥有所有权的事实，却认为这不能简单地成为其要回山林的理由，而坚持山林和土地应归集体所有。他们背后的一个判断在于，在土地集体化之后，农民已经将土地、山林交给了集体，这意味着土地和山林的性质发生了改变，原有的农民已经放弃了所有权，即使国家再次将土地、山林确权到农民，也应当由国家或者村集体来重新决定权属。当土地私有和集体所有的历史凝结在一起时，任何新产权的确立都要在延绵的村庄生活中确立一个起点，但究竟以哪一个时间点作为确立新产权的依据，村委会和张新华之间发生了分歧。

在另一起发生在普村的祖业权纠纷中，村委会无法再坚持这种集体所有的看法，因为村集体和政府对于这块山林从来没有涉足，这导致其对该山林集体产权的宣示显得脆弱而无力，从而进一步凸显了村委会在对祖业权处置上的被动局面。这样的一块山林简直是当地土地集体化历史上的一段空白！

> 普村三组孙秀山的祖父孙凤舞是早年的中共党员，后来被国民党逮捕惨并遭杀害，新中国成立后被追授为革命烈士。20世纪30年代，考虑到以后革命藏身的需要，孙凤舞在离家10多里的长圣村购买了200亩山林，后取名为"孙家洼"。孙凤舞遇难以后，孙家就委托在长圣村的亲家——张明东管理，双方协议该山林的主权仍然归孙家所有，张家只是代为管理。考虑到是烈士的遗产，在土地改革中，这块山并没有纳入土地、山林的分配之中，在后来的合作化运动中，这块山也没有纳入合作社。20世纪60年代以来，即使是"孙家洼"所在的长圣村第五生产队，生产队组织社员在砍伐该山的树木之后仍然会付给孙家一些钱——这后来被视为该山林仍为孙家私有的重要

证据。

张明东去世之后,就将这块山林交给两个儿子张昌坎和张昌伦经营管理。1984年分山到户时,长圣村村委会将该山林分配给了包括张家在内的本组上十家农户,由于当时山林没有任何的经济价值,这在当时没有引起张家和孙家的争议。2007年,林权改革之时,张昌坎之子张运春坚持认为该山林是自己的祖业,要求将山林确权到自己户头上,村委会不答应,双方因此发生多次摩擦。鉴于此,孙秀山也不甘沉默。他先与张家进行了协商,张家的老人们证明了孙家对该山林的所有权,遂要求张运春放弃对该山林的权属要求。这样,孙秀山就代替了张运春而向长圣村村委会索要该山林的权属。

孙秀山坚持要求将山林的承包权确权到自己名下。但是,相对于张运春,孙秀山的外村人身份以及其所在的普村与长圣村相隔数十里路的距离,都进一步增大了要回山林的难度。由于长圣村村干部一直无法明确处理这一问题,孙秀山仍然在频频地进行维权的行动。

在张家和孙家看来,这块山林一直没有被收归"集体"所有,现在要回该山林是理所当然。和上一个案例不同,此案例中的当事人有着更加充分的理由。他们认为,如果村委会不将山林归还自己,无疑是霸占自己的私人财产。在要求张运春将山林归还给孙秀山的一封家书中,张昌伦气愤地这样写道:

> 运春,你秀山兄来处理孙家洼山林一事,我的意见是该山林原是孙家所有,故名"孙家洼"。在中央政策确定山林权属之际,你们就此将此山林归还比较好些,免得与那些混账干部

恼气。话不多说，你应该晓得公爹的做事和为人，且你秀山哥也不会亏待你们。

张昌伦后来在市区参加工作，为市建筑公司退休职工。他认为自家与孙家之间既然早有约定，纵然已经时过境迁，仍然应该遵守诺言。与之相比，长圣村村委会不仅在历史上擅作主张占用土地，而且至今仍不归还。为了让孙家和张家知难而退，长圣村干部刚开始以无法证明土地改革时为孙家所有为由进行敷衍，不料孙秀山在自家找出了1952年土地改革时县政府颁发的"土地房产所有证"，从而成为这块山林唯一的一份权属证明。这让村干部感到难堪，但他们仍然不愿意将山林归还给孙家。虽然在村庄的生活中他们通晓祖业权的村庄规则，但将祖业权变为当下合法的土地财产却没有政策可供遵循。可是，孙家的要求似乎又有几分合理之处，如果就此将山林确权到他人名下，孙家怎么能"善罢甘休"？

在农民的土地祖业争议中，往往存在两套互相抵触的话语与逻辑。在农民看来，一切物皆有归属，即使被收归集体（何况孙秀山一案中还没有收归集体所有），物的归属历史却不会变化。在延绵的村庄生活之中，产权的历史往往成为产权重新界定的依据；而在政治的世界中，国家推动的强制性制度变迁已经打乱了原有的产权秩序安排，如今的农民被要求割断与产权的历史关系、服从新的产权安排。当生活世界的逻辑植入确定产权的政治生活中时，两种不同的逻辑发生碰撞，产生了话语的错乱与现实的权属争议。乡村干部认为农村的土地制度一直沿袭的是集体所有制度，如果屈从农民的祖业权，那么土地集体化的历史又该如何书写？基于土地集体化的那段历史岂不是要被掏空？这些后果都有可能使得国家权力所曾经打造的土地集体所有制面临一种历史的"合法性困境"。

然而,农民的祖业意识并不是对国家和村社权力的有意识对抗,而是国家和村社历史上权力实践的疏漏给祖业权的伸张提供了空间。一直以来,祖业权经常被国家权力所利用,在大量的不规则土地上,祖业权至今仍然发挥着界定土地产权归属的作用。进一步而言,祖业权并不是农民随意编造的一个借口,其有一定的历史根据和社会基础。正如村民经常所说的那样:祖业是在土地改革时共产党分的土地,又不是国民党分的,现在"土地回老家",(祖业)怎么就无效了?如今,如果土地仍然由集体或者国家经营,自己并无怨言,而如果将土地分配到户,那么别人凭什么比自己更有理由分配到该土地?显然,他们把土地改革时分配的地权作为再分配地权的唯一合法依据。因此,如果村委会强行分配村民的祖业土地,村民是无论如何不能心服口服的。

在地理特征复杂的江镇范围内,有着大量国家权力未覆盖的"空白地带",随着土地30年不变,乃至长久不变,以及山林70年不变的国家政策实践,农民纷纷要求将种种权属不清晰的土地、山林清晰化,以形成对这类土地的法权保护。国家的产权愈是明晰到个人,农民对捍卫权利的诉求愈是强烈,政策与行动之间呈现正相关的关系。如何化解因祖业问题而产生的土地确权纠纷,是当地基层干部面临的棘手问题。

三 生存权:产权之上的土地伦理

在农民的土地认知中,存在一种谁也无法否认的伦理观念,即土地关乎生存。在这种观念中,土地绝不是一般可以自由交易的商品并遵循交易之后不能反悔的市场法则。相反,土地所承载的道德和社会伦理内容决定了土地的交易并不必然受到市场法则的限制。对于一些自己已经主动放弃权属的土地,为了再次建立权属关系,农民依托的是一种更为根本的权利话语——生存权。

20世纪90年代,鉴于农民普遍不愿意种田的基本事实,在上级政府的文件精神下,江镇政府给其所辖的各个村委会下达了发展农村多种经营的行政任务。不久,在很多抛荒的土地上,几乎每一个村的村委会都结合本村特点发展了以果园、林场为主的村办企业。时过境迁,如今这些土地的权属到底归谁?农民能否要回自己当年放弃的土地?在江镇的这类农民和村委会的土地确权纠纷中,影响最大的莫过于张村的这起土地纠纷。

(一)权属争议中的土地

1993年,为了防止土地抛荒,张村村委会将本村二组的300亩①土地收归村集体,以建设石榴园。当时,村委会与二组村民达成了协议:村民以土地入股,村委会投入资金,等石榴收成以后,村委会与村民按照4:6的比例进行分成。由于村委会将这块地从全村的计税田亩中"卸下",这300亩土地所承担的税费就分摊到全体村民的头上。之后,张村村委会专门派人去山东枣庄学习石榴栽培技术,并发动全村的农民挖沟、挖槽。偌大的一个石榴园总算建了起来,村委会先后投资达20余万元。然而,由于气候、土壤等自然条件不适合,加之栽培技术不到位,结出的石榴又苦又涩,根本没有销路。石榴园建设失败后,这片土地成了一片杂草丛生的荒丘。正值农业负担较重的时期,村民也没有心思再去种这块田。为了减少损失,村委会就将这块田承包给了十户左右来自河南的外地

---

① 300亩土地包括旱地200亩、荒山80亩、荒坡20亩。

人，但他们时种时不种，承包费总是交不齐，村里颇为烦恼。

2000年8月，村委会决定将这300亩土地整体发包出去。村干部张贴了拍卖公告，但张村本村人无人揭榜，来自本镇新市村的商人黄惠山决定赌上一次，与村委会签订了这300亩土地30年的经营合同，合同如下文：

一、承包期限为30年，即从2001年1月1日起至2030年12月31日止。

二、承包费用：

（一）白云山脚下的旱地200亩，每亩每年50元；

（二）橘场荒山80亩，每亩每年10元；

（三）荒坡20亩，每亩每年30元。

三、付款方式：合同生效后每5年交一次承包费，计5.7万元，现黄惠山已经按第一次合同交款时间交清了自己的承包费，第二次承包费将在2005年11月30日前交款。

为了避免以后有麻烦，黄惠山还专门到公证部门对该协议进行了公证，以使之具有法律的效力。出于同样的考虑，2000年8月18日，张村村委会召开了村民代表会议，一致通过了此项承包协议。这样，黄惠山承包的土地至少在程序上具有了足够的合法性。只不过，后来的事实证明，这些做法未能如他所愿。

在2004年土地确权之后，虽然由于外人身份而无法得到土地的承包权，但黄惠山却取得了这块土地的经营权资格。2005年，国家开始实施粮食补贴等各种惠农政策，黄惠山因占有如此多的耕地面积而每年都能得到上万元的补贴，且国家补贴的力度逐年增加，这日益引起了二组村民的不满。从那时起，村民开始三三两两地找黄惠山理论，要求他归还自己的耕地——这当然遭到了黄惠山的拒绝，一位村民回忆了当时的情境：

> 他（指黄惠山）一说上纲上线的事，（村民）就说不上了，姓黄的翻都不翻①，他说我千错万错，你们找干部去，是村里承包给我的，你们不要找我，是干部的事。②

黄惠山的话也合情理，他经营的土地是与村委会签订了正式承包合同的，如果村民不满的话，他们也只能对村委会表示抗议而与黄惠山无关。当时，村委会对土地进行发包和处置是一种常态。更为重要的是，当时是村民自愿放弃土地的，这300亩土地已经从全村的土地承包面积中"卸下"，成为由村集体所支配的机动地，而不再是原来村民受法律保护的承包田。

对于村民要回土地的做法，乡镇政府也并不支持。负责处理此事的副镇长董奎表明了基本的态度：

> 1. 此耕地于1993年冬在二组村民的同意下已经划拨给村集体建设果园，况且各项费用已由全村村民共同负担，不能因农民减负、粮价上涨而出尔反尔；
> 2. 此耕地在1998年二轮承包时，未纳入二轮承包范围；
> 3. 合同从签订到履行已4年之久，并进行了公证，承包方已实际履行了合同条款；
> 4. 若甲方（张村村委会）违约将支付乙方违约金3万元

---

① 当地俗语，意思是理都不理。
② 2009年6月3日对张村村民张家正的访谈。

和乙方投资部分的全部损失。

这份意见所传达的意思是，村民要回土地的行为不仅不合情理（比如出尔反尔等），而且无法在法律上获得支持（如二轮承包中村民并没有获得承包权、合同已经公证等）。二组村民要回土地的行动一下子陷入了困境。

对于种田大户与原有承包农户之间的土地争议，2004年，湖北省《关于积极稳妥解决当前农村土地承包纠纷的意见》是如此规定的：

> 对于发生在种田大户与原承包户之间纠纷的处理，既要尊重原承包农户要求继续耕种的意愿，又要充分肯定和注意保护种田大户的积极性。通过民主协商，在村组集体、种田大户和原承包户达成共识的前提下，确定双方均可接受的合理解决办法。但一定要防止哄毁设施、作物的现象发生。

在湖北省农村，因前些年土地抛荒较为严重，发生土地权属争议的问题远较其他省份突出。考虑到种田大户已经进行了大量的基础设施投资，如果明确要求现在的种田大户归还土地，那么将有可能造成巨大的经济损失。因此，湖北省的相关政策似乎更多的是考虑如何更加妥帖、更加合理地处理纠纷。对于因历史上抛荒所造成的土地权属争议，尤其是发生在农民与种田大户的土地纠纷，究竟是恢复原状还是维持现状，湖北省的相关政策对此的表述较为模糊，事实上给基层干部的自由裁量留下了空间。

然而，放弃耕地的农民却并非没有国家法律和政策依据。在国家土地承包政策的基本表述中一直强调，农民享有的土地承包权从

15年不变到30年不变,任何组织不能随意侵犯或变更农民的土地承包权利。在20世纪90年代,许多地方的村委会将土地分为"口粮田"和"责任田"。前者按人口分配,满足农民的基本生存需要;后者进行承包,满足农民土地规模经营和多种经营的要求。张村这种将300田发包出去的做法与之相类似。对于这些做法,中央文件都予以了禁止。1997年8月27日,在中共中央办公厅、国务院办公厅《关于进一步稳定和完善农村土地承包关系的通知》中就明确规定:中央不提倡实行"两田制",没有实行"两田制"的地方不要再搞,已经实行的必须按中央相关的土地承包政策认真进行整顿。

从法律的角度来看,农民要回土地的行为同样有可能获得支持。2005年9月1日起施行的《最高人民法院关于审理涉及农村土地承包纠纷案件适用法律问题的解释》第六条第二款中规定:发包方已将承包地另行发包给第三人,承包方以发包方和第三人为共同被告,请求确认其所签订的承包合同无效、返还承包地并赔偿损失的,应予支持。但属于承包方弃耕、撂荒情形的,对其赔偿损失的诉讼请求,不予支持。也就是说,如果二组的村民的确曾享有该土地的承包权,即使是因为主动放弃而得不到其间损失的赔偿,但要回土地的承包权是没有问题的。

在理论上,最高人民法院的司法解释和国务院的政策具有更高的效力。如果要诉诸司法途径的话,想要回土地的村民只要能够证明自己曾享有该土地的承包权即可满足要回土地的法律条件。一旦土地承包的法律关系辨析清楚,农民就能以此为依据实现"依法抗争"(李连江、欧博文,1997),将自己要回土地的行为合法化。但是,二组的村民却没有纠缠于此,他们反反复复论证的不是法律上的收回土地的权利,而是收回土地在道德上的正当性,后者在村民心中的地位要远高于前者。在他们看来,农民依靠土地而生存,土地对自己生存的作用和意义如此重要,怎么能轻易地因当时的草率决定而丢失呢?

(二) 生存权第一,产权第二

尽管为了解决问题,江镇政府答应重新测量土地的要求,并提出了缩短承包期为 25 年的建议,但这与村民的要求相去甚远。在与镇干部的交涉中,二组"领头"的村民张家正这样讲道:

> 上访要回自己的土地,打个比方,土地就是自己的饭碗,你村里当年把我们的饭碗拿去了,没有要到饭,这不怪你,但你要把饭碗还给我们。有地可以生存,不然怎么活?土地是农民的命脉。

为了引起更大的关注,张村二组的村民继续用足生存权的话语。2007 年 10 月 18 日,二组的 40 余名村民打出了"还我耕地""我们要吃饭"的大幅标语,并开动数十辆手扶拖拉机准备到市政府上访。在一封写给市长的信中,他们在讲述了事情的经过后,以恳求的语气写道:

> 张村二组位于白云区北端与汉水市相邻地带,207 国道把张村二组分割而过。从国家实行农村土地承包经营制度以来,张村二组耕地落实到户每人只有 1 亩多,田少人口多,又加上国家建设、农户建房,农民耕地每年都在促(逐)步减少,生活难以维持,生活在水深火热之中,十分艰难。
>
> ……

从1990年（注：应为1992年）到2007年农户拿出耕地已有17年，17年中农户未得分文，多次要求耕种自己的土地，得不到解决，多次申请把耕地归还农户（却）得不到落实。连年发生冲突，现被外乡人（注：应为外村人）侵占十几年，我们要活命，农民要种田，农户要吃饭。现在每人不足1亩地，多次到村、镇（反映）无效，所以我们农民强烈要求上级解决、落实农户土地承包经营权。保护农民的合法利益，让我们生存，让将来的子孙后代有饭吃。

尊敬的领导们，敬请你们为我们想想：如果没有了田地，没有了山林，我们的活路在何方？我们的子孙们又将如何生存？故敬请你们为我们做主，还我农民利益，还我真正意义上的所有权，给我们留一条生路吧！

在打出了生存权的大旗后，二组的村民为自己的行动赋予了极大的道义依据。本来，围绕农民土地承包权资格有无的法律问题，乡村干部还可以与那些"说懂法又不懂、说不懂法又懂点"（乡镇干部语）的村民展开辩驳，但一旦进入道德和政治话语中，与村民争论的空间反而变小。当村民以生存为理由索要耕种土地时，地方政府不可能否认这一理由的正当性，因为政府长期所进行的意识形态宣传和曾经的以"耕者有其田"为主要内容的土地制度实践正是要保障农民的这一诉求。因此，如果在此仍然与村民继续纠缠于具体的法律问题，那么不仅有对"人民群众的问题"态度冷漠之嫌，而且也不会让上访农民满意，以致最终解决不了问题。

进而，更大的政治风险在于，当村民打着生存的大旗，持续到市、省上访时，就已经不再是一个具体的、特定的土地纠纷问题，而有可能上升为一个宏观的、抽象的失地农民的生存问题。作为当前社会最大的弱势群体，农民的权利保障问题将有可能引发上级政府和社会舆论的关注，从而给地方政府带来巨大的政治压力。

考虑到种田大户对土地已经进行了大量投资，以及类似问题的普遍性，江镇政府也不可能全部满足村民要回土地的要求。最终，在镇政府的组织和协调下，张村村委会和二组的村民达成了如下协议。

关于张村原石榴园承包相关问题的协商意见

通过区、镇、村以及部分农户代表与承包方黄惠山的多次协商，达成如下意见：

一、缩短承包期。原定从2001年1月1日起至2030年12月31日止，计30年。现更改为25年，即至2025年12月31日终止该合同，由张村村委会负责落实。

二、前两轮所交承包费中，村一次性返5万元到二组农户，第三轮及以后所交承包费按合同面积比例分配到组，从2008年1月1日起黄惠山所享受的国家粮食补贴一并返还到二组。

三、实地丈量的面积据实际情况除去水沟、机耕道及无法耕种的因素后，仍按原签订的合同折合面积计算。

四、村委会会同承包方黄惠山以及占地农户代表将二、三组原农田界线划清，并立固定标志予以明确。

五、继续维持原签订承包合同的主体内容，不得再提出任何要求。

六、经占地农户签字，由村委会盖章后发给每户一份，留档备用。

农户签字（略）
2007 年 12 月 14 日

在这起围绕土地上访的纠纷中，一个较为明显的特征是，土地政策和法律所具有的威严和实际发挥的效力较为微弱，即使法律和政策有可能偏向农民，但农民所援引的资源仍然来自一整套围绕土地的道德和伦理话语。在他们的认知中，土地承载着强大的生存功能，与其他乡村社会的财产有着根本的不同，因此不可能遵守市场的契约关系准则。正因为如此，从后来的土地流转来看，即使农民与外来种田大户双方办理了正式的流转手续，此时的法律已经明确不支持农民在合同期内要回土地的行动时，在无其他更好的就业渠道时，仍然有农民违反合同约定坚持要回自己的土地。这两种农民的行动逻辑其实是一致的。

（三）农民为什么选择法律规避

在张村，村民早已经摆脱了"水即将淹没脖子"的危险状态，土地的生存意义已经大为降低。其一，由于临近大江集团，张村有近 2/3 的劳动力在该集团上班。50 岁以上的村民大都在该企业做些零活，属于非正式的工人。40 岁左右的村民大多是正式的职工，不仅每月有 1500—2500 元的工资，而且还享有养老保险、失业保障等社会保障与福利。其二，被集体转包出去的土地基本上都是农民当年主动放弃或者种田积极性不高的旱地，这些土地如果关乎生存的话就不可能如此轻易地被放弃。其三，二组村民要回土地的行动恰恰发生在农村税费改革之后土地价值上升的时期,他们的主要目标还是要获得土地的利益。也就是说,张村的 300 亩土地被收回只会增加村民自身的经济利益,即使不能收回,也绝不会影响到他们的生存。

在这个意义上,二组村民以生存权为理由更多的是一种策略,要对自己的行动赋予合法性意义。但进一步的问题在于:生存权的话语为什么能够如此强大,以至压倒法律和政策而成为村民的行动理由?

从一般意义上看,生存权以及"安全第一"的原则往往体现在小农的生活世界和相应的村社制度安排中,这是小农抵御风险的一种自我保护反应。尤其是在人均土地面积不多的社会条件下,生存伦理的规范更加强大,农民往往借此规范来评价周围的制度和人们,并产生了村庄内的互惠和分配规则。这种道义的观点假定,人们塑造出来的制度用以保护穷苦的村民免受生存危机的影响,提供集体福利、消除生存危机以及确保每位村民的最低福利标准(李丹,2008:33-34)。因此,在这种条件下,任何制度和政策都无法否认生存权的根本性意义。

从中国农村社会来看,在全能主义政治的时代,国家和集体掌握了全部的生产资料,个人的一切生活要素基本上都要依赖集体和国家的分配,这意味着,政治组织在掌控巨大权力的同时也承担着对农民的无限责任。在各种传统村社和宗族组织被打碎之后,农民成为真正分散的小农,因力量弱小,他们对国家和集体有着更加强烈的诉求。而且,社会主义制度比其他任何制度在保障人民生存方面具有更大优越性的意识形态宣传已经进入了农民思维结构深处,他们理所当然地认为"人民的政府怎么能不管自己的死活",生存要求是任何政府和组织都要认真对待和解决的重要问题。尽管当下的中国已经日益走出了"总体性社会"(孙立平等,1994),个人对集体和国家的依附性大为削弱,但原有的依附关系所产生的意识形态效应在短期内很难消失。

从中国农村的土地制度来看,自土地改革始,中国农民土地的获得就是国家和村社分配的结果,"耕者有其田"是这种土地制度所倡导的理想和理念。在农民没有土地或者丧失土地之后,他们自然会对国家和村社有分配土地以满足自己生存之需的期待,这预示着土地对农户个人或家庭而言更多地意味着社会保障的含义,而不是财产权的含义(张静,2006)。在土地税费负担沉重的时期,江镇的农民不愿意种田,但即使在当时,农民仍然不舍得将自己的"口粮田"丢掉。而且,从长远的历史来看,对土地拥有深厚的感情仍然是农民对土地的主流态度。如今却要将土地等同于可以转让甚至可以丧失的一般财产,此时的农民还没有或者不愿意接受这套新理念。

因此,如果土地关系到生存保障,并承载着如此强大的政治与道德责任,那么任何对之造成不良影响的土地市场交易原则都要让位,农民要回土地的行动就被认为具有一种超越现实一切法理的正当性。于是,土地成为一项脱嵌于法律的特殊财产。在土地产权确立并长久不变的政策预期下,农民这种传统的土地认知被再次激活,成为支撑他们争夺土地收益的伦理和道德依据。

四 土地占有的均分主义

在江镇农民的土地认知中,还存在一种强大的土地均分主义的传统。由于法律规定土地承包权 30 年不变,依据人口变动进行土地承包权的重新分配已经不再可能,由此逐渐导致土地在村庄内部占有的严重不均。面对土地利益的失衡和固化，一些村民开始以土地的均分主义传统作为索要土地承包权的重要理由。

（一）土地调整：土地均分的实现

当地的土地占有状况是以村民小组为单位。各村民小组的地理条件、人口数量不同，导致所占有的土地的面积和耕作条件不同，这使得各个村民小组的土地制度形态也不相同。农村税费改革之前，在江镇的大多数村民小组，村民确实表现出了不愿意种田的姿态，以致一部分土地被抛荒。然而，在那些人多地少的村民小组，不仅没有抛荒，村民对土地的再次分配反而具有强烈的愿望。比如普村的五组、七组，叶村的一组、二组，等等。在这些村庄，人均土地面积不到1亩，一旦家庭人口增加，土地作为口粮田的基本功能都难以满足。因此，根据人口变动定期地进行土地所有权是以上村民小组的惯例。

一般而言，土地所有权分为大调整和小调整。所谓的小调整一般是指个别农户之间土地的多退少补，即在一定年限后，家庭人均土地面积超过村庄平均水平的村民将土地无偿转让给家庭人均土地面积低于村庄平均水平的村民。这种土地调整是在多地的村民与少地的村民之间进行，村庄大多数村民的土地保持不变。大调整是指打乱重分，即村民小组或村委会根据村庄人口将全部的承包土地打乱分配，所有的村民与原来承包地块之间的对应关系都会发生变化。在江镇，村民的居住格局呈现高度散居的形态，村庄范围较大，农田一般就分布在村民的住宅附近，如果进行大调整，就意味着要彻底打乱他们与农田的基本地理关系，这会对农业生产的进行造成极大的不便。因此，江镇的村庄中更为普遍的是土地的小调整，很少会有成本极高的大调整发生。

第四章　困境：地权纠纷的发生机制

在普村，对于土地调整要求最迫切、调整频次最多的是五组，在 2004 年之前，几乎每年都会进行小调整。在地理位置上，五组村民形成一个相对集中的小聚居村落。该组位于普村的最西端，共有 73 户 265 人，水田和旱地一共有 311 亩①，是全村人口最多、人均耕地最少的一个村民小组。一直以来，五组村民总是埋怨自己组的"亩"面积太小，本来人口就多，又摊上个"小亩"，真是"屋漏偏逢连阴雨"。

进田的是迁入人口与新增人口，出田的是死亡人口和迁出人口，调田最理想的状态是后者的数量多于前者的数量，或者二者大致相等，如此才能保证新增人口有田可分。如果前者多于后者，要进田的村民就要排队，一直等到本组内有人往外拿田出来。在一个熟人社会中，信息传递极快，对于谁家该出田了、谁家该进田了这样的信息，每一户村民都心知肚明。一般情况下，如果不调田，那些要添人口的村民会主动找到村民小组长，明白事理、懂规矩的村民在表达上会客气一点，那些脾气毛躁的村民就会缠得村民小组长全家都不得安宁。

钟入举是五组当年的村民小组长。他坦言自己当时有两大烦心事：一是收提留，二是调地。经过自己的反复动员，村民答应了往外拿田，但拿出来的往往是差田。那些要进田的村民当然希望拿到好田。在当地土地分为"三级九等"的自然条件下，土地的非均质性增大了双方协商的难度。在人多地少的条件下，调整土地的行为直接关涉每一户村民的切身利益，这项工作完成下来并不轻松。

---

① 该组所谓的 1 亩事实上是 70 平方丈，是全村"地方亩"最小的村民小组。

在五组，一位名叫刘传兵的村民是土地调整的最大反对力量。在20世纪80年代时，因为分田对当时的生产队长——现任村民小组长钟入举的父亲不满，两家从此结下怨恨。后来，两家又因为禾场的边界问题发生纠纷。由于有女儿出嫁和老人去世，每当到他家拿田时，他就会质问组长"明明上级没下文件调田，你这不是瞎搞？"这样一个维护自己土地承包权的村民，在其他村民眼中却是村庄的"另类"，大家私下里称呼他为"麻木"。

虽然个别村民不配合，村组干部却不得不迎难而上。他们进行土地调整的原因在于：第一，如果不进行土地调整，村民就有正当的理由不缴纳税费，这对面临收缴任务的村组干部来说是最有力的杀手锏；第二，巨大的村庄压力使然。在村民看来，作为村庄的合法成员，只要不违背国家的计划生育政策，新增的人口就理所当然地应该获得土地的分配资格。口粮田是与生俱来的，是一种不可被剥夺的权利，村组干部定期调田正是在实现人人享有的土地权利。为了推动土地调整的进行，20世纪90年代中期，钟入举在全组召开群众大会时，就专门制定了一个针对少数不愿意往外拿田的村民的处罚措施：如果村民在家庭人口减少后不往外拿田，那么他每年每一亩地就要向小组缴纳500元钱，和税费一并收取。这项措施的实行使得五组的土地调整总算能够艰难地进行。

（二）法律进入村庄：土地调整的中断

通过土地的调整以实现村庄内土地分配的公平，具有极强的村庄道义基础。然而，土地调整意味着农民对具体地块承包权的变动，这无疑与国家逐渐明确的"增人不增地、减人不减地"的基本政策①表述相违背。打破土地定期调整的制度实践在某种程度上也是贯彻法律和政策的应有之义，尤其是在 2004 年湖北省土地确权之后，如果再进行土地调整，那么土地确权所形成的承包格局将再次被打乱。因此，由于面临的法律和政策压力，很多村庄不再进行原来的土地调整，土地占有的不均亦开始出现。

普村五组的钟如山在 2000 年时家里有三个儿子，全家五口人，共 3.5 亩土地，如今三个儿子都结婚生子，家庭人口增加到 11 人，由于土地最近几年一直没有调整，家庭的人均土地面积下降到 0.3 亩左右。相反，离他家不远的刘之兰，之前家里连同两个女儿共四口人，约 2.8 亩土地，如今女儿都已经出嫁，他家的人均土地面积达到 1.4 亩。时间越久，人口的变动越大，一旦土地不能调整，将导致更加严重的土地占有不均。而且，更让这些村民担心的是，依照现有的土地占有格局，国家不仅颁发了相应的土地承包经营权证，而且这种承包权将可能长期不变。这意味着，这种土地分配状

---

① 对于土地所有权，国家的土地政策也经历了一个由模糊到清晰的过程。1980 年中共中央在《关于进一步加强和完善农业生产责任制的几个问题》中，明确指示可以实行包产到户、包干到户。之后，全国普遍实行了家庭联产承包责任制度，但由于中央当时没有明确规定土地承包期限，广大农民对土地家庭承包制存在疑虑。针对这种情况，为了推动农业生产的进一步发展，消除农户对家庭承包制度短期性的疑虑，1984 年 1 月中央发出《关于 1984 年农村工作的通知》，提出农户的土地承包期一般应在 15 年以上，并规定了"大稳定、小调整"的原则。1993 年 11 月，中共中央、国务院发布的《关于当前农业和农村经济发展的若干政策措施》指出，"为了稳定土地承包关系，鼓励农民增加投入，提高土地的生产率，在原定的耕地承包期到期之后，再延长三十年不变"，并且提倡在承包期内实行"增人不增地、减人不减地"的办法。1995 年 3 月，国务院批转的农业部《关于稳定和完善土地承包关系意见的通知》再次强调在承包期内实行"增人不增地、减人不减地"的原则。2003 年 3 月 1 日起施行的《中华人民共和国农村土地承包法》第二十七条规定："土地承包期内，发包方不得调整承包地。"2007 年，土地承包关系作为一种物权写入《中华人民共和国物权法》，至此，土地所有权已经基本上为政策和法律所杜绝。

况不均的局面将长期维持。

　　于是，在2004年后，按照土地调整传统应该进田的村民开始出现抗议和不满。在普村五组，一名打工返乡的村民是这场上访的始作俑者。他叫张传发，2002年从打工所在的城市返回家乡务农。两个儿子都结了婚，家庭人口增加。虽然两个儿子及其媳妇都不在农村务农，但作为村庄的合格成员，他们理所当然应分到土地。在张传发看来，如今得不到土地是因为村组干部的不作为，怕得罪人。他内心清楚，一旦此次得不到土地，就再也没有机会得到本该属于自己家庭的土地，便联合本组要求土地调整的20余户村民进行了上访。他们写给市长的上访信内容如下。

　　尊敬的各级领导①：

　　　　因本组大部分家庭人员增多，但都没有分到责任田，其中很多家庭口粮田都不够，导致生活困难。年轻时可以出去打工挣钱维持生存，现在年龄越来越大了，（外出打工）挣钱感到力不从心，生活压力大。我们农民最基本的生活保障是土地，土地是我们农民的命根子。新增加的人口没有土地，怎么生存？本组村民要求实行添人添地、去人去地。

　　　　请各位领导予以解决。

　　　　　　　　　　　　　　　　　　　　联合签名（略）

　　针对村民的调田诉求，村干部只能被动应对。在村干部看来，上面没有政策，谁敢动地？弄不好，那些需要往外拿田的村民一上访，自己就可能受到上级的严厉处分。无奈之下，普村村干部给镇

---

① 江镇信访办保存档案，2004年卷。

里的领导写信反映自己村庄的土地调整愿望,希望镇里拿出方案。然而,调整土地却具有"违法"的嫌疑。① 为了避免有可能出现的政治风险,江镇的乡村干部都不敢答应村民调田的要求,而只能以"国家有政策30年不变"的刚性规定为自己解脱。

问题在于,这种法律的刚性规定却与长久以来的村庄土地传统相悖,那些自认为应该进田的村民所秉持的是一种比法律更为重要的村庄公平观念。一直以来,在村庄的土地调整中虽然总有人不愿意往外拿田,但这些人一般在村庄中被污名化为"麻木",他们的行为是不被村庄舆论认可的行为。因此,在大多数村民的观念中,根据人口多少平等地占有土地资源是一件天经地义的事情。即使面对当前国家土地承包权30年不变的政策,村民也倾向于将之理解为土地家庭承包的制度30年不变,而不应该是承包地块和承包面积30年不变。

因此,在一个土地定期调整的村庄社会中,一旦某一天土地的承包权被宣布为长期稳定不再变化时,那么,在那个时间点上,得到土地承包权的农民感受到的是幸运,没有得到土地承包权的农民感受到的则是强烈的不公。一直以来不被认可的行为如今登堂入室,成为土地分配的主导性规则,他们难免感到气愤。

(三)土地均分的社会基础

一直以来,基层干部对土地的调控权被视为一种侵害农民土地

---

① 《中华人民共和国农村土地承包法》第二十七条规定:承包期内,发包方不得调整承包地。承包期内,因自然灾害严重毁损承包地等特殊情形对个别农户之间承包的耕地和草地需要适当调整的,必须经本集体经济组织成员的村民会议三分之二以上成员或者三分之二以上村民代表的同意,并报乡(镇)人民政府和县级人民政府农业等行政主管部门批准。承包合同中约定不得调整的,按照其约定。这条规定虽然为土地调整留下了一定的法律空间,但设置的前提条件较多。

承包权益的力量。国家稳定地权并不断延长土地承包期限的一个重要考虑是限制基层干部借土地调整损害农民利益。在普村,担任过多年村民小组长的钟入举也坦承土地调整中存在权力的空间,比如由于当地土地存在三六九等,针对那些和自己关系好并需要进田的村民,他就尽量地多做工作,说服出田方将自己好点的田拿出。但是,将土地调整的发生仅仅解释成前者的权力寻租无疑与大部分农村地区的经验不符,至少是忽视了土地调整所具有的强大的社会心理与制度基础。在普村,土地调整是由村庄的共识所推动的,村组干部更多的是在被动应对农民的要求。

如果说在土地改革之前,中国农民获得土地的方式主要依靠市场获得,典型的表现是辛辛苦苦操劳一生,以攒钱买地。土地改革以及之后的农地制度实践则彻底改变了之前的土地市场交易方式,土地的获得不再与个人的经济能力有关,而是村社和国家的责任,是行政权力和村社机构按需和按人口分配的结果。这种土地制度的实践在造成土地承包权高度不稳定的同时,也不断地塑造并强化着农民土地占有平均主义的认知。在这种观念看来,土地的获得与个人的经济地位和市场交易能力无关,村庄的每一个合格、合法成员都应该获得村社分配的土地。

如今,国家的土地制度欲实现一场以市场化为导向的转型,农地资源的配置方式从原来的村社权力主导变革为依靠市场的自由交易,从土地确权到后来国家所倡导的土地流转,正是农地制度变革的一系列体现。然而,在村庄的共识中,土地仍然是国家和集体分配给自己的生存手段,它遵循的是一种分配的正义,而不是交换的正义(哈耶克,2001:411),传统的、依赖村社分配土地的期待不可能在短期内消失。一旦土地不能再定期分配,那些本该进田却不能再进田的村民难免会发生这样的质疑:"他们家添人时还进了田，为什么轮到我家该进田的时候就不调了?"一个土地承包权频繁变动的土地占有格局突然要在某一天宣布就此不变，并以当时的土地承包现状作为新产权的起点时，必然遭遇因家庭生命周期不同而带来的操作技术难题，进而影响到产权本身的合法性基础。

一种土地平均占有主义的伦理在农民社会中显示了自己的强大，这是新的产权建设必须应对的社会心理基础。

五 产权的起点困境

在对"强官－弱民"的结构性关系的认知下，农民土地维权行动的发生一般被认为是来自"官权力"的侵害，进而，从这种"侵权－维权"的解释模式出发，研究者认为要加强对农民土地的产权保护，以抵御外部权力的进入，从而为产权的稳定与建设创造条件。这种解释模式的缺陷在于，它将农民的行动完全看作一种被动性的产物，而忽视了在国家保护农民土地承包权利的强烈政策倾向下，农民完全可以进行策略性的行动，从而导致官民关系在场域中的力量错置，进而同样对产权的稳定与塑造产生影响。从以上江镇土地纠纷的发生机制上看，农民围绕地权的行动符合这一判断。

从国家宣布土地一轮承包 15 年不变到宣布二轮承包 30 年不变，国家努力实现土地承包权的稳定。在土地承包长久不变的预期下，农民意识到了此次确立土地权属的重要意义，都争先拿出自己对土地的权属证明，为此不惜一搏。此时的农民已经完成了一种对土地私有化的想象，并产生一种曾经缺位的土地权利意识，但让国家始料不及的是，这种权利意识不仅指向了将来，也指向了过去。土地改革所形成的土地私有制、生存权高于产权的土地认知以及长久存在的土地均分传统，都成为农民要求确立土地承包权利的依据。不同时期地权占有格局的历史在当下凝结在了一起，进而成为新地权秩序确立中不得不面临的制度遗产。

从制度构建的目标上来看，农村土地制度要告别之前土地权属高度不稳定的事实，形成以农民稳定的土地承包权为核心的地权新秩序。但是，一旦该制度实施，农村土地的确权就存在究竟确权给谁、如何确权的技术性难题。正如有研究所揭示的那样，20世纪80年代初，之所以实行分田单干而不是土地的私有化，不仅有着国家层面的意识形态压力，还有着村庄层面的深刻理由。在一个之前盛行集体产权的村庄中，一旦宣布将土地私有，那么究竟以什么作为划定农户土地产权的依据？如江镇农村那样，依照祖业固然能确定地块，但每家获得的土地面积只能依据人口均分，而一旦以人口作为分配土地产权的依据，那么不同家庭生命周期的农户便有不同的利益诉求。你以哪一天作为确定地权的依据，此后将要增加人口的家庭都会反对。因此，通过赋予农户一定年限的土地承包权而非所有权，村庄社区作为土地的最终所有者对变动人口保留再分配土地的某些手段，从而开辟了不受人口平分传统纠缠的农民形成私产的途径（周其仁，1995）。

随着农地制度改革的不断深化，土地私有化或者准私有化所面临的产权起点困境再次在分田单干30年后的今天重新显现了出来，而比当年尴尬的地方在于，此时村组"集体"将不再有应对以后人口变化重分土地的权力，土地的利益结构将有可能就此彻底定型。一旦地权告别之前"千年土地八百主"的历史，就此实现土地承包关系的长久不变，无论以哪一天作为确立土地承包权的依据都会引起利益受损农民的强烈不满，之前一直存在并对自己获得土地承包权有利的土地"习惯法"被彻底激活、放大，并成为农民要求得到土地承包权的强大理由。

在这个意义上，如果土地的纠纷能够通过司法的途径解决，问题将变得简单，因为法律是判断行为正当性的唯一标准。但从当前江镇土地纠纷的实践来看，法律并没有在相关的地权纠纷中发挥作用，这不仅是因为法律本身的不健全，还因为一整套关于土地认知的传统规范挤压了法律发挥作用的空间。因此，要求恢复或赋予土地承包权的农民不能被视为无理取闹，他们的利益诉求所依据的是一套在现有体制和政治建构内谁也无法否认的话语资源与历史事实。

这恰恰是当前土地确权实践的困境之所在。如果基层干部充分尊重传统的规则，进而恢复或者赋予农民的土地承包权，那么这种做法不仅有可能违法，而且还将可能引发更大范围的纠纷。而如果不恢复或者赋予之前农民的土地承包权，不顾及农民社会的种种关于土地的地方性传统和知识，进而坚持将法律和国家意志贯彻到底，那么新承包权格局的合法性基础又将如何维系？如此一来，村庄社会内的利益冲突和分歧加剧，法律与村庄情理的冲突加剧，基层政权的执法成本将大大增加，新产权格局的最终稳定仍然遥遥无期。

面对新旧制度共存的复杂格局，新的地权实践能否摆脱原有制度的牵绊，顺利完成转型，这仍旧是一个未完成的命题。

第五章

混乱：谁是农村土地的集体所有者？

在江镇的土地确权中，除了要确权到农民名下的承包土地之外，还有一类未承包到户的集体土地确权。这类土地没有承包到户，是名副其实的"集体所有"，但"集体"却是一个模糊的法律主体，那么在现实中谁能代表"集体"呢？

在中国农村土地的法律与政策规定中，土地的所有权曾长期维持在生产队（今天的村民小组）一级，20世纪80年代以来，相关法律和政策对于农村土地所有权的规定却逐渐变得模糊起来。至今，对于土地的所有权问题，目前的《中华人民共和国土地管理法》（以下简称《土地管理法》）、《农村土地承包法》，以及最高人民法院对土地纠纷的法律解释都没有给出一个明确的界定。《土地管理法》第十条对农村土地所有权如此规定：

> 农民集体所有的土地依法属于村农民集体所有的，由村集体经济组织或者村民委员会经营、管理；已经分别属于村内两个以上农村集体经济组织的农民集体所有的，由村内各该农村集体经济组织或者村民小组经营、管理；已经属于乡（镇）农民集体所有的，由乡（镇）农村集体经济组织经营、管理。

第五章 混乱：谁是农村土地的集体所有者？

对土地所有权的含混表达加剧了问题的复杂性，因为它事实上承认了村民小组、村委会乃至乡镇政府都有可能成为土地所有权的代理者。一直以来，在农业的生产中，村组干部和农民关心的是税费任务的缴纳和农业生产的方便与否，至于究竟是"村集体"还是继承了生产队建制的"村民小组集体"享有土地的所有权，这并不是一个重要的问题。而且，在行政关系上，村民小组长还要接受村委会布置的各种任务，以至在农业税费沉重的时期，村组干部之间结合成了一个利益的共同体，他们之间围绕土地所有权的争议便无从展开。

然而，随着土地价值的提升，将土地所有权维持在村集体一级还是村民小组一级便影响到现实利益的分配，原来不重要的问题开始变得重要起来，最终，法律权属的混乱与模糊演化成了现实的社会冲突与对抗。在江镇，围绕土地的所有权界定和集体土地的代理人身份，村民小组与村委会展开了激烈的争夺，并成为当地所有土地纠纷类型中最为激烈的一类矛盾。

本章将聚焦于土地的所有权争议，在梳理相应村庄制度变迁的基础上，理解村民小组集体与村集体之间地权纠纷的发生机制。在当前的政治社会条件下，村民小组集体的土地所有权传统成为农民实现自身土地收益的一种重要依据。

一 两个"集体"：土地所有权的混乱

（一）村民小组的土地所有权传统

在人民公社体制下，基层的行政级别分为三级：人民公社、生产大队和生产队。但对于将土地以及各种生产资料分配给以上的哪一级所有,中央高层一直存在分歧。一种较为激进的主张是将土地所有权至少维持在生产大队一级,以方便生产和分配在更大的范围内进行。然而,如果是一个更高级别的单位拥有土地所有权的话,农民就会认为他们不是土地的主人,耕种的积极性会大幅度下降。正是由于人民公社体制下"大跃进"的失败以及由此产生的全国性饥荒,国家在对土地所有权的规定上退了一步,即将土地的所有权下放到了更加贴近社员生活的生产队一级,"这些变化使得许多公社大体上和以前的标准集市区域相似,使得公社内最重要的经济单位——队——或者和小村子本身一致,或者和大村子中相对地有结合力的邻近的几个村子一致",从而"实质上减少了主要居于大队和公社两级的党的干部作出决定的大部分权力"(R. 麦克法夸尔、费正清,1990:319、411)。

1962年,中共八届十中全会通过了《农村人民公社工作条例修正草案》,即著名的《农业六十条》。其中,第二十一条规定了以生产队为基础的土地产权结构。

> 生产队范围内的土地,都归生产队所有。生产队所有的土地,包括社员的自留地、自留山、宅基地等,一律不准出租和买卖。
>
> 生产队所有的土地,不经过县级以上人民委员会的审查和批准,任何单位和个人都不得占用。
>
> ············
>
> 集体所有的山林、水面和草原,凡是归生产队所有比较有利的,都归生产队所有。
>
> ············

第五章 混乱：谁是农村土地的集体所有者？

《农业六十条》成为以后相当长一段时间内阐明土地集体所有制的根本性文件，自那时起，生产队作为土地所有的基本单位逐渐被固定下来。社员们在生产队内进行农业生产，经济的核算、福利的分配以及日常的管理也都是以生产队为单位进行。生产队管理组织的人员组成较为完备，一般设有生产队长、副队长、会计、评分员、妇女队长以及小组长等职位。以生产队长为代表的管理者因直接掌握本队的粮食生产、人员劳动安排以及各种生产资料的使用权，从而拥有较大的权力。与之相比，生产大队的干部虽然享有对生产队干部的管理权，却不是一个直接掌握财富的"实体单位"。正如江镇的村民回忆，为了实现生产队之间的生产资料调拨，生产大队还必须对生产队长进行思想工作。

20世纪80年代初，家庭联产承包责任制的兴起直接动摇了人民公社体制存在的经济基础，鉴于这种现实，中共中央下发了《关于实行政社分开建立乡政府的通知》，人民公社体制正式解体。为了弥补改革后所形成的公共权力真空，人民公社一级为乡镇政府所代替，生产大队逐渐为村民委员会代替，而生产队则逐渐过渡为村民小组，从而形成了"乡政村治"的基本格局（张厚安，1992）。

一直以来，村民小组都是村庄治理中的基本治理单元。一般情况下，村委会管辖的是若干个自然村庄（自然湾）组成的行政村，行政村庄只是一种"半熟人社会"，村民小组却以血缘和地缘相统一的自然湾为基础，是一个完全意义上的熟人社会，传统与行政建制的契合使得村民对村民小组具有更高的认同。无论在村民的生活交往中，还是在村委会的日常管理中，村民小组都起着举足轻重的作用。当地的村民将自己居住的地方称为"湾子"，村民小组一般是由相邻的几个湾子组成。农村税费改革前，在村庄中，农业基础设施的维修，如修建机耕道、堰塘等都是在村民小组范围内由村民小组长组织进行。

不仅如此，村民小组还是税费征收的基本单位。通常，村委会将全村的税费总任务根据土地面积和人口数量这两个指标分配到各个村民小组，由村民小组长进行收取，村委会干部则实行"分片承包"的办法，协助村民小组长开展工作。村民小组在当时仍然是一个经济核算单位，也正因为如此，这一时期，大量的税费抗争正是针对村民小组长的腐败和滥用职权而展开的。以村民小组为单位进行土地税费的征收，暗含了对土地所有权为村民小组一级集体所有的承认。

此外，传达土地所有权的一个更为重要的信号是，土地的分配与调整都是在村民小组内进行。无论村民是想放弃部分耕种的土地，还是想增加部分土地，土地权属的变动一般是在村民小组范围内完成的。即使村民找到村委会干部，他们也必须征求村民小组长的意见，因为只有后者才熟悉本组所有土地的情况。如果村民小组长工作认真细致的话，他会专门制作一个记录本组内土地变动情况、地块名称、地块面积、产量以及坐落的账本，俗称"土地簿"，从而使得关于土地的所有信息事实上都掌握在村民小组长手中。

税费改革之后，由于以村民小组为单位的共同生产费不再收取，村民小组长的工资已经无法依靠本组内的集体资金来支付，在有限的财政转移支付下，村委会无力承担由此带来的负担，于是，村民小组长的裁撤开始进行。到 2004 年下半年，白云区开始取消村民小组的经济核算功能，进而将"两级核算"的体制转换为村委会"一级核算"的体制。这种形式的管理制度被称为"双代理"[①] 制

[①] 所谓"双代理"是指村委会的账务管理由乡镇管理，村民小组的账务由村委会管理。

度。比如在叶村，原来共有 7 个村民小组，每一个小组都有单独的账本用于记录本组内的收支情况，但这次改革中却统一合并为一个账本。原来村民小组与村委会的经济往来一并取消，这意味着在财政管理体制上，村民小组的经济地位已经丧失。

然而，以村民小组为单元的治理格局和村民小组享有土地所有权的认知不仅没有一下子消失，反而以"变相"的方式存在。现在江镇的许多村庄虽然不单独设村民小组长，但村庄的管理仍然以村民小组为基础实行"分片管理"，来自不同村民小组的村干部管理自己所在的"片"，他们事实上行使着原来村民小组长的很多职责。①

而且，即使在《农村土地承包法》出台之后，相关法律严格限制集体保留机动地，许多村民小组至今仍然拥有一定数量的集体机动地，并享有集体土地的收益权。比如，在五柳村五组有一块两亩左右的土地，在税费改革前，因为地理位置偏僻，水源条件不好，导致本组内无人耕种，五组将该土地收归为村民小组集体的机动地，并以低廉的价格发包出去。在土地确权中，这块土地确权到了五组组长的头上。表面上看，这块土地成为村民小组长个人的责任田，但实质上仍然是村民小组的集体机动地。通过这种变通，村民小组对机动地保留了事实上的权利，以此来维持村民小组对土地的所有权。如今，这块土地的发包费用和国家的粮食补贴款等全部用于村民小组内的公益事业，土地表现出明显的"村民小组集体所有"的特征。

从历史到现在，正是由于村民小组与自己家庭的生产和生活紧密相连，在村民的日常语言中，他们至今仍然以村民小组或生产队

---

① 由于人数不够，一名村干部要兼任数个村民小组的组长。

作为自己身份划分的依据，说自己是某某组或队的"社员"。与此同时，由于村民小组对土地一直行使着事实上的所有权，并具有一系列制度习惯的支撑，土地为村民小组一级所有的传统认知便一直在乡村社会中存在。

（二）"强村弱组"：土地所有权的逐渐转移

然而，在村庄中，除了村民小组这一"组集体"外，村委会作为"村集体"代理人的身份和地位也在形成，并在政治架构上压倒了村民小组而成为村庄中更为强势的基层组织。

从法律上看，村委会的法律地位不断强化。在1982年修订的《中华人民共和国宪法》中，第一百一十一条规定：城市和农村按居民居住地区设立的居民委员会或者村民委员会是基层群众性自治组织。居民委员会、村民委员会的主任、副主任和委员由居民选举产生。1983年10月，《中共中央、国务院关于实行政社分开建立乡政府的通知》强调要在建乡的过程中设立村民委员会。1987年，《中华人民共和国村民委员会组织法（试行）》通过，村民自治的实践开始在全国农村蓬勃发展。1998年11月4日，《中华人民共和国村民委员会组织法》通过并实行，村民自治走上了健全的法制化道路。2010年，修订后的《中华人民共和国村民委员会组织法》通过，其中第二条和第八条作如下规定。

> 村民委员会是村民自我管理、自我教育、自我服务的基层群众性自治组织，实行民主选举、民主决策、民主管理、民主监督。
>
> …………
>
> 村民委员会依照法律规定，管理本村属于村农民集体所有

的土地和其他财产，引导村民合理利用自然资源，保护和改善生态环境。

……………

从江镇的村民自治实践来看，每隔3年进行一次的村委会换届选举已经成为每个村庄中最大的政治事件。迄今为止，每一个村庄都已经进行过多次的村委会换届，这项基层民主工作已经逐渐为广大村民所熟悉。

一般而言，根据村庄大小，村委会一般设置3—5名村干部。在2009年时，村干部的年工资在7000元左右，其中村主任的工资略高。由于村干部在身份上仍然是农民的身份，他们的工资自然无法和公务员相比，但对于留守村庄的农民而言，当村干部不失为一个好的选择，毕竟"比上不足，比下有余"。除此之外，在村庄社会中，村干部比一般村民要享有更多的"面子"，他们是村庄中红白喜事的"座上宾"。而且，由于经常与上级政府和外部社会打交道，村干部一般都具有广泛的人际关系网络，这对于自己以后的发展将是一项重要的社会资本。由于以上这些因素的存在，对于很多村民而言，加入村干部的行列仍然具有一定的吸引力，这就保证了村民自治的运转。在江镇，通过这么多年法律的不断宣传和至少形式上的民主竞选，村委会的合法性在村庄中已经广泛地建立起来。

在具体的运行中，村委会还得到了乡镇政府的有力支持，并实际上成为乡镇政府在村庄的"代理人"。尽管在法律上村民委员会是村民的民主自治组织，但在国家主导的农村发展模式和现有的政治结构下，上级政府的行政命令仍然要通过村委会下达到农村社会。而且，除了村委会外，村庄社会中存在一个贯彻党和国家意志的基层组织——村党支部，在政治原则上，村委会要接受村党支部的领导。如果说民主选举赋予村委会"当家人"的色彩，那么现有政治体制使得村干部同时具有国家意志"代理人"的身份，二者具有相冲突的一面，并有可能表现为"乡村矛盾"或"两委矛盾"。在农民的眼中，村委会起到了"上传下达"的作用，它固然有自己的"私利"，但它也是国家和政府意志在村庄的延续。

正是依靠政治上的这种强势身份，村委会承担着发展集体经济、管理集体资产的责任与权力，并行使着村庄中一些集体土地的管理权。在20世纪80年代中后期直至农村税费改革前，村委会为了发展农村经济，在村庄中建立各种集体的果园、林场。此外，这一过程还常常伴随着农业用地的用途转变，比如村委会在一些集体土地上建设村委会办公楼、建设集体砖厂以发展集体企业等。在历史上，村委会以及之前的生产大队并不是土地的实际所有单位，它的占地只能在自己管辖的村民小组内进行。分田单干以来，村庄中的土地不仅有承包到户的责任田，还有未分配到户、仍归村民小组集体所有的机动地。因此，对于占用后一种土地，由于没有承包到户，只需要村民小组长同意即可。但由于村委会在政治地位上的强势，村民小组长在理论上要接受村委会领导，对于村委会的占地，自己虽然有不满，但也不好一味地反对。更何况，在土地价值低迷的时期，村委会占有自己小组的土地对自己小组也没什么损失，就这样，村庄中大量的土地事实上被村委会所占有并以此取得收益，这些土地的所有权事实上转移到了"村集体"的手中。

这种情况已经引起了学者的注意，有人做出了如下判断：

> 大多数情况下，农民承包的土地由行政村的村委会进行分配。但是在过去，这项工作往往由自然村完成。不知不觉中，

第五章　混乱：谁是农村土地的集体所有者？　　169

土地的所有权似乎从自然村转移到了更高一级的集体单位手中。然而由于中国农民尚未充分意识到所谓的财产问题，所以土地权利方面的冲突并不是太多。但是在不久的将来，这些问题必定会涌现出来。（何·皮特，2008：11）

一边是农民秉持着土地为村民小组所有的传统认知，一边是村委会在历史上大肆侵占村民小组的土地，如果农民没有意识到土地的价值，历史的问题便不会被提及。然而，农村税费改革后，土地的价值上升，急速地打破了原有的平衡，恢复自己村民小组土地所有权的运动逐渐蔓延开来。

以上的预言在江镇已经成为现实。

二　归还土地：以村民小组为单位的集体行动

在江镇，由于果实品质好、销路畅，普村村办的集体梨园一直在当地小有名气，经常在梨花盛开时吸引一些城里人来此观赏、拍照。然而，近年来，围绕该土地的权属争议也开始出现。

该梨园占地达 300 亩左右，在历史上其中相当一部分是占用七组的集体机动地。1994 年，村委会发展多种经营，就将七组的这块地纳入梨园建设中来。为了克服集体经营管理的一系列弊病，不久，村委会将梨园分片承包给本村的 25 户农民。因品种适合当地的土壤气候，且销路顺畅，普村梨园的发展走上了正轨，已经成为当地一种颇有特色的产业。2008 年，一轮发包到期，普村梨园面临新的发包。七组的村民坚持认为当年村委会占了自己组的土地，如今要对他们进行补偿。据此，七组的村民提出了三种解决办法：第一，归还土地；第二，将梨园免费发包给七组村民；第三，将梨园新的承包费发放给七组的村民。

从普村对梨园的管理来看,梨园的发包是在整个行政村范围内进行的,坚持的是全村人受益的基本原则。而问题在于,如果土地是七组所有的话,那么村委会将土地收益在全村分配,以至其他各个小组都能利益均沾的做法,便使得七组的村民吃亏了。由于土地本身的贫瘠以及当时沉重的农业负担,普村村委会占用七组的土地在当时并没有引发七组村民的任何异议,如今,在土地价值升值的背景下,这种土地为村民小组所有的认知开始成为刺激其行动的重要理由。这让普村的村干部始料未及。

然而,在普村的干部看来,对村民坚持的这种村民小组的土地所有权主张绝对不能让步,一旦让步,类似的纠纷将可能呈现"多米诺骨牌"效应。因为,如今村委会所使用的许多土地在历史上都是从各个村民小组那里占用得来,一旦满足某个小组的要求,那么其他小组同样有可能提出类似的要求。而且,由于土地的面目已经发生改变,并进行了投资和相应建设,村委会根本无法也不可能满足农民返还土地的要求。

不仅仅是对历史上失去的土地索要所有权,农民还要对"所有权空白"的土地建立新的所有权。在张村,村民小组之间为了一块土地的所有权闹得不可开交。

1962 年,《农业六十条》发布实施后,张村大队将大部分土地、山林的所有权下放到各个生产队,实现土地以及各种生产资料的"四固定"。由于白云山的北坡是一片石头山,山上只有一些杂乱的灌木,几乎没有经济价值。而且,山上石头突兀也不好划定界线。鉴于这种情况,大队就没有明确将该山划分到各个生产队,而是留作大队的公有地带,各队的社员都可以前去砍柴、放牛、采石,这种情况一直持续到 2008 年。这块山的分布状况如图 5-1 所示。

第五章 混乱：谁是农村土地的集体所有者？ 171

```
                    白云山
         三组
          A         B
                    二组        C
                               一组
          2
          0
          7
          国     R
          道
```

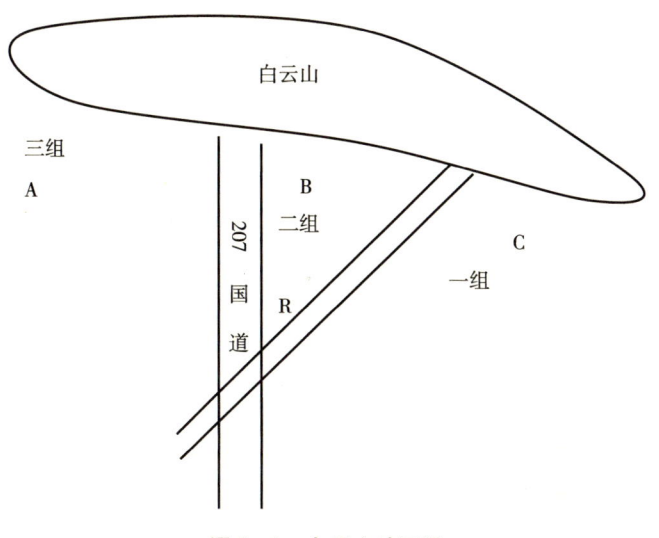

图 5-1　白云山地形图

最近几年山林价值上涨，且由于近年来生产规模不断扩大，大江集团需要临时征用大片的空地堆放工业生产的渣滓和废物。张村境内的白云山因紧邻大江集团的生产车间而成为首选的地方，这块一直没有经济价值的荒山开始被重视，山地的所有权争议也就开始爆发出来。从图 5-1 可知，张村的一、二、三组分布在该山的脚下。为了自己的利益，三个小组的村民都想将该山据为己有，认为自己所在的小组拥有该山地的所有权，他们的理由如下。

第一种依据："下有田、上有埂（山）"

因处于丘陵地带，地面高低起伏不平，每一块田的田头会有一些高埂，上面长些杂草或小树。这些高埂不是田地，自然无法以法律作为确定权属的依据。"下有田、上有埂"的意思就是，如果田是你的，那么田头的埂也属于你，埂上的杂草和小树也归你支配。推而广之，如果田头有小山或丘陵的话，那么山也应该归该田的主人。与此相类似，村庄中还有"山起脊梁、水起沟"

的说法，这些都是在法律未进入的土地领域中界定产权的一种村庄习惯法。

从地形上看，三个组的土地都分布在白云山脚下，按照这个习俗，三个组的村民都应该获得对白云山的产权资格。如果依据土地的分布来划分的话，三组应该分得最多，即图中 A 区域，一、二组获得其农田之上的部分，即 B 和 C 区域。毫无疑问，三组的村民是这种分山方式的最积极倡导者。

第二种依据：公平原则

张村一组和二组地处"坪"内，唯一的一座山就是白云山；三组则处在"冲"之中，山地面积较多，大约能占到其全部国土面积的40%。基于这种既有山地资源分布的不平均现状，一、二组的村民强烈反对按"土办法"分山的方式，因为这意味着本来就已经拥有过多山地面积的三组村民还能从白云山中"分得一杯羹"，且份额足够大。二组的村民这样说道：

> 原来（20 世纪 70 年代之前）一、二、三组是一个村，三组有好几座山，我们两个组不抵三组一座山的面积。（所以）大集体时，你本身就有这么多的山，肯定不会分给你了。比如三兄弟分家，你老大本身就占了五间房，老父亲就剩下了两间房子（用于分家），现在不管分家怎么分，你（老大）已经占了五间，我们两个才占两间房，你怎么好意思还要分？三兄弟分家的话，应该差不多。①

按照二组村民的逻辑，山都是"国家分配"的结果，这块山

---

① 2009 年 4 月 30 日对张村一组村民张天齐的访谈。

由于历史的原因没有分配，如今要分配的话，就必须对当年山地面积少的生产队进行补偿，这就不可能按照平均分配的方式确立新的权属资格。在这一点上，一组的村民也持这种看法，一、二组暂时结成了一个同盟。

第三种依据：平均主义，人人有份

一、二、三组占有山林所有权的做法引起了其他村民小组的不满。其他村民小组的村民坚持认为白云山的所有权应该在全村的七个村民小组中平均分配，实现利益的均摊。五组的一个村民这样说道：

> 按道理说，这山我们也有份，山是集体的，他们（指一、二、三组的村民）说山是他们组的，结果我们一分钱都得不到。要这样的话，学校（原来）占了我们五组的旱地，现在学校没有了，卖学校（这块地）的钱也要给我们。他们把地（石榴园）和山（白云山）搞回来了，我们也要把学校的地搞回来。不然，五组的人都有意见，恨在心里。①

一般而言，村庄边界有两种含义，一为地理方位，一为产权观念。乡间所存在的村界意识则兼有这两种意义，即村民基于土地占有权归属而对本村落四至地理空间界线的认同，和村落成员对上述地理空间内耕地、山林、水域的监护权（张佩国，2000：181–182）。地理边界和产权边界的统一，往往使得村庄成员对村社以内的土地等资源有着强烈的占有和支配意识。在江镇范围内，村民小组构成了一个村落共同体的单元，但是土地价值曾经的低迷使得

---

① 2009年4月29日对张村五组村民王林义的访谈。

农民不愿意再捍卫村民小组的土地所有权传统，以至村民小组并没有表现出这种理想型的村社边界，如今，因为土地利益的出现，村民小组的土地所有权意识在农民心中便再次被激活，他们试图以此重新建立起村民小组之间的清晰边界。

从根本上看，村民对村民小组土地所有权的伸张是实现自身利益的一种途径和策略。江镇范围内村民小组一般少则二十余户，多则五六十户。对于村民来说，小组的任何集体收益都要在他们中进行平摊，即使保留在小组一级而不是直接发放到他们手中，这些集体收益也能够让村民直接享受。而且，农村税费改革后，当地村民小组长被取消，这意味着村委会不再能通过对村民小组长的行政控制来影响小组内的收益分配。在这种情况下，一旦村民小组获得土地收益，这部分收益如何分配便取决于村民的集体意愿，村民小组这一级反而实现了彻底的"村民自治"。如果说村委会更多的是作为乡镇政府权力延伸的角色的话，那么对于村民小组这样一个单位，村民却是高度信任的，维护小组的集体利益就是维护村民自身的利益。

对于村民的种种看法，张村村委会干部无一不反对，他们认为山林是村集体所有，怎么分配要服从村委会的安排。于是，村民小组之间的矛盾、村民小组和村委会的矛盾都开始上演，在土地价值升值后，它们之间的历史纠葛通过农民的行动不断地再生产出来。

江镇农经站和司法所的干部普遍被这类发生在集体土地上的所有权争议所困扰。因为不同于个体农民与村委会，以及农民之间的土地确权矛盾，这种集体土地因涉及集体内部的所有成员，稍有不慎就会产生群体性的矛盾事件。尽管百般小心，但类似的土地争议仍此起彼伏。

三 竞争性占有：围绕土地补偿的村组博弈

随着当地城市化和工业化的推进，村组之间的矛盾不仅是农业土地的所有权斗争，而且表现为土地非农使用后的土地收益分配之争。

（一）被放大的相对剥夺感

由于大江集团规模的不断扩大，江镇的村庄开始出现土地征收的现象①，特别是大江集团所在的叶村，其土地更是连续多年被区政府征收以出让给大江集团工厂扩建使用。

按照《中华人民共和国土地管理法》第四十三条规定，"任何单位和个人进行建设，需要使用土地的，必须依法申请使用国有土地；但是，兴办乡镇企业和村民建设住宅经依法批准使用本集体经济组织农民集体所有的土地的，或者乡（镇）村公共设施和公益事业建设经依法批准使用农民集体所有的土地的除外"。尽管法律上给农村集体经济组织对土地的非农使用开了一个口子，但在现实中，农业用地转为建设用地的审批权事实上已经被国土资源管理部门严格地控制。因此，当前农村土地的一级市场基本上是由地方政府所代表的国家所控制，村委会、村民小组和农民都无权改变土地的农业用途，进而进行市场交易。

---

① 土地征收是指国家为了公共利益的需要，依据法律规定的程序和权限将农民集体所有的土地转化为国有土地，并依法给予被征地的农村集体经济组织和被征地农民补偿和妥善安置的法律行为。

但是，土地用于农业与用于工业和城市建设所带来的收益有天壤之别，村委会、村民小组和农民无权改变农业土地的用途意味着他们不能分享土地非农使用后的增值收益。当前土地征收的一般程序是，市（县）政府的国土资源管理部门首先对原农业用地的所有者、承包经营者进行补偿，之后将土地放置在土地一级市场上进行挂牌出让，获取土地的市场价格收益。这样，合法地把低价征得的土地高价向市场出让，中间的巨额差价成为政府的土地财政收入。正如相关研究所指出的那样，作为地方政府的"预算外财政"，地方政府对土地财政高度依赖，以至于"第一财政靠工业，第二财政靠土地"成为一种地方财政结构中的常态（周飞舟，2007）。

2009年，大江集团为了获得2.3929公顷（约36亩）土地的使用权，共支付了453万元左右的费用，表5-1是这笔金额在相关利益主体之间的分配名目与份额。

从表5-1可以看出，在2009年时，留在农村的土地收益只占土地总收益的18%左右。如果该块土地用于商业用途，那么企业所要支付的出让金更多，农村所得的比重因为被限定，其所占的比例更低。然而，对于土地非农使用后的收益，农民自身是看不到的，土地在征收之后到底卖到多少钱已经与他们无关。纵然有不满，但已非他们能力所能触及，土地市场的严格区分极大地降低了政府低价征收土地的社会成本。

在国家征收农地之后，对于土地的所有者和承包经营者要进行补偿。表5-2是2008年时白云区政府根据本区域内经济发展水平的差异制定的补偿标准。

第五章 混乱：谁是农村土地的集体所有者？ 177

表5-1 土地征收后的收益分配情况

单位：万元

费用名目	金额	用途
1. 土地补偿费	33.2409	补偿农民及农村集体经济组织共计82.9162万元
2. 安置补助费	34.2503	
3. 青苗补偿费	3.4250	
4. 地上附着物补偿费	12.0000	
5. 拆迁补偿费		
6. 新增建设用地有偿使用费	81.3586	归国土资源管理部门支配，补偿土地的开发成本，共计101.4351万元
7. 土地出让金业务费提取（国土4%、财政2%）	17.3377	
8. 土地评估费	1.6000	
9. 测量费	1.1388	
10. 土地出让收益	268.8857	归地方政府的财政收入共计268.8857万元
总额	453.2370	

注：由于村委会是村集体资产的法人代表，地方政府一般将土地补偿费一并发给村委会，再由村委会对本村的失地农民进行分配。

表5-2 2008年白云区各乡镇土地补偿标准

单位：元/亩

区域	征地统一年产值标准	土地补偿费标准		安置补助费标准		区域范围
		标准	倍数	标准	倍数	
1	1219	10	12190	16	19504	上水街道办
2	1029	9	9261	12	12348	古桥镇新生村、焉陵镇金泉村、汉河镇烽火台居委会
	1029	9	9261	10	10290	古桥镇、焉陵镇、汉河镇其他村
3	907	8	7256	9	8163	江镇、仙鹤乡、牛河镇、大溪镇

为了补偿的统一性和可操作性，根据各个乡镇经济发展水平情况，区政府为辖内各个乡镇的土地补偿费和安置补助费都制定了明确的补偿标准，省去了各自计算的麻烦。① 依照以上的分类和标准，江镇的土地处在白云区补偿标准的第三等级，即如果区政府征收该镇的一亩土地，它对土地相关权利者所给予的土地补偿费和安置补助费两项总和为 15419 元。此外，按照市场价格，一亩水田的青苗补偿费大约为 1000 元，因此，这意味着一亩耕地总共所能得到的国家补偿在 1.7 万元左右。

关键的问题在于，这 1.7 万元的土地补偿费用，并非全部归农民所有，而是要与村委会所代表的集体经济组织共同分享。在土地补偿费、安置补助费和青苗补偿费三部分中，土地补偿费是对土地所有者的补偿，安置补助费是集体经济组织安置失地农民的费用，青苗补偿费则是对青苗所有者的补偿。由于在目前的土地法律体系之中，农民只享有土地的承包经营权，土地补偿费不可能完全分配给农民，还应该归土地的所有者所有。正因为如此，在 2005 年之前，国家和省市并没有将土地补偿费和安置补助费直接发放给农民的法律和政策规定，失地农民只能得到三项补偿中补偿金额最低的青苗补偿费。

然而，当农民已经建立起一种土地"准产权"的认知观念，

---

① 按照《中华人民共和国土地管理法》第四十七条规定，征收耕地的补偿费用包括土地补偿费、安置补助费以及地上附着物和青苗的补偿费。其中，征收耕地的土地补偿费，为该耕地被征收前三年平均年产值的六至十倍。征收耕地的安置补助费，按照需要安置的农业人口数计算。需要安置的农业人口数，按照被征收的耕地数量除以征地前被征收单位平均每人占有耕地的数量计算。每一个需要安置的农业人口的安置补助费标准，为该耕地被征收前三年平均年产值的四至六倍。此外，《中华人民共和国土地管理法》还规定，土地补偿费和安置补助费的总和不得超过土地被征收前三年平均年产值的三十倍。被征收土地上的附着物和青苗的补偿标准则由省、自治区、直辖市自行规定。

且土地承包利益格局固定化之后,在国家所给予的有限的土地补偿费中,如果还有其他组织来"从中分一杯羹",他们的不满就会被放大。从土地集体所有的性质来看,失地农民占据了一个不利的地位,并不能从法律规定中得到法律配置的足够权利和利益。但是,在真实的村庄生活情景中,他们并不会从法律上去理解自己的土地承包身份所导致的土地补偿的有限性。他们最直接的感受是,国家所给予的补偿本来就不多,到了基层还被"层层盘剥"。叶村一组的一位村民这样愤慨地讲道:

> 土地关系到自己子孙后代的长远生存,一旦土地被征用,国家给予的补偿本身就少,基层的干部又层层盘剥,已经到了无法忍受的地步,自己再不反抗,连老底都没有了。①

对于地方政府所进行的土地一级市场交易,他们没有办法进行影响,但对于农村社会的土地补偿分配,他们看在眼里,并能通过自己的直接行动来表示不满。在现有的土地制度架构下,为了实现自身利益的最大化,农民所能运用的话语资源和行动依据只能来自村民小组的土地所有权传统。

(二)斗争:村民小组土地所有权的实现

因大部分村庄不存在"村集体经济组织",围绕土地所有权的争议主要是在村委会所代表的"村集体"和"村民小组集体"这两个集体之间进行。从当前大多数村庄的实际来看,村委会凭借自己的合法政治地位而成为村集体土地的代理人,从而占据了土地补

---

① 2009年6月3日对叶村一组村民刘如方的访谈。

偿中的大部分收益。然而,随着小组土地所有权意识的被激活,这种做法的正当性遭遇越来越多的挑战。

叶村是江镇镇郊的一个行政村,全村共有7个村民小组,1200余人,是全区新农村建设的试点村庄之一。其中一组位于一条重要的国道旁边,地理交通位置优越,大江集团正位于一组和二组境内。20世纪90年代后期以来,大江集团的规模日益扩大,导致对土地的大量需求,截止到2007年,大江集团在这两个组征用的土地已经达1000亩,其中耕地500亩左右,荒山500亩左右,征用的大部分土地都是一组的。如今,一组的土地已经所剩无几,不过已经得到了600余万元的土地补偿费用。表5-3是叶村一组较大的几次土地征收的时间和规模。

表5-3 叶村一组历年土地征收情况

单位:亩

征地年份	1994	1995	1996	1998	2000	2004	2007
征地面积	56	45	33	120	120	200	96

按照当时通常的做法,土地补偿费用中的土地补偿费和安置补助费应该归村委会支配,叶村村委会还为此制订了大力兴办村社企业、壮大村集体经济的计划。然而,这样一个计划在一开始就遭到了一组村民的强烈反对。一组的村民从来不反对征地,甚至希望征地,但前提是土地征收后的补偿费用都必须保留在村民小组一级。由于土地被征收的面积巨大,土地补偿款数额惊人,将这笔钱放在村委会那里支配,一组的村民感到"不安全"和"不放心"。

一组的一位领头上访的村民说:

> 作为一级组织,村委会是核算单位,企业都是与村级组织

打交道，它是法人代表，必须通过村里才行。（但）村委会提成（我们）有很大的争议，钱放在村委会，怎么用全是他们干部说了算，30%用完了就会用剩下的70%。一旦遇到特殊情况，钱用了再说。①

尽管村庄在多年前就已经推行了民主选举制度，但村民并不认为村委会能代表自己的利益。在当前地方政府唯GDP至上的发展思路下，作为政府权力延伸的村委会事实上和用地企业"穿一条裤子"。以下村民所讲述的事实中前两点虽然无法得到进一步证实，却表明了村民对村委会的一种基本态度：

1. 每逢春节，大江集团都要召集其所在的村委会全体干部开"茶话会"，会议结束后每人都会得到一定金额的红包。

2. 每次征地时，大江集团都要与村委会的主要干部沟通，村干部和该集团很多中高层干部的私人感情很好。

3. 叶村的村干部在卸任后往往到大江集团任职，大江集团以此表示对其贡献的感激。为大江集团的发展做出很大支持的一位村干部在卸任后，曾任大江集团的党委委员。还有村干部在卸任后组建了专门服务大江集团的劳务公司，以为大江集团提供临时性的劳动力。

然而，村委会和企业的密切关系并非农民反对村委会占据土地补偿费的根本原因。退一步讲，即使村委会是一组村民所相信的村集体利益的合格的代理人，它们占据土地补偿费的做法仍然会遭到

---

① 2009年7月1日对叶村一组村民杜迁的访谈。

一组村民的反对。

　　因为,叶村共包括 7 个村民小组,而土地征收仅仅发生在一、二组,如果将土地补偿费放到村委会一级,即使村委会在使用这笔钱中不存在任何的浪费和挥霍行为,而将所有资金用于全村的公益事业和经济发展,却导致其他小组分享了一、二组村民的土地补偿费,这在一、二组村民尤其是一组村民看来就是不公平的。村民这么认为:

> 占一组的田,征地的钱凭什么由全村人共享?这个观点一直没有扭转过来。土地是村委会的,就有权力收钱,纯粹是瞎说。(打个比方)就说卖我的东西,你来分钱可不可以?
>
> 关键是只占一组的地,占地了老百姓有意见,损失不一致嘛。
>
> 生产队没有经济核算能力了,(但)地还在组内,土地是谁在经营就应该补偿给谁。土地不能(在全村范围内)调整的话,就应该公平。①

　　也就是说,村委会即使能代表全体村民的利益,却不能代表小组的利益。为了保护自己所在的小组的土地所有权,一组村民反对村委会提留土地补偿费的做法,拒绝再次被征地,并通过不断的上访和群体对抗来表示反对。此外,2002 年,一组的村民叶青山通过竞争选举成为叶村村委会的村主任,由于本身的利益牵涉其中,他一直支持一组村民将土地补偿费保留在村民小组的要求。叶青山平时做事张扬,村委会内部的分歧、村两委的矛盾日益激烈,这事

---

① 2009 年 7 月 7 日对叶村一组村民杜迁的访谈。

第五章　混乱：谁是农村土地的集体所有者？

实上进一步刺激了一组村民的维权行动。

为了以后陆续征地的方便，叶村村委会答应只提取土地补偿费的40%。这种分成模式只维持了一年就因一组村民的不满而作罢。从20世纪90年代中后期至2005年，村委会只好将这笔集体资金的70%保留在村民小组一级，自己只提取30%。即使如此，一组的村民仍然有不满，认为村里占据30%的土地补偿费并无道理。在一组村民看来，正是通过斗争，自己组才能得到70%的比例，要想获得更多的补偿费只有通过进一步的斗争。因此，这种征地补偿费的分配模式只是一种暂时的平衡。

考虑到失地农民的社会保障和生存问题，国家和省市不断加大对他们的保护。为了保护失地农民的权益，湖北省政府在2005年出台了《关于进一步加强土地管理、切实保护被征地农户合法权益的通知》（鄂政发〔2005〕11号文件），规定在征地中可以实行直接补偿到户的政策。

> 土地补偿费支付给享有被征收土地所有权的农村集体经济组织，农村集体经济组织如不能调整质量和数量相当的土地给被征地农民继续承包经营的，必须将不低于70%的土地补偿费主要分配给被征地农民。[①]

关于安置补助费，文件如此规定：

---

① 这种规定没有解决相应的法理问题。如果说土地补偿费是补偿给土地所有者的话，那么在法律上只享有承包使用权的农户为何也能得到土地的补偿费？这事实上表明农户的承包权已经具有了所有权的性质，而成为一种"准私有化"的状态。但与此同时，在这种新的规定中，村集体经济组织也能够得到相应的土地补偿费，这就并没有否认其对土地的所有权身份，只是这种身份不再完整，土地的产权在法理上更加复杂。

经被征地农民申请，并与享有被征收土地所有权的农村集体经济组织签订协议不需要统一安置的，安置补助费可以全额发给被安置人，由其自谋职业。

如果村委会不再能通过调整土地的做法维持土地的平均占有，它也就不能再名正言顺地掌握大部分的土地补偿费，这意味着叶村一组村民一直以来所主张并实践的土地收益分配模式得到了政策的确认。然而，村组之间的矛盾并没有随着政策的出台而解决，一组的村民仍然坚持认为"农村集体经济组织"应该是指村民小组一级，从而要求得到全部的土地补偿费，"村民小组集体"与"村集体"的土地所有权问题仍然没有解决。

无论如何，在土地所有权法律规定模糊的条件下，村民小组的土地所有权无法自动实现，必须依赖相关利益主体的觉醒和行动。如果说土地收益的出现是农民土地所有权意识觉醒的条件，那么他们要将土地补偿费保留在村民小组一级的要求则是捍卫土地所有权的行动。在2005年之前，虽然没有将土地补偿费分配到一组的村民个人手中，但他们成功地将土地补偿费的70%保留在了村民小组一级。在税费改革前，一组的"三提五统"连续多年都是从集体资金的利息中扣除，此外，小组内的每家每户都统一安装了程控电话、有线电视，这些一组村民独享的福利都来源于土地补偿费。

通过斗争，一组的村民建构了土地收益由村民小组独享的格局，并形成了区别于其他小组的制度边界，进而在一定程度上恢复了村民小组的土地所有权传统。为了得到土地征收中的增值收益，以村民小组对土地的所有权之名占据土地补偿费是在现有体制内保护自己利益的一个最直接和有效的方法。一旦现实的利益空间出现，那么这种来源于人民公社时期"三级所有、队为基础"的土地所有权认知不仅不会消失,反而被激活和放大,成为支持农民维权行动的一个正当理由。

(三)土地"村集体"所有实践的失败

作为村集体资产的法人代表,村委会在当前的土地征收程序中处在一个重要位置。在征地程序中,村委会是与上级政府和国土资源管理部门进行交涉的正式组织。一般情况下,国土资源管理部门只与村委会就土地征收的事项和补偿方式进行交涉,而不会直接面向村民小组,因为后者已经消失在国家土地管理体制的实践中。① 正是得益于身份上的有利条件,村委会自然掌握了对土地补偿资金进行分配的权力。村干部当然地认为,土地是集体所有,村委会是集体所有的当然代表,掌握一定的土地补偿资金是完全正当的。

与其他村委会相比,叶村的支部书记感到窝火。在他看来,本该归属村集体的土地补偿费却平白无故地失去,这不仅表明村"两委"班子的不团结和无能,也有失村庄层面的公平。对于村民小组和村委会之间就土地的补偿费用形成的 7∶3 分成模式,一组村民觉得不公平,村干部(村主任除外)同样感到委屈。叶村支部书记刘兴成认为当初之所以将征地补偿费的 70% 保留在小组一级实属无奈。

> 一个村两种制度,不用这种办法,(征地不好征)企业就发展不起来,本村的劳动力就没有那么多的就业机会。但是,(以后)要慢慢过渡。

---

① 在包括叶村在内的许多村庄中,即使村民小组仍然有一定的经济账目和集体经济,也是以全村账目和资产的形式表现出来的。也就是说,在管理体制中,村委会才是正式的一级组织。

我坚决反对村里不能提成的说法，土地是村集体所有，该补农户的补农户，剩下的归集体。他们每次都反对，我们坚决要提。

2007年征地，他们坚决不让提30%，村和组的矛盾解不开，只要有钱在小组，就解不开这个疙瘩，他们思想太陈旧了。①

叶村的支部书记刘兴成坚持两点理由：第一，土地的性质是村集体所有，村民得到的只能是青苗补偿费，得到土地补偿费的要求在2005年之前并没有依据，而征地补偿费归村集体所有则有着不容置疑的强大理由；第二，在土地征收之后，由村委会牵头，一组的青壮年劳动力大都被安排在大江集团上班，安置补助费也就理所当然地归村委会所有。事实上，在整个土地征收过程中，村委会作为土地的法人代表直接与企业和国土资源管理部门打交道，这更加强化了其对村集体拥用土地所有权的认知。而且，一个现实的原因在于，在以行政村为单位的村民自治制度下，作为整个村庄中的合法性组织，村干部认为自己要代表整个行政村范围内农民的整体和长远利益，而不能仅仅代表某个村民小组的利益。

为了维护村集体土地的属性，村委会可以不顾及一组村民的利益诉求，并通过强制手段来占据土地补偿费用，正如很多强势村委会的做法一样。但在当前"稳定压倒一切"的政治压力下，由于涉及村民人数众多，这样一种"不得民心"的做法无疑将激起一组村民的强烈不满，进而有可能产生群体性对抗和冲突事件。

因此，要想平息一组村民的不满，村委会的工作必须合情合

---

① 2009年7月1日对叶村支部书记刘兴成的访谈。

情，必须消解一组村民的这种"吃亏"心理。在这个时候，如果能在全村范围内进行一次土地的调整，以实现土地资源在全村各组的平均占有，一组村民的抗议就能有效平息。一直以来，一组村民的不满正在于村委会将其土地的收益用于全村的发展，其他各组的村民在没有损失土地的前提下就能分享土地征收的好处。如今，如果能在全村范围内进行土地调整，将全村其他组的土地拿出来按人口均分，这样自然就可以解决不公的问题，也为村集体掌握土地补偿收益提供合法性的支持。2007年，叶村的村干部们制定了一份全村范围内土地调整的方案，力图实现全村范围内的土地的再次分配。

在地理位置上，由于散居的特点，叶村的七个村民小组自北向南依次排开，村庄总面积达到37平方公里。在这种条件下，全村范围内的土地不可能任意地在村民之间进行分配，而必须实现就近耕种，否则就会给村民的生产和生活带来极大的不便，也没有村民会愿意到那么远的地方去耕种土地。因此，如果在全村范围内进行调田，唯一可行的方案就是采取依次整体位移的方法，即每一个小组将部分田调到相邻的小组，从而实现各个小组土地的大致平均。这样一次调整必然打乱原有的村民与农田之间的对应关系，是一次不折不扣的大调整，这在整个江镇所辖的村庄中都是第一次。

在制定出这个方案之后，村委会面临两个困难：第一，镇政府和区政府都未明确给予支持。面对叶村愈演愈烈的土地争议，区里的领导表态，"要搞你们自己去搞，出了问题，你们要负政治责任的"。在中央不断稳定土地承包关系的政策压力下，大规模的土地调整与相关的土地法规和政策的基本精神相违背，一旦有农民上访，基层的政府都脱不了干系。因而，对于这项危险性较高的工作，镇政府和区政府都不愿意承担政治风险。第二，村民之中意见分歧难以达成统一。此时，村干部具有土地调整的冲动，只有进行土地调整，让一组的失地农民重新得到土地，村委会才有掌握征地补偿资金的正当性。但正如上级领导所担心的，利益已经高度分化的农民对土地调整的意见并不一致。一般而言，一组40岁以下的年轻人大都愿意维持目前的模式，不愿意进行土地调整。这部分人大都在大江集团上班，不再从事土地耕种。与之相反，40岁以上的村民还是以土地为重，主张调整土地。显然，在一组内部，就土地调整进行与否达不成一致。而在其他小组，这种意见同样难以统一。问题还在于，当地的土地分为"三级九等"，拿出的田质量好坏不一，如果要自己往外"拿田"，拿出的必然是差田，那么"进田"的小组就不愿意。缺少村委会和地方政府强有力的组织和动员，如此大规模的土地调整很难实现。

村委会无法打破以村民小组为单位的土地边界，土地为村集体所有的产权观念就无法在村庄树立起来。如果以村民小组为单位的土地所有权边界不能打破，那么一组村民的不公平感将无法根本平息。2005年之后，他们多次聚集在村支部书记家中要求把土地补偿费全部发放，并集体上访，先后向区、市、省三级政府反映问题。面对紧张的村庄局势，叶村支部书记刘兴成不愿意再承受纠结了多年的村组矛盾，2009年时，他主动向乡镇党委递交了辞职申请。

如果说土地曾经是以村民小组为单位占有的，那么当前的土地制度实践却意在消解这一传统，这让利益相对受损的农民感到了不公，他们不愿意做制度转型的牺牲品。对于到底谁是农村土地的所有者这一问题，现行的法律没有也无法给出一个明确的答案，从而给基层利益主体对土地所有权收益的竞争性争夺提供了制度空间。最终，村组的地权纠纷愈演愈烈，成为江镇范围内最为激烈的一类地权矛盾。从全国其他地区的经验来看,江镇的村组矛盾绝不仅仅是特殊的个案,而是当前农村地权纠纷的一种重要类型。①

四 "有意识制度模糊"的意外后果

(一)有意识制度模糊

在当前以"明晰权属、确权确地"为内容的土地新制度实践中,以上涉及集体所有权界定的土地却面临"理不清、理还乱"的尴尬处境。

在历史上,土地的所有权以生产队为基础是一个毋庸置疑的基本事实,以至至今土地为村民小组所有仍然在村庄中有着强大的制度和心理基础。但是,在土地价值未显现的时期,村民小组并没有捍卫自己的土地所有权,大量的土地被转移到了村委会所代表的村集体手中。如今,土地所有权意识在利益的刺激下开始膨胀,并成为农民重新索要土地或者土地收益的重要理由。问题是,在这段时间内,这些土地之上已经生长出了新的利益结构,比如土地已经被村委会改作他用,并长期占有该土地的收益,如果就此归还土地,那就是对既有利益结构的打破与重组。

因此,叶村、张村的村组矛盾让很多村干部和乡镇干部感到不安——这并不是由于他们不愿意让渡利益,而是因为一旦开了小组要回土地所有权的口子,村民小组的土地所有权得到了明确承认,那么历史与现实中的种种问题都将被激荡出来,更大的村庄矛盾就

---

① 我最近几年在豫东平原、辽东半岛、江西中部、江汉平原等地区的农村调研中,都发现了村民小组和村委会的土地争议,并且呈现日益扩大和蔓延的趋势。

会滋生，村庄将永无宁日。普村的支部书记李天胜在目睹了叶村的土地矛盾后不无感慨地讲道：

> （村和小组的矛盾的发生）和村干部的"战斗力"有关。叶村村一级和组一级什么都分得那么清楚，组和村之间就会争夺利益，这就成了一个坏习惯。
>
> 我习惯全村一盘棋，现在核算单位是村。什么土地是村民小组所有啊，现在小组一级连个组织都没有，没有经济核算单位，为小组所有就是农户个人所有，就几个人一带头，把钱给分了。
>
> 村干部不能给自己套绳子，引起更多的社会矛盾。过分强调权属的清晰，不利于基层干部工作。应该始终灌输"土地是集体所有，农户只有使用权"的观念。现在是村级核算，小组已经没有了，还分到组？必须把小组的界限打乱。①

地权变革影响社会稳定。明确土地所有权归村民小组所有，将激发出种种的村组土地矛盾；但是如果就此明确土地所有权归村集体所有，当下的土地集体所有制又如何与历史上的集体所有制相对接？在政治架构和集体土地制度得以延续的条件下，土地集体所有的内涵变化将面临表述的困境。而且，如果明确土地所有权归村集体所有，整个土地征用和开发的决定权就掌握在村委会以及其事实上的上级——地方政府手中，农民在土地收益上的发言权和收益权就要大为减少，这与国家的地权变革方向不符。在农民土地权利的实现和经济发展与社会稳定的多重考虑下，相关的土地法规和政策

---

① 2009年4月24日对普村支部书记李天胜的访谈。

保持着一种"有意识的制度模糊"（何·皮特，2008：34 - 53），避免陷入任何一端所可能带来的困境之中。

（二）土地所有权的不确定性

然而，这种"模糊"的维持虽然避免了基层社会的大规模动荡，却以村组之间制度性矛盾的不断产生为代价。因为正式制度的"模糊"，非正式的制度和传统便有了发挥作用和生长的空间，农村土地的所有权便存在多元的界定规则。村民小组与村委会的土地纠纷事实上是由两种土地所有权规则的冲突所导致。

由此，我们才得以理解无论是农民还是村干部心中都同时存在一种"不公平感"，感受到双方互相斥责对方侵占自己利益的激烈情绪。当农民仍然秉持着"三级所有、队为基础"的土地所有权认知时，村委会已经将自身定位于土地集体产权的合法代理人，围绕土地所有权收益所存在的深刻制度分歧正是加剧纠纷升级的重要原因。正如两个普通人所发生的市场交易纠纷，当一方明知自己理亏时，这个矛盾的解决相对容易，因为只要通过适度的利益让渡便能平息矛盾。但是，一旦双方都有着支撑自己的强大理由，自己行为的正当性能够得到说明，这个矛盾的激烈程度便大大高于前者。

当双方行动援引的是不同来源的土地所有权规则时，土地所有权的共识缺失。于是，村委会实现土地所有权收益的方式只能是依托体制内的政治身份以及行政力量对农民进行压制，而农民则是依靠"拖""磨"以及不容许再次征地等"硬"的手段进行对抗。当村委会以更加强大的力量进行压制时，农民的反弹会更加剧烈，征地的利益分配演化成了一个干群之间的斗争和利益博弈问题。在这种利益的博弈中，每一方都不惜奋力一搏，争取更多的利益。在现有的法律和政治条件下，随着土地价值的升高，这种双方土地所有权认知的错位有可能进一步推动整个村组矛盾的继续升级。

如果说法律的模糊和历史与现实的错位造成了土地所有权表述的逻辑漏洞，那么在现实中，双方都在努力撑大这种漏洞为自己带来的机会。随着土地市场行情的继续上涨，现实的巨大利益将进一步刺激原来失去土地的农民，传统的"三级所有、队为基础"的集体产权结构不仅不会这么轻易地在制度转型期消失，反而因与现实利益对接而继续存活在农民的土地认知之中。

在中国农村，从土地改革所形成的土地私有制，到农业互助组、合作化、人民公社体制下的土地集体所有，再到分田单干后所形成的统分结合的双层经营体制，农村土地制度经历了一连串的重大生产关系变化，农村的土地占有关系早就变得面目全非。如果不同时期的地权占有都能成为今天土地产权确定的依据，那么"一田两主"，甚至"一田多主"的现象将普遍存在。因此，在理论上，当下的土地确权便至关重要，其正是要终结这种土地产权多元的局面，进而建构一个全新的产权主体明晰的地权秩序。因为，只有清楚厘定了所有权和使用权，农地资源各有其"主"，人们的注意力才会从争夺、分配现有的资源转向增加生产。然而，国家确定农村土地权属的实践，却激荡起乡村社会种种旧有的历史纠葛，使得大量的历史遗留问题在乡村社会集中爆发。面对土地确权所引发的种种困境与难题，是"退"还是"进"，许多基层干部都承受着内心的煎熬。

在土地制度的转型期，面对地权格局的多元与混乱，一个合法且有威信的政府将在地权秩序重构中扮演重要角色。作为国家在基层的代理人，如果基层政权特别是乡镇政府能以权威仲裁者的面貌出现，在尊重历史和兼顾现实的两端之间寻找到一条中间的可行道路，进而让地权矛盾的化解合情合理，那么土地秩序的最终转型成功仍然值得期待。

在当前"维稳"和"发展"的两大任务面前,基层政权能做到这一点吗?

第六章

背离：土地流转的表达与实践

在土地确权之后，土地流转开始提上各级政府的工作议程。在理论上，土地流转将充分发挥市场因素在农地资源配置中的导向作用，实现农地资源向更具有生产能力和生产愿望的农民手中集中，进而产生更大的经济效益。与之前村社权力主导农地资源的配置方式不同，土地流转将以土地确权后承包权主体的自愿交易为基础，这意味着中国农村土地制度的转型仍然在继续。

对于土地流转，中央一直秉持鼓励的态度。1984年，中央1号文件规定：在家庭承包经营的15年内，鼓励土地向种田能手集中，为了适应农村承包家庭无力耕种或转营他业情况的出现，允许将土地转给生产队或者自找对象协商转包。1993年，中共中央、国务院发布的《关于当前农业和农村经济发展的若干政策措施》（中发〔1993〕11号文件）又提出：原有土地承包权到期后再延长30年，允许农民在承包期内，根据依法、自愿、有偿的原则流转土地。之后，1995年，国务院在批转农业部《关于稳定和完善土地承包关系的意见》的通知中再次强调：在坚持土地集体所有和不改变土地农业用途的前提下，经发包方同意，允许承包方在承包期内，对承包标的依法转包、转让、互换、入股，其合法权益受法律保护。土地承包经营权流转的形式、经济补偿，应由双方协商，签订书面合同，并报发包方和农业承包合同管理机关备案。

然而，在土地价值低迷、土地承包关系高度不稳定的现实条件下，农民之间基于市场原则的土地流转根本无从谈起。直到农村税费改革后，土地流转的社会与经济基础才逐渐具备，国家推动土地流转的政策目标才有可能实现。尤其是随着大量农村剩余劳动力向城市转移，如果不能同步实现土地的相应流动，无疑将造成农地资源的闲置与浪费。为此，2008年，中共十七届三中全会上通过的《中共中央关于推进农村改革发展若干重大问题的决定》中，明确提出了"要建立健全土地承包经营权流转市场""发展多种形式的适度规模经营""发展专业大户、家庭农场、农民专业合作社等规模经营主体"等多项完善土地流转的决议。至此，土地流转已经被中央赋予了足够的合法性和重要性，开始被地方政府高度重视。

本章将对江镇土地流转的现状做出分析，在此基础上探讨基层社会的权力关系与土地产权实现之间的互相影响，以从中窥探基层政权特别是乡镇政府在农地制度转型中的一般角色和行为特征。

一　土地流转的实践形态

（一）土地流转的制约因素

20世纪90年代以来，由于大量的非农就业机会的出现，江镇的农民开始从农业中转移出去。目前，在江镇有大约1/3的人口从事非农行业，为土地流转的进行带来了理论上的可能。但是，从江镇的实践来看，由于受到一系列制约因素的影响，人的流转并未带来相应规模土地的流转。

首先，农业机械化的普及为"亦工亦农"的双重生产方式提供了条件。过去,由于一切都要用人力,耕种土地要付出大量的、高强度的劳动,即使农业产出在扣除各种税费之后略有盈余,但与村民所付出的精力和成本相比仍然太少。如今,在农业机械普及的条件下,尽管大量的家庭主要劳动力外出打工,或者在本地企业上班,但因为农业劳作的强度和时间大幅度减少,村民可以通过农忙时返乡或者家庭代际分工完成相应的农业生产。于是,种田不再存在"机会成本"的问题,"亦农亦工"成为可能,这一切正得益于农业机械化的普及。

表 6-1 是我根据普村村民的回忆,整理出的该村农业机械化中最重要的设备——拖拉机在近 30 年中逐渐普及的情况。

表 6-1 普村拖拉机的普及历史

时间	拖拉机普及状况
20 世纪 70 年代	一个生产队 1—2 台手扶拖拉机,耕田、搬运主要依靠牛耕和人工
1985 年	两户农户购买了拖拉机(原生产队的拖拉机作价卖给农户)
1988 年	拥有拖拉机的农户达到 5 户
20 世纪 90 年代	180 型号的小型机械开始出现
2004 年左右	小型拖拉机完全普及
2006 年	大型收割机、翻耕机开始出现

按照村民的生产经验,现在的农业生产效率已经与往日不可同日而语。以犁地为例,如果采用牛耕的话,一个壮劳动力一天只能耕作两亩地左右,如今小型拖拉机的普遍使用使得一个普通劳动力一天就能耕作 4—6 亩。而如果采用大型翻耕机操作的话,一天能耕作 70—80 亩。事实上,农业生产的机械化不仅仅体现在耕作上,在其他农业生产环节,机械化同样得到普及。表 6-2 是 2009 年普

村各个农业生产环节中的机械化情况。

表 6-2　2009 年普村农业机械的使用情况

项目	耕作情况
耕田	拖拉机
插秧	人工（自己家庭或者请小工）
打药施肥	人工
搬运	拖拉机
收割	稻谷采用收割机，2009 年收割油菜的机械也开始出现
打谷	打谷机

机械化水平的提高改造了农业生产的基本样态，进而使得劳动力的转移与土地的流转并不同步。对于村民来说，外出就业和继续耕种土地二者可以在一定程度上"兼得"，他的土地就可以不流转。

其次，土地在当地所扮演的生存保障而非生产要素的功能是大部分村民不愿意流转土地的根本原因。据统计，土地流转频次最高的是在浙江、江苏等地区，当地的区位优势使得农业产业结构得到调整，经济作物较高的收益成为推动土地流转的市场动力，土地的流转因此有效地配置了土地资源，增强了地方的经济与社会活力（王景新，2004）。与之相比，江镇并不具备相应的区位和经济优势，种植市场利润较大的蔬菜、花卉等作物缺少相应的市场需求，且风险也较大。因此，在江镇，目前的种植结构仍然是以粮食种植和利润略高于粮食的油菜种植为主，依靠土地获利的空间有限，土地流转的市场需求不足。

在江镇的许多村庄，土地流转主要表现为亲戚、邻居之间的土地代耕、代种，这种流转较为随意，不需要正式的合同，也不需要到相关政府部门备案，且流转时间较短。在流转的费用上，一般是一亩田 200 斤左右的稻谷，有的甚至是无偿流转。对于流出土地的村民而言，他们虽然在外打工，但外面的工作并不稳定，一旦外面的经济形势不好，就可能重新返乡务农。因此，他们的心态也较为复杂，一方面有流转土地的愿望，另一方面又不愿意土地长期流转，这样一种非正式性和土地流转的低廉价格事实上是在为随时要回自己的土地做好准备。

然而，更多的村民采取一种保守的策略，除非自己以及家庭没有精力从事农业生产，他们不会为这有限的流转收入而放弃土地。虽然依靠土地经营产生的经济收入有限，但拥有土地能让农民具有"稳定大后方"的心理和防范风险的双重功能。在这个意义上，人多地少的"过密型"农业因收益不足而迫使农户外出打工，而外出打临时工的风险又反过来迫使农户依赖家里的小规模的口粮地作为保险，从而形成了当前农村的一种制度化的"半耕半农"状态（黄宗智，2006a）。

在这个总体的背景下，对于农民而言，土地是作为一种生存的手段而非一种投资的生产要素，土地流转无论是对于流出方还是流入方都存在动力不足的问题，江镇的土地流转困局或许代表了当前大部分欠发达农村地区土地流转的现状。

（二）所谓的土地"规模经营"

2008年，湖北大冶农民侯安杰耕种上万亩农田的新闻见诸报端[1]，通过土地流转形成土地的规模经营成为政府着力实现的目标。毕竟在现实的农业生产中，小农式的生产方式弊端日益显露，

---

[1] 关于侯安杰的相关报道可参见《"全国第一种田大户"的样本意义》，《湖北日报》，2008年4月16日，第4版；《民间资本带动土地价值开发》，《三联生活周刊》2009年6月15日。

土地的细碎化局面增大了道路维修、水利灌溉的成本。从生产效率的角度来看，实现"小农"到"中农"乃至"大农"的跨越对于提高农业产业的竞争力具有明显的战略意义。

在当地，无论是市政府还是区政府，每年都要求下级部门上报本地区土地规模经营的实现情况。然而，在土地的大规模流转没有进行的前提下，土地的规模经营只是一种努力的方向，无法在短期内实现。在相关的文件中，区政府以土地50亩作为土地规模经营的下限，表6-3是江镇2007年土地规模经营的基本情况。

表6-3 2007年江镇的土地规模经营状况

村庄及耕种者	总面积	土地来源	种植情况	备注
黄岩村四组王开洋	93亩	其中承包地8亩，村机动地85亩	上半年棉花40亩，玉米45亩，水稻8亩；下半年全部小麦	本村承包
普村七组赵正成	60.06亩	其中承包地8.5亩，村机动地51.56亩	上半年全部小麦（60.06亩），下半年全部水稻（60.06亩）	本村承包
英岩村宋祖德	50亩	其中承包地6.6亩，机动地43.4亩	上半年小麦50亩；下半年玉米43.4亩，水稻6.6亩	本村承包
杨桥村李得林	50亩	其中承包地6.89亩，转让地10亩，机动地33.11亩	上半年全部小麦（50亩），下半年全部水稻（50亩）	本村承包
陶河村赖亩	58亩	其中承包地0.88亩，机动地57.12亩	夏季小麦50亩；秋季玉米28亩，稻谷30亩	本村承包
陶河村赖云成	50亩	其中承包地7.91亩，机动地42.09亩	夏季小麦50亩；秋季玉米15亩，稻谷35亩	本村承包

总计：6户，承包地38.78亩，转让地10亩，机动地312.28亩，计361.06亩

相对于全镇41000亩的土地总面积，目前规模经营的只有361.06亩，且其中主要的土地来源为村集体的机动地。如上所述，江镇的土地分为农民的承包土地和集体机动地，其中集体机动地的形成既有历史的原因，如村办果园、农科所遗留下的土地，又有村

集体后来组织开发的滩涂、荒坡等。这种历史与行政力量的介入造成的大面积地块成为江镇土地规模经营的主要来源。与之相比，由于山林对于农民的生存意义略低，其流转的数量相应较高，但仍然只占总面积中的较低比例。表6-4是2007年江镇山林规模经营的基本状况。

表6-4 2007年江镇的山林规模经营状况

村庄	耕种人	本村/外来经营户	面积（亩）
黄岩村	杨家菊	本村	120
新市村	邓永才	外来经营	100
新市村	萧向安	本村	65
中心村	冯兰	外来经营	54
中心村	陈式富	本村	147.5
张村	黄一会	外来经营	117
骏马村	赵士梅	本村	183.6
马坪村	钟成	本村	77.6
余坪村	方义举	本村	134
余坪村	罗玉珍	外来经营	68
廖坪村	丁珍	本村	70
河堤村	杜帮兵	本村	221
象河村	袁学林	本村	75.8
海棠村	陈谷远	本村	127.1
雷坪村	龚文饶	本村	70
雷坪村	何珍亮	本村	95
长圣村	刘应洪	本村	70
五柳村	刘子辉	本村	50
合计	18户	本村：14户；外来：4户	1845.6

山林的流转在数量上略高于土地流转，4户外来经营者的出现表明流转已经突破了村庄范围。在江镇所在地区，山林大都是以小

灌木林为主，且石头山较多，山林对村民的作用只限于砍柴、提供建房用的木料等，并无市场价值和经济价值。与土地的规模经营大都来源于村集体的机动地一样，成规模的山林同样是来源于未分到户的集体山林。如果在山林上栽种一些经济效益较高的经济林，不失为提高收入的一条途径，不过这首先要进行山林的整体改造，这样一项工程需要一定的资本条件，而大部分的村民不具备相应的能力。而且，山林经济价值的凸显还需要相应面积的连片经营，依靠小农自发的山林流转根本无力实现，一家一户的山林开发无异于"小打小闹"，无法产生多大的价值。以张村为例，全村共有1348口人，398户人家，共有土地面积2103亩，山林面积2066亩，在山林平均分配到一家一户经营的条件下，山林的细碎化的经营现状堪比土地。

在江镇，由于土地和山林的流转都存在市场动力不足的问题，通过市场化的土地流转，进而形成规模经营的目标还不可能在现阶段实现。农村税费改革之后，土地政策的形势发生逆转，从税费减免到粮食种植补贴，国家对农田种植的补贴力度不断加大，力图刺激农民的种田积极性。与此同时，木材价格逐渐上涨，土地和山林的经济价值得以凸显。但这些因素仍然不足以形成大规模流转的经济与社会基础。对于处在人地关系高度紧张生存环境下的小农来说，土地作为生存保障的意义远大于作为一种生产资料的意义，他们追求的是一种生存的安全，而非经济效益的最大化。在这个意义上，土地流转的前提是农民要稳定地融入城镇，土地流转的规模必须要与农民向非农产业转移的规模相适应（陈锡文、常红晓，2008），一旦人为地加速推进，就有可能造成社会的风险。

综上所述，在江镇，村民之间的土地流转还不可能在现阶段大面积地发生，但是，在对江镇土地流转资料的整理中，我发现土地流转呈现逐年上升的趋势。当地的土地流转究竟是怎样发生的？

二 土地流转的基本类型

（一）承包权流转与经营权流转

按照《中华人民共和国农村土地承包法》的规定，土地流转包括转包、转让、互换、租赁、入股等各种形式，其中转包、转让不涉及村集体与农户之间原有承包关系的改变，转让的流转形式则是指承包权的变动。① 由此，土地的流转涉及两种权利的流转，即承包权和经营权。农民的承包权是农民基于村社身份而获得的一种权利，并不代表对土地的实际经营，按照一些学者对土地流转的界定，土地的流转大都是指农户保留承包权，转让使用经营权的行为（张红宇，2002）。在这种承包权和经营权两分的条件下，由于农民保留了土地的承包权，他出让的只是在剩余承包期限内的土地经营权，一旦约定的土地经营权流转的期限到期，他完全可以基于土地的承包身份收回土地。在土地流转中，保留农民的承包权而只进行经营权流转的做法对于流出土地的农民能够起到一个底线式的保护作用。因此，当地农民之间自发进行的土地流转不涉及承包权的变动，现实中的代耕、代种都是经营权的流转。

土地流转属于农村中重要的经济活动。按照规定，江镇范围内与土地流转相关的事宜与手续应由镇农经站统一管理。从 2007 年

---

① 《中华人民共和国农村土地承包法》第四十一条规定，承包方有稳定的非农职业或者有稳定的收入来源的，经发包方同意，可以将全部或者部分土地承包经营权转让给其他从事农业生产经营的农户，由该农户同发包方确立新的承包关系，原承包方与发包方在该土地上的承包关系即行终止。

开始，江镇农经站开始办理土地流转业务。然而，江镇农经站处理和登记的土地流转全部是承包权的流转。在江镇，负责土地流转工作的农经站站长黄建国有着 20 多年基层工作的经验，他提供了从 2007 年至 2009 年 3 月江镇范围内土地流转（承包权流转）的数据和表格（见表 6-5）。

表 6-5　2007—2009 年江镇土地承包权流转情况

时间	流转地块（块）	户数（户）	面积（亩）
2007 年	62	64	77.52
2008 年	167	7	185.63
2009 年第一季度	16	8	28.41

由于经营权的流转大都具有短期性、随意性的特点，流转双方往往只有口头协议，并通过乡土社会的人情和面子保障协议的执行。因此，双方不会到相关职能部门进行登记，这使得农经站没有关于此类流转的记录。但是，承包权的流转表明土地流出方的农民终止了其对该块土地的承包关系，在土地承包关系 30 年不变，甚至长久不变的政策下，该农民从此就丧失了对该块土地的承包权，这类似于历史上的"绝卖"①。为什么会发生承包权的流转？如果说这种流转存在失去土地的可能，在土地仍然发挥重要生存保障作用的社会条件下，农民放弃土地的缘由还值得细细追问。

江镇农经站站长黄建国的回答否认了被迫的可能，他认为当前的土地流转百分之百都是自愿。他这样说道：

---

① 在中国明清时期的农地制度中，土地买卖具有"活卖"与"绝卖"之分。"活卖"事实上是将原来的土地买卖行为蜕变为一种典当、抵押的关系，从而为在生存线上挣扎的小农回赎土地提供了便利。"绝卖"则是纯粹的土地买卖，出卖土地的小农不具有回赎的权利（参见杨国帧，1988）。

现在，只要双方同意，农经站就给办理土地流转，至于什么原因，我们不问，本着双方自愿的原则。我们只负责办理手续，上报上级机关，重新发放新的土地承包经营权证。①

在江镇，如果双方达成了土地流转的协议，只要带着身份证、户口簿以及村委会的证明就可以在农经站当场办理土地承包权流转的手续。相反，如果没有经过农民双方的同意，任何组织和个人都无权干涉农地的流转与否。以下一份土地流转的合同便能体现农民双方在土地流转中的主体地位。

农村土地承包经营权流转合同

一、转入方和转出方

转入方姓名：陈其保；性别：男；身份证号：略；经营权号：01061208013

家庭住址：白云区江镇余坪村八组

转出方姓名：陈其学；性别：男；身份证号：略；经营权号：01061208005

家庭住址：白云区江镇余坪村八组

二、土地流转的基本情况

1. 流转方式：转让

2. 流转面积：3.2亩

3. 流转原因：房屋买卖

4. 流转价格：未填

5. 流转土地用途：未填

---

① 2009年3月8日对江镇农经站站长黄建国的访谈。

6. 流转期限：2008年4月9日至2028年12月31日

7. 纠纷解决方式：协商、调解、仲裁、诉讼

三、流转地块明细

地块名称	面积	四至	地类
井上五斗	1.1亩	东：渠道	水田
门前旱田	0.9亩	东：大沟	旱田
大坵南	1.2亩	东：刘本周田	水田

从以上合同可以看出，农民作为土地经营主体的身份得到了尊重。虽然土地的性质仍然为集体所有，但土地承包权的流转则完全取决于农民的意愿。在双方签订合同之后，再由村委会分别与双方签订新的土地承包合同，一方的土地承包权就流向了另一方。在这种市场化的交易中，村委会所代表的"集体"只起到象征性的发包作用，是保留土地还是流转土地都取决于农民的理性选择。作为市场的交易主体，农民自己决定行为的发生并为后果负责，没有经过双方农民的同意，承包权的流转根本是不可能发生的。

但是，在这种自愿的土地承包权转让中，一方农民丧失了对土地的永久承包权，且没有得到相应的经济回报。如果说农民或多或少地仍然要以土地作为生存保障的手段的话，他们采取这样一种土地流转形式无疑是一种"非理性"的行为。显然，江镇范围内这种"绝卖"式的土地流转绝不是一种市场化的交易行为，其中蕴含的必然是经济诱因以外的另外一种逻辑。

从土地承包权流转的类型上看，江镇近三年来土地承包权的流转可分为三类：第一类，土地纠纷导致的土地流转；第二类，买卖房屋引起的土地流转；第三类，少数农民非农化身份转移导致的土地流转。由于在江镇范围内第三类原因导致的土地承包权流转较

少，本书将重点分析前两种类型的土地流转。

（二）被利用的土地流转

第一种土地的流转与本书前面已经讨论的土地确权的完成有关。在土地确权之后，国家对种田农户进行粮食补贴以及其他各类补贴的力度不断加大，到 2009 年时，农民耕种一亩土地所能得到的各种国家补贴已经达 150 元。在现实中，由于国家无法完成现实耕种情况的调查，对于农民来说，即使不耕作土地，也往往能够得到如此一笔额外的收入。面对这种新形势，2004 年江镇土地确权中所充满的"不确定性"再次引发了新的问题。

按照当时的政策要求，土地确权要以 1998 年二轮承包的格局为依据，但由于与村庄的情理和多数人的意见不符，一些村庄并没有严格执行这个政策要求。如今，一些利益受损且"不通村庄情理"的村民开始觉醒，他们认为当时乡村干部没有执行国家政策，进而通过上访等手段表达对土地权属的诉求。但是，此时土地确权已经完成，即使当初确权没有得到自己的认可，对方却已获得受到国家法律保护的土地承包经营资格。一方面是现有耕作土地的村民拥有受法律保护的土地承包权，另一方面是原有村民对确权政策的再次伸张，乡村干部面临两难的局面。这种两难从 2006 年发生的一起纠纷中可见一斑。

山泉村村民吴秀梅全家 3 口人，在 1997 年时共有责任田两块，计 2 亩左右。其中的一块为旱地，面积只有 0.4 亩，且土质和水利条件较差，吴秀梅家耕种的积极性不高。1997 年冬，该地被村委会作为宅基地划拨给了本村其他村民。吴秀梅全家虽然只剩下 1.6 亩土地，但在当时的土地行情下，她和她

第六章 背离：土地流转的表达与实践

的丈夫都没有表示不满。村里考虑到吴秀梅家的情况，在2000年将罗德云不愿意种的一块土地分配给了吴秀梅家。然而，在2004年土地确权时，山泉村村委会却将该地块确权在了罗德云的名下。① 2006年，吴秀梅开始要回自己的土地，多次找到村委会和乡镇政府反映自己家因土地太少而无法生存的问题。

为了得到土地，吴秀梅多次上访。她在当年春节期间强行将镇政府慰问山泉村贫困户的700斤粮食搬运到自己的家中。作为村庄的贫困户，她认为政府对自己的生存具有不可推卸的责任，不能给地就要给粮。在一封标题为"写给中国共产党各级人民政府"的信中，她愤怒地写道：

我是一名普通的农民，无权、无势、无钱，所以才受到人民政府的"如此待遇"。祖祖辈辈靠种田过日子，土生土长的遵纪守法的农民，如今却连地都没得种，这让我有许多想不通的地方。为什么共产党领导的人民政府按政策分给我的田，却说拿就拿，根本不理会老百姓的苦处。

在喊天不应、叫地不灵的情况下，江镇民政所年关给山泉村部分贫困户的700斤粮食被我扣下了，因为我被逼无奈了。说实话，从我搬粮食的时候起，心里就不是滋味，到今天，我的心里从来没有安稳过，因为这粮食是给穷苦百姓吃的。我爱人当时就一直反对，不准我搬，说粮食是给贫困户过年的。可我没办法呀！

---

① 该土地纠纷的档案没有记录吴秀梅所在的山泉村二组当时土地确权的方式。由于该地块在1998年时是由罗德云耕种，推测其有两种可能：第一，山泉村的土地确权模式严格按照土地确权的政策要求，即以1998年二轮承包为依据进行确权，这与大部分村庄按"村规民约"的方式确权不同；第二，在罗德云的强烈要求下，村委会不得不将土地确权给他。

村委会的干部如能分别帮我签字证明（是我的土地），并加盖村委会印章，粮食我会如数退还。①

从上访信的文字来看，不大可能是出自文化程度不高的吴秀梅之手，完全可能是有人代笔。无论如何，犀利的文字和要求变革土地承包权的诉求都给乡村干部出了难题，因为"现在的每一块土地都已经按政策被确权，填上了土地证，并发了下去，强行收回就是违法，村民们要告"（村干部语），而如果不能满足吴秀梅的部分诉求，她个性如此好强，可能将事件进一步闹大。在"稳定压倒一切"的政治压力下，乡镇农经站的干部必须尽快地平息这起上访事件。

在反复的思想工作与劝说下，罗德云终于答应归还一部分土地给吴秀梅。问题在于，在土地承包权已经确权完成，土地流转还未在当地实施的条件下，罗德云拥有该土地承包权的法律事实却无法被改变。最终，在乡村干部的见证下，双方签订了民间契约，以此种方式保护吴秀梅对该土地的实际耕种权，然而，这样一种和法律权属规定相冲突的事实却并非长久之计，若干年之后，一旦罗德云乃至他的下一代"反悔"，就有可能产生新的冲突。

正是在土地流转政策被实施后，针对类似的土地确权遗留问题，江镇农经站的干部们开始拥有了新的、更加方便的解决办法。以下是2007年后众多土地流转案例中一起颇具代表性的案例。

> 普村丁济明全家5口人，1998年时大儿子到企业上班，由于家里劳动力不足，丁济明将较偏远的6亩耕地转让给了本

---

① 江镇信访办保存档案，2006年卷。

组的李广。在 2004 年土地确权时，丁济明虽然否认自己曾经说过"以后再也不要土地"的话，但由于李广不承认，而且无人证明，他也就放弃了对土地的确权要求。2008 年，丁济明终于咽不下这口气，认为自己要回这 6 亩田完全符合当初政策的规定。于是，他便到镇里反映情况，但镇里回答：土地确权已经完成，如果任何组织和个人再来随意调动土地就是违反政策。丁济明不接受这个事实，开始了漫漫的上访之路。最终，在乡镇干部的主持下，丁济明和李广双方各退一步，以李广自愿流转 3 亩土地给丁济明的方式解决了问题。

在土地确权完成之后，面对农民重新以湖北省确权文件为理由的上访行动，乡镇干部此时具备了一种"进可攻、退可守"的能力。首先，他们可以以法律的威严来阻挡以政策为依据的上访农民，他们经常这样讲：变动土地承包权就是违反《农村土地承包法》，借助法律的权威能让一些上访决心不坚定的农民知难而退。其次，针对丁济明这种不断上访以至不得不解决问题的村民，乡镇干部又拿出了土地流转这一新的政策武器，即通过对当事人的思想工作和反复动员，使双方"自愿"达成土地承包权流转的协议。这样，以土地流转的方式解决地权纠纷问题不仅具有"干净、利索"的特点，也符合从中央政府到省市政府推动土地流转的大政方针。

（三）双向的土地流转

在江镇，另一种重要的土地承包权流转是由房屋买卖所引起的。如上所述，江镇所在地区一直流行着游走在现行法律边缘的买卖房屋并搭售土地的现象。其实，对于乡镇政府而言，大量外来户的迁入给政府的社会管理造成了很多麻烦，尤其是在一些涉及集体资源分配的村庄，新来户与本地老户的利益纷争不断。从2008年起，区政府便通过各种会议传达精神，要求各个乡镇停止吸纳外地人。紧接着，各个村委会相继制定了不再接纳外地人的规定，外地人落户的现象逐渐减少。

大量房屋的买卖导致土地的相应流转，随着近几年外地人买房落户的减少，土地的流转也理应随之减少。但是，土地流转减少的比例并不与房屋买卖减少的比例相一致，因为这其中又出现了一种土地的"逆向流转"。一方面，在税费改革之前，房屋连同土地、山林的出售价格偏低，按照当前的建筑材料、土地的市场行情，卖方莫不后悔。另一方面，外地人固然比较团结，但在迁入的村庄中毕竟是人脉生疏，一旦发生纠纷往往处在不利的地位。最近几年政策的突然好转极大地刺激了原来卖房、卖地的村民，他们千方百计地利用双方合同中的漏洞来否认当初买卖协议的有效性，从而将土地再次流转过来。下文中，我将以一起房屋买卖纠纷分析土地的逆向流转是如何发生的。

1999年，来自恩施山区的曾广海落户到黄岩村二组，并于2001年购买了二组村民王良玉的房屋。作为出售房屋的条件，王良玉的7.68亩土地一并转给了曾广海，以下是当初的买卖协议。

一、房屋出售金额合计11500.00元，大写壹万壹仟伍佰元整。

二、王良玉在此地居住时所经营及管理的责任山及王良玉实际转交给曾广海的责任田由曾广海经营、管理。

三、以上购房款的付款时间及方式。已于2001年3月付押金1500.00元（曾广海用冰箱作价抵押）。于2001年12月

22日付现金5000.00元。在2002年春节前付给王良玉现金1000.00元。其余4000.00元在2002年12月底之前付清。

四、以上协议如无不妥，双方签字生效。

五、此协议一式两份，双方各持一份。

卖房方签字：王良玉

买房方签字：曾广海

村委会盖章（略）

2001年12月22日

当时，王良玉耕种的不仅有自己的7.68亩土地，还有4亩左右的"坨子田"（集体机动地）。由于当时对土地并不重视，所有的田都被王良玉一并转给了曾广海。之后，王良玉赴贵州打工。为了给自己留条退路，临走前王良玉曾对曾广海说，万一以后在外面混不下去的时候，希望曾广海能给自己一点田种，曾广海想也未想就随口答应了王良玉的要求。

2004年土地确权时，7.68亩土地都确权到了曾广海的名下，其余的4亩也仍由曾广海耕种。2009年初，由于全球性的金融危机的影响，大批企业减产，王良玉失去工作后回到了村庄。由于一家人的土地都被他当年卖光了，儿子责备他，认为"祖祖辈辈要靠打工度日"。王良玉是村庄里有名的"麻木"，也是在社会上"混"的人物，他直接找到曾广海要求归还土地。他狡辩的理由是当初的协议并没有规定"具体多少亩田，以及给曾广海多长时间"，现在必须要回来。曾广海自然不答应，双方发生争执，王良玉强行砍伐了曾广海责任山上的成材树木，并强行阻止他及家人在农忙时插秧。

在村委会调解无效的情况下，曾广海夫妇二人上访到市政府，他们带着被子躺在政府大门口，扬言不解决问题就不回去。市领导批示江镇政府调查、解决问题，江镇负责综治、维稳工作的工作人员以及信访办、司法所等工作人员共同协作将曾广海劝回了江镇。回来之后，乡镇干部们希望双方各退一步，但曾广海不愿意妥协，因为他坚持认为自己当年出钱购买了房屋，加之后来的土地确权，所有房屋和土地都是自己的合法财产。在几次调解未果的情况下，司法所、信访办、农经站的负责人再次召集了双方当事人，决定以"集体的力量"解决问题。我也参加了当时的现场调解，以下是对调解现场的记录。

陈满江（江镇信访办主任）：今天召集你们双方来调解，调解好就调解，调解不好你们就走法律程序①，这样的话，你们都要花钱，两败俱伤。我谈两个观点：

第一个观点是曾广海买房合理合法。但王良玉要回自己的两亩田，是有口头协议的。口头协议也是协议，应该执行。两家关系一直很融洽，引发问题不在于双方，主要是这几年中央惠农政策的利益驱动。

我们同情王良玉一方，农民要有土地。他错在当初没有远见，毕竟还有下一代。而且，（还因为）在农村税费改革前，当时还要缴纳税费。现在，王良玉反过来要口粮田，我们认为合情，双方要协商一下。

第二个观点是要依法解决。作为公民要维护自己的权益，

---

① 对土地纠纷的处理，法院的判决较为模糊，很难给出一个明确的是非标准。而且通过司法所调解能让双方都节约成本。这个问题已经逐渐被农户所知晓，乡镇干部在调解时宣扬这一点，是要给调解双方施加压力，国家的力量在民间的调解中已经发挥了作用。

但是中国的法律很多,要结合农村的实际,很多问题依法解决并不现实。很多问题结局尽管合法,但你还要在这里生存。让一步海阔天空,双方就怕认真二字,这样(僵持下去)的话,双方都没有好结果。曾广海上访到镇、区、市,三级领导都在关注这个事情,说到底,这个事情已经到了该解决的时候了。

黄建国(江镇农经站站长):今天第二次参加你们的调解,按理说你们的纠纷双方都有责任,因为(你们)有承诺。我发表一下个人的看法:

一是土地已经确权,根据《农村土地承包法》,这受到法律保护。(但)既然曾广海承诺给王良玉田,就要遵守承诺。

二是当年王良玉多种的一些田(4亩),没有确权,是集体的机动地。这部分田属于集体,这部分田没有说是属于王良玉的,现在也不属于你曾广海,应该由黄岩村村委会组织村民代表讨论,交给村庄中没有田或人多地少的农户,当然也可以给你曾广海。这要村里面来决定。

我(一会儿)提个建议,看双方能否采纳。如果你们上法院的话,法院也不会给你们一个明确的判决。不可能安排武警站岗,帮助你们执行,双方矛盾仍然存在。

曾广海:集体收回田我不同意,集体把所有的机动地都收回去,我才拿出来自己的田(机动地)。又不是我一个人种,凭什么只收我一个人的田?

王良玉:我只卖给你屋,你住你的屋,我收回我的田。不要这个田,我儿子、孙子都怪我一辈子,永远要在外面打工下去,现在家里有7口人,却没有地。

周正文(江镇司法所调解中心主任):双方本着互利互

让的原则解决问题,如果双方打官司的话,有两种结果,要么法院不受理,要么花钱也解决不了问题,两败俱伤。合法的不一定合理,合理的不一定合法。我们制定一个协议,看双方能不能接受。

……………

最终,在经过了"轮番轰炸"式的思想工作之后,乡镇干部的劝导发挥了效力,曾广海接受了他们制订的方案,答应流转3亩田(270平方丈)① 给王良玉,纠纷暂时得到了平息。

在与乡镇干部私下的交流中,他们莫不同情曾广海的处境,对王良玉出尔反尔的做法也极为不满。而且,与蛮横霸道的王良玉相比,曾广海老实本分。曾广海的理由来自法律,这也是他据理力争所援引的依据。相比之下,王良玉只能以双方的口头协议为依据,进而使用强力的手段。显然,在二者中,曾广海具有更合理的依据。然而,乡镇干部在处理这起纠纷时,却将王良玉的无理放在一边,甚至要站在王良玉的立场上要求曾广海让步,因为完全从维持法律正义的原则出发并无助于解决问题。在话语的表达中,乡镇干部们一方面强调要双方遵守《农村土地承包法》,另一方面更强调法律要结合实际,这正是要为自己解决这起纠纷创造机会和条件。他们的办法如下:

一是抓住曾广海的"软肋"。曾广海实际从王良玉手中接收的土地包括责任田和集体的机动地两部分,对于前者,曾广海固然可以以《农村土地承包法》为由捍卫自己的权利,但对于后者,却

---

① 合算下来为90平方丈一亩——这是黄岩村的地方性田亩计量与换算方式。

无法正当地提出权利要求。"机动地"是由村集体掌握的土地,如何发包、发包给谁都取决于村委会以及村民代表的决议。在黄岩村二组,由于这块机动地并未确权到曾广海的名下①,曾广海只是在村干部的默许下获得一种事实上的耕种权,并没有任何法律的依据。因此,在乡镇干部们看来,如果将《农村土地承包法》的逻辑贯彻到底的话,曾广海就必须放弃对集体机动地的经营资格。当然,此时乡镇干部们并不是要真的收回这块土地,更主要的目的是对曾广海施加压力,以使其适当让步。

二是解构曾广海法律维权的话语。当最终的处理意见是由曾广海流转给王良玉3亩承包责任田时,这就变动了曾广海受法律保护的土地承包关系。和"机动地"相比,确权到户的责任田无论在水利灌溉、交通条件,还是在产量上都要略胜一筹,王良玉所希望要回的也正是曾广海的部分责任田。如果调解的干部们要说服曾广海放弃一部分自己的责任田,难度自然不小。为了触动曾广海享有承包权这一法律事实,乡镇干部们不断地解构法律本身的威严,并强调执行的难度,诸如"中国的法律很多,要结合实际""法院解决成本很高,最终两败俱伤""不可能派武警来站岗"之类的表述。这一切的思想工作让曾广海从依靠法律维权的想象中清醒过来,而必须重新考虑到一系列的现实问题,其中最重要的是自己作为外来户在以后的生活中如何与王良玉相处的问题。

三是利用土地的生存保障功能唤起曾广海的同情心。如前所述,在中国农村,依托土地而实现的一种生存权利具有无比强大的道德正当性。在当下,即使离开土地,农民的生存问题已经基本得

---

① 正如前文所论述的,即使机动地被确权到户,其仍然是村组的机动地,这是一种村庄共识。

到解决，但土地关乎生存的认知方式仍然存在。对于王良玉来说，当年他处事草率，如今却面临"子孙后代都可能无田耕种"的局面。一旦关涉长久的生存，当初的那个草率决定便似乎可以原谅。而且，这种同情心也同样为曾广海所具备，不然他何以在当时答应王良玉"在外面混不下去时给他一点田"的要求呢？也就是说，这个口头协议虽然法律意义不大，但其因关系到王良玉一家的生存，而必须被重视。调解的干部们正是围绕土地的生存保障功能和口头协议的存在来展开工作。

当然，话语和调解的力量还要依托既有的权力结构与社会结构，曾广海的外地人地位，以及政府所施与的政治压力等因素最终都让他不得不妥协，因而，当王良玉做出适当的退让而"只要3亩田"的时候，曾广海意识到这是必须接受的底线。最终，他以"自愿"的形式与王良玉进行了土地的流转。面对自己耕作多年的责任田如今要割舍3亩给别人的现实，他的内心是不情愿的。

如果说房屋买卖之初，土地进行了第一次的流转的话，那么纠纷发生后土地则再次发生了逆向的流转。在江镇，类似曾广海与王良玉的房屋买卖纠纷中，土地的流转都将发生两次。这无疑具有讽刺意味，提高土地流转频次的政策要求反而得到了一定程度的实现。

土地承包权流转的动力来自政治和治理的需要，而非市场经济本身发育的结果，至此，我们就得以理解江镇农民之间的土地流转为承包权流转而非经营权流转的根本原因。在这个意义上，国家关于土地制度的最新法律和政策在一定程度上被基层的干部所利用，本意是推动农村经济发展的土地流转反而成为他们解决自身治理问题的一个重要手段。

（四）信访压力下的土地纠纷调解

在以上土地承包纠纷的调解中，乡村干部承担着化解矛盾、防止矛盾继续上移的重要调解职责。① 但是，在"稳定压倒一切"的政治压力下，乡村干部的调解模式越来越具有工具化的色彩，他们所追求的是尽快地平息上访，而非地权秩序转型的最终稳定。

近年来，由于各种制度改革的推进，基层社会的社会矛盾不断滋生。为了保护自己的权利，甚至获得利益，越来越多的农户采取上访的形式表达诉求（田先红，2012）。虽然按照相关法律规定②，信访是公民的基本权利之一，但是现实中信访的增多却被上级政府视为当地社会不稳定的信号之一，尤其是一些大规模上访以及越级上访的存在扰乱了正常的社会和工作秩序。为此，上级政府往往要对下级政府下达严格控制上访的要求，一旦上访的数量（主要是越级上访和群访）超过了既定的指标，下级政府主要领导人都面临严厉的行政处罚，即使其他的各项工作都完成出色。——这就是所谓的"一票否决"制度。作为最基层的政府，乡镇政府面临的上访

---

① 按照《中华人民共和国土地承包法》第五十一条规定，因土地承包经营发生纠纷的，双方当事人可以通过协商解决，也可以请求村民委员会、乡（镇）人民政府等调解解决。当事人不愿协商、调解或者协商、调解不成的，可以向农村土地承包仲裁机构申请仲裁，也可以直接向人民法院起诉。从现实来看，由于缺少第三方的介入，协商这种解决方式很少能够解决有较大争议的土地承包纠纷。而且，由于土地承包纠纷一般具有标的小、琐碎、分散、零星的特点，对于农民而言，采取诉讼的方式一般将承担高于标的物的诉讼成本，除非问题始终得不到解决，农民大都不会选择法院作为解决土地承包纠纷的主要机构。因此，行政调解是当前土地承包纠纷的主要解决方式，乡村基层组织承担了调解土地承包纠纷的主要职责。
② 《中华人民共和国信访条例》第二条规定，"信访，是指公民、法人或者其他组织采用书信、电子邮件、传真、电话、走访等形式，向各级人民政府、县级以上人民政府工作部门反映情况，提出建议、意见或者投诉请求，依法由有关行政机关处理的活动"。因此信访的范围更大，它包括以走访为内容的上访活动。

压力尤其巨大，工作也更为复杂。以下是 2008 年白云区政府给江镇政府下达的"信访目标管理责任书"的部分内容。

一、责任目标

1. 坚决杜绝进京上访（无论集体还是个人）。

2. 坚决杜绝赴京集体上访；赴省个访严格控制在本地人口数量的十万分之一以内，更不能发生或出现重复上访。

3. 坚决杜绝赴市集体上访，赴市个访控制在本地人口数量的四万分之一以内。

4. 严格控制赴区集体上访，其批次和人数分别控制在本地受理集体上访数量的百分之五以内，个访控制在本地人口数量的万分之一以内。

二、责任追究

5. 对各镇各单位进行考核，给予奖励，对无访单位给予表彰。

6. 年终考核，信访总量排前三位的村或单位，除经济处罚和取消评先进外，第一责任人要写出书面说明。

7. 因信访问题处置不当，引发集体上访和群体性事件，造成严重后果的，要根据情节追究责任。①

　…………

面对上级政府的考核，乡镇干部必须妥善化解自己境内的各种上访矛盾。由于每出现一起越级上访都有可能会影响到乡镇干部的政绩和利益，他们在处理上访时必须"不择手段"。很多时候，乡

---

① 江镇信访办保存档案，2008 年卷。

镇政府无法作为一个完全中立者存在，他们对问题的解决不只是作为一个公共服务机构的职责使然，而更多地来自防止农民进一步上访的政治压力。在农民的上访原因中，因土地纠纷导致的上访占据了相当一部分，防止上访的压力自然就渗透到乡镇机构对土地纠纷的调解中来，这就有了以上利用、变通土地流转以解决纠纷的基本样态。

然而，在法律所确定的地权秩序被变通之后，固然暂时解决了问题，却又在即将稳定的地权秩序上打开了一条裂缝。在当年的土地确权中，没有按照政策确权的村庄和村民小组所占的比例要高于真正按政策办事的村庄和村民小组，当年买房搭地的现象也如此普遍，随着土地价值的进一步提升，一旦面对这样的"解决范例"，那些农民能继续地保持心理平衡吗？江镇的一位乡镇干部在解决一起纠纷后也焦虑地反思道：问题虽然解决，但仇恨的种子就此藏在了农民的心里，他们失去了对政策、政府的信心。

这种以息访而非解决问题为目的的纠纷解决模式并不利于地权秩序的最终稳定，这种解决模式本身还可能是诱发土地承包纠纷再次爆发的一个制度诱因。土地确权之后土地的承包权似乎仍然难以彻底稳定下来。

三 "资本下乡"后的土地流转

基层政权所代表的公权力的力量不仅介入土地承包权的流转中，也开始影响到土地经营权的流转。最近几年随着"资本下乡"现象的普遍，公权力成为推动农民的土地经营权向资本集中的加速器。

其实，早在20世纪90年代，江镇的不少村庄就出现过土地向外来资本集中的现象，如张村的300亩石榴园就被外村的商人所承包。但是,这种流转的发生是在土地市场行情低迷的时期,且大都是村委会主导,并非一种真正意义上的土地流转。从国家农地制度改革的逻辑上看,只有在确权完成之后,农民具有了产权的意识,他们基于理性的考量而自愿参与到市场交易中时,土地的流转才能发挥出土地资源的经济价值。

但在土地确权完成之后,土地的流转并没有达到预期的规模。在耕地领域,土地经营权流转不畅的原因上文已经有所交代,而在山林领域,单纯依靠农民与资本自身的力量,流转同样难以发生。在江镇,山林对于村民来说经济价值有限。当地山林大都是小灌木林,如果要提高效益,就必须改种经济林,这需要对山林进行整体开发,这对于一家一户分散经营且经济能力有限的小农来说并不现实,他们没有流转山林的实力。

资本固然可以实现对山林的改造,以发挥山林的经济价值。但是,要实现山林流转的目标,必须与分散的农民打交道,这样的工作量并非一个外来者所能完成。而且,考虑到山林成片经营才能减少经营成本,如果流转中遇到不愿意流转的"钉子户",那么山林的流转就将前功尽弃,这些都是外来资本所要考虑的因素。在这个意义上,如果确定要流转大面积的成片山林,外来资本必需其他力量尤其是公权力的资助。

但作为公权力代表的乡村基层政权为什么要支持外来资本?它又是如何支持外来资本的?

(一)流转的初始动力:"一切为了发展"

如同中国当前许多乡镇政府一样,江镇政府日益陷入招商引资的旋涡之中。作为全市的"十强工业重镇"之一,2008年,江镇拥有高达67亿元的国民生产总值,因而,与一般乡镇政府的党委书记只是当前中国行政层级中的"正科级"不同，江镇党委书记的级别是"副处级"，要高出半个层级。不过，为了激励下属的工作积极性，区政府的一个规定是，如果江镇的工业发展不能连续三年完成相应的指标，那么党委书记"副处级"的帽子就要被摘掉，重新回到"正科级"。基于这种政治压力，江镇党委和政府往往表现出比相邻的乡镇更大的发展冲动，以至在招商引资的力度上除了完成区政府分配的任务外，还不断地自我加压。

2006年，江镇招商引资的任务为1800万元，2007年为3200万元，2008年达到1亿元，而2009年更是达到了1.8亿元。在短短的四年内，江镇的招商引资金额增长了9倍。为了完成任务，镇政府通过各种会议和指示彻底地将乡村干部动员起来，其对政府工作人员的要求是"人人都是信息员，个个都是招商员"。在大会上，镇党委和政府领导倡导"二分之一工作法"，就是说，每一个工作人员一半是做本职工作，一半是做招商引资工作。除此之外，对引进资本的工作人员甚至普通群众，镇政府都会进行奖励，一般将引资规模的1%直接奖励给引资者个人。在这样一种全面的动员模式下，江镇的镇域经济连续保持快速发展的势头。从宏观上看，此种政府全面介入经济发展的模式则被认为是中国改革出现经济奇迹与社会危机的同一根源（黄宗智，2009）。

因中部地区经济发展水平、交通条件等客观因素限制，江镇外来资本数量有限，还远远不能满足政府制定的经济目标。对于江镇政府而言，"捡到篮子里都是菜"，他们欢迎进入工业、农业、城市建设等各个领域中的一切外来资金，毕竟这不仅能减轻招商引资的行政压力，而且是一件促进经济发展、显示政绩的大好事。在这种背景下，欲图下乡的资本享受到了前所未有的待遇，处在一个得"天时、地利、人和"的时代。

在江镇，介入土地、山林流转领域的"资本"主要有两家：一是丰收农业开发公司，二是北山果园林场。作为资本的人格化代表，公司的老板一般是城里来的有钱人，也有那些早年从农村出去"闯荡"、在外地发迹的"混混"等。其实，尽管标榜拥有多少规模的资金，但在流转山林之初，这些"老板"实际可用的资金规模并不大，有时甚至运用"空手套白狼"的手段。由于按照国家的法律和政策，山林可以抵押，他们在流转到山林之后，通过将山林抵押获得银行的贷款，或者通过经营规模山林的名义获得国家各种支持农村发展的农业和林业补助。这样，所谓的"某某农业开发有限公司"往往只是徒有其表，它们基本上都是为流转山林而刚刚注册成立。区农经局局长黄海峰这样概括当地所谓的农业（林业）生态公司：

> 什么公司啊，简单地说就是城里面的几个有钱人，看中了哪个地方的一块山，就去注册个公司，并不是原来就存在一个公司。有了公司，就方便他们办理流转。①

丰收农业开发公司为两人合伙投资成立，其中最大的股东是市区凯丰酒店的老板——罗总，另一个为李总，也是城里的有钱人。他们一般不出头露面，具体负责流转事务的是一名当地的"小混混"，由于人长得较胖，当地人表面称他为钱总，背后大都叫他"钱胖子"。只要谈及此人，村民往往流露出鄙夷的神色，这类人似乎在乡村社会中的口碑并不太好。对于丰收农业开发公司，江镇政府的宣传册上是这样介绍的：

---

① 2009年7月5日对区农经局局长黄海峰的访谈。

丰收农业开发公司系白云区江镇 2008 年成功引进的一家投资生态农业开发的农业产业化龙头企业，注册资金 500 万元，拟在 5 年时间内分三期投资 1 亿元，开发四大生态养殖基地、20 万只山鸡养殖基地、20 万只鸭鹅养殖基地、四大高效经济林种植基地（万亩意杨基地、万亩竹柳基地、万亩泡桐基地、万亩湿地松基地），以及万吨供港畜禽产品深加工基地。

与之相比，北山果园林场老板的背景在村民眼中更为复杂。股东共有五个人。对于这些人，当地人大都比较惧怕。知情人告诉我，他们基本上是靠违法乱纪发家，如今有了钱不可一世。据说，他们中的两人早年组织贫困地区的女孩到福建沿海一带从事"三陪"等色情活动，赚了上百万元资本。另外三人有的早年开办砖窑厂，有的贩卖木材，现在都发了家。2006 年，他们与江镇政府达成了长期承包北山果园的协议，数百亩的北山果园原为镇政府在 20 世纪 90 年代发展农业多种经营时留下的乡镇集体资产，如今却成为他们的第一笔"固定资产"。但他们并不满足于此，而是四下活动，企图在全镇范围内继续流转山林。

农村税费改革之后，国家加大了对农业、农村的投资力度，各种支持农村发展、增加农民收入的优惠政策接连不断出台。为了提高山地的利用价值，省、市出台了"低丘地带改造计划"，即一项对丘陵地区的山坡、旱地等不规则地块进行整体开发的计划。丰收农业开发公司以及北山果园林场的老板正是得到了这一消息，才迅速地采取行动。因为趁着这项计划实施的东风，如果拥有了大面积山林经营权的话，就可以申请该项目的投资，从而事实上支配国家的这笔资金。由于树木的生长周期较长，资本投资山林存在先天的风险和弊端，如今大量的国家投资却使得经营山林具有了另外的获利渠道。一旦流转山林成功，这些老板就不仅获得了大面积山林的经营权，还获得了附加在山林之上的国家投资。

在这种条件下，资本具有了从事林业开发和经营的足够动力。在农民山林法权增长的同时，资本进入山林流转领域的动力机制也在形成，参与林权收益分配的利益主体已经多元化。一方面乡镇政府迫切地希望"资本下乡"，以增加地方的经济发展总量，另一方面，资本本身的逐利本性也使得它们积极下乡，参与农村资源和国家各种原本企图惠及农村的大量资金分配，二者一拍即合。

据白云区农经局的统计，自从 1998 年国家实施退耕还林以来，山林的流转就已经开始，2007 年林权改革以后，大批的城市资本开始涌向农村。截至 2009 年，白云区山林流转的面积达到 6 万亩，并以每年 5000 亩的趋势继续流转。

（二）流转的过程：暴力与权力

林权改革之后，山林已经确权到户，村委会不再可能代表山林经营者签订流转的协议，一切都必须要农户自己同意才行。山林的细碎化程度以及一家一户经营的格局增大了形成规模经营的难度。对于资本来说，流转的山林必须连成一片，才能方便日后的整体开发。但是，在农民众多、资本却只有寥寥数人的基本数量关系下，如果要在短期内流转足够面积的山林绝非易事。成功流转山林往往需要包括基层组织支持在内的各种正式与非正式资源。

1. 流转的非正式资源：乡村"暴力"

在江镇的土地、山林流转中，总有乡村"混混"的身影。关于乡村社会的"混混"群体，有关的研究已经揭示了这一群体发展的历史过程（黄海，2010）。在当下的乡村中，"混混"已不满足于传统的打架斗殴、偷鸡摸狗的行当，转而参与到了经济活动中去，成为地方某些行业利益的垄断者（陈柏峰，2011）。作为游走在法律边缘的群体，"混混"处在"非黑非白"的灰色地带，正式的法律往往不能真正地约束他们。而且，基层政府有大量的工作需要依靠他们来完成。在税费收缴的时期，为了完成任务，治理"钉子户"的抗争，一些做事狠、名声差，甚至劳改释放的人员都能得到政府的"雇佣"，进而参与到工作中去，形成"恶人治村"的现象（贺雪峰，2003）。如今，在交通执法（如拦截车辆检查养路费是否缴纳）、市场上针对小商小贩的收税等领域，一些基层工作人员采取承包的方式将税收任务转交给他们，自己只得到固定的份额，多余的收入就归他们所有。依靠暴力名声的支撑，这些人完成起任务来更有效率。此外，在城市化的进程中，在诸如面向农户的征地、拆迁等工作难做的领域，都不乏这些人的身影。总体上看，在国家权力不能有效地完成行政目标且存在政治风险的情况下，对基层政权乃至地方政府来说，这一群体的出现无疑能发挥某种功用。面对有政治力量支持的"混混"，"原子化"的农民更加无力抗衡。于是，"混混"作为一个群体正在乡村社会中崛起，他们广泛地参与到乡村政治、社会生活中，成为乡村社会中一种另类的权威结构。

在山林的流转中，"混混"一类人物对于资本来说同样具有重要功能。在五柳村、八里铺村、花园村和长圣村等四个行政村，丰收农业开发公司计划流转数千亩面积的山林，一共流转20年，每亩山林的租金为950元，涉及上百户的农民。与如此众多的农民打交道无疑是一件工作量颇大的事情。而且，即使当地村民愿意山林流转，他们也不可能将满意写在脸上。何况，对于资本方与乡镇政府单方面制定的流转价格和年限，四个村的村民已经表示出了不满。因此，为了提高自己的收益，抱着"争取一点是一点"的心态，一些村民总是想法设法地与流入方进行利益的博弈。五柳村的支部书记说：

> 局长、镇长一来就说心态要开放，全面推进（流转），本来是要表下决心，给农户的流转制造一下压力。（但）老百姓就抓住这个心理，不愿意卖，要求你提高价格，多给点好处。这样的农户实际有 25 亩的话，就给他算 30 亩，测量时亩数就放宽点。价格要一样，不然其他农户知道就反弹了。①

在五柳村，实际只有 25 亩却以 30 亩流转面积计算的是村中的"大社员"赵昌中。他家的山林正处在丰收农业开发公司欲流转山林的中间，如果流转的山林要成片的话，就必须要流转他家的山林。当钱胖子找上门时，赵昌中以自己的山上栽种了树木为由不愿意流转。而在钱胖子和村委会联合召集村民开会的时候，他故意不去，为的就是在所有的山林流转都完成后，自己的山林成为决定流转成功的关键部分，从而为自己与丰收农业开发公司的谈判赢得主动。虽然类似的事情最终都是以"人民矛盾人民币解决"②的方式解决，但是这样一个价格的谈判需要大量的时间和精力。面对众多的流转对象，资本无力承担如此高昂的成本，它必须有一种力量能够及时地终止这一有可能无限持续下去的过程。尤其是针对村庄中一贯的"钉子户"（吕德文，2009），在与他们打交道、讨价还价

---

① 2009 年 7 月 2 日对五柳村支部书记柳如峰的访谈。
② 当地乡村干部中流行的说法。他们认为针对当前农户的纠纷和上访，政府用多给其经济好处的办法能发挥效果，平息争议。

的事务上，钱胖子之类浑身痞气的人物出面往往能够事半功倍。根据村民的印象，我总结了他的基本特征。

  钱胖子，40岁左右，本是隔壁乡镇人却在江镇街上居住了上十年。他放过电影，开过地下赌场，周边的人说他吃喝嫖赌样样俱全。颇为江镇人引为笑谈的是，钱胖子之所以一个人在江镇常年居住，是因为其年轻时因不务正业被父母赶出了家门。经过多年的混迹江湖，在当地，钱胖子颇有些道上混的兄弟，做事讲狠，这正是他被外来的老板雇佣的最大理由。

有了这样一个既熟悉本地情况又办事恣行无忌的代理人，外来的资本很快就打开了局面，克服了自己人生地不熟的短处。关键是，钱胖子是对付当地"钉子户"的最好人物。针对"难缠"的村民，钱胖子会带上几个浑身刺满文身的兄弟，大模大样地走到村民家中，商谈流转的事宜。看到这种情况，一些胆小的村民发现情形不对，急忙改口说"不是不愿意卖，而是钱要及时到位"。而对于那些实在不肯妥协的村民，他们就用暴力手段来进行处理。

  钟久平兄弟二人发生了争执，弟媳妇认为当年父母分山时不公导致钟久平家分的面积太多。由于大家庭内部的分歧，钟家一直迟迟没有达成流转的协议。钱胖子多次上门，最后威胁说，"如果再不卖的话，让你年都过不好"。2009年4月，丰收农业开发公司已经着手对山林进行开发，但钟久平一家还没有达成一致，为了显示自己工作的能力，钱胖子迫不及待地要完成任务，扬言别"敬酒不吃吃罚酒"，夜里就将钟久平打了一顿。最终，钟家答应了流转，丰收农业开发公司也承认了自己用人不当，赔偿了1700元的医药费。

急于获得收益的心态使得资本不能在山林的流转上花费太大的精力与太多的时间，借助于"混混"的身份以及其存在的暴力威胁正是推进流转速度的一个有效手段。村民说，他们"一个唱白脸，一个唱红脸"，"混混"们运用暴力手段威胁时，台上那些有脸面的老板却是好言相慰。之后，为了平息众怒，老板"卸磨杀驴"，钱胖子最终被丰收农业开发公司解雇。

作为敢于和资本、权力"较真"的"钉子户"，他们的行动逻辑往往与乡土社会中的人情、伦理不符。在村民看来，这些人只会"明目张胆"地谋取更多利益，他们一贯的表现使其在村庄社会中处于一个道德的劣势地位。但如果从市场交易的角度来看，这些人敢于讨价还价的行为却是在争取更多的自身权益，并不具有道德的劣势。吊诡的是，在既有的村庄社会结构下，针对资本与"钉子户"之间的暴力冲突，大多数的村民反而将问题归咎于"钉子户"的贪婪。在村庄中，一个普遍看法是，"为什么大家都愿意接受，就你不接受这个价格呢，还不是想多捞点钱"。当村民没有被组织起来时，他们就无法形成一股整合的力量，村庄社会原有的结构状况就会被资本所利用。或者说，资本只要解决了"钉子户"的问题，其他大部分老实本分的村民的土地和山林流转问题就轻而易举地解决了。"钉子户"被视为村庄社会中的另类，他们的抗争自然就不能代表大部分村民的立场与态度。于是，市场交易的不平等以及其有可能进一步造成的利益冲突都被村庄既有的结构和话语所掩盖。

2. 流转的正式资源：与基层政权的联动

借助于"混混"的力量能够解决少数"钉子户"的问题，但大量的工作还需要村委会以及乡镇政府的大力配合。在依靠"混混"打开了局面之后，资本需要嫁接在政治权力之上，才能实现进一步的发展。尽管乡镇政府具有招商引资的巨大需求，但资本只有在与乡镇政府搭上关系之后才能享受到"超国民"的待遇。在这个意义上，如何对权力部门进行有效的"公关"是摆在这些老板们面前的更重要的任务。

在这一寻求权力支持的过程中，资本也根据自身实力的大小而选择了不同的"公关策略"。对于江镇的小型资本而言，由于得不到政府以招商引资为名的正式支持，他们大都采用暴力威胁的方法，江镇的许多乡村干部坦言自己受到过不同程度的胁迫。

> 普村的梨园是当地产业结构调整的一个成功品牌。1998年，村委会以22万元的价格将之承包给了本村34户农户。2008年，普村梨园的第一轮承包期到期，由于梨园最近几年的效益较好，梨农普遍愿意续包。然而，北山果园林场的几个老板相中了这块地方，他们打算在梨园之上栽种速生树木。这些人找到了普村的支部书记李天胜，要求以60万元的价格获得梨园10年的经营权。在遭到拒绝之后，第二天，他们集合了五六个刺满文身的"混混"再次找到村支部书记家中，扬言"你必须卖给我，卖给别人有你好看"。

最终，由于普村支部书记李天胜的坚持，集体的梨园没有被流转出去。由于没有满足这些人的要求，他们仍然隔三岔五对村干部的家庭进行骚扰。这一群人四处活动以物色有利可图的山林，在手段上"软硬兼施"。由于当前村级组织治理能力弱化，能否坚持原则、维护本村人的利益往往只取决于村干部个人的素质和应对能力。一旦有人顶不住压力,这部分掌握在村集体手中的山林也就随之发生流转,进而引发村民和村委会、外来资本之间的矛盾。

事实上,单纯地"讲狠"只是一种较为原始的手段,是在资本方不具备其他手段的条件下采取的方法。与北山果园林场的一群人相比,丰收农业开发公司的山林流转手段明显高明了很多。每当逢年过节时,丰收农业开发公司会分别送给四个村庄的主要干部包有现金的"红包";在平时,老板还会派专车接送村干部到市区吃饭、娱乐。久而久之,无论是于"公"还是于"私",丰收农业开发公司的老总和村干部们都建立了良好的关系,甚至以兄弟、哥们儿相称。在遇到山林流转的难题时,村干部主动跑去做村民的工作,而"做工作"自然就能得到老板给予的好处费。从江镇山林流转的实践来看,"公关"是资本流转山林的一种较为有效的方法,但"公关"的前提是资本本身必须具备一定的经济实力。

由于村民自治的推行并没有实质上改变村委会作为一级行政机构的身份,村干部必须将乡镇领导的意志作为其行动首要考量的因素。因此,相对于村委会,外来资本和乡镇政府建立良好的关系更为重要。在丰收农业开发公司到来之初,尽管接受了老板们的小恩小惠,但对于资本欲流转山林的做法,不少村干部还是表现出了顾虑,担心"政策执行偏了,是要负责任的"。在丰收农业开发公司的老总和镇政府进行了各种正式的和非正式的交往之后,丰收农业开发公司作为当地一项重大的招商引资项目落地,村干部的这种顾虑才消失。由于2008年全镇的招商引资任务是1亿元,而丰收农业开发公司对外宣传的投资规模就高达1亿元,这是让镇政府领导最为心动的地方。从以下的行为中,我们可以感受到镇政府领导人的心态。

第六章 背离：土地流转的表达与实践 | 231

1. 2008年1月，在镇政府分管农业的副镇长专门召集丰收农业开发公司所在的四个行政村的主要干部开会，要求营造一个宽松的投资环境，要无条件地全力配合丰收农业开发公司。

2. 2008年3月，镇委书记得知丰收农业开发公司流转山林受阻后，连夜给五柳村书记打电话，要求加大工作力度。两天后，又打来电话说，"丰收农业开发公司还是能给农户带来利益的，比如堰塘就可以让他们帮忙改造，据说有农户不愿意流转，要继续做工作"。

3. 2008年4月至2009年3月，乡镇多位党委委员陆续去丰收农业开发公司的工作现场帮助解决问题，市、区领导也多次参观该公司拟建的万头养猪场。

4. 2008年12月，在镇政府制定的2009年工作任务中，将帮助丰收农业开发公司完成基本的投资作为该年镇政府要完成的十件大事之一，并将之制作成巨大的宣传牌长期悬挂在政府大楼的门口。

至此，因为有了乡、村两级政权的巨大支持，丰收农业开发公司不用再为流转山林而发愁，更不用再为各种流转手段的运用而冥思苦想。区领导和乡镇领导不定期地到丰收农业开发公司召开现场办公会，以解决企业发展中遇到的各种问题，除此之外，村民动员会、党员干部会等各种形式的会议和动员也是接连不断地召开。在这种气氛之中，山林的流转开始呈现"势如破竹"的趋势。到2009年11月，丰收农业开发公司当年山林流转的计划全部完成。

其实，丰收农业开发公司的实力远没有它宣传的那么强大，号称投资近亿元的资金至今也只有数百万元到位。不过，他们已经获得了大面积的山林经营权，大规模的国家投资、银行的下一步贷款都将接踵而来，这为其进一步壮大提供了可能。在江镇，这些盘绕在山林之上的资本与其说是基于自身的实力而进行了一场山林流转，毋宁说是在后天的山林流转中生成了资本本身。在山林的流转中，如果说资本最初是与乡村非正式组织结盟的话，那么随着资本的壮大，其也在逐渐地"漂白"，并最终成为基层政权的"座上宾"。由于利益和目标一致，政治权力与资本结成的推动土地流转的结构力量得以形成。这在一定程度上解释了山林流转在不少地区迅速发生的原因：一方面固然在于国家政策的倡导，另一方面更在于这种政策倡导与基层社会中最有力量的行为主体实现了利益的对接，以至后者有足够的动力去贯彻之。

最终，发挥山林的经济效益、实现规模经营等政策话语的存在不仅进一步促成了山林流转的发生，而且在一定程度上为流转推动者的行动提供了足够正当的理由。

（三）流转的后果：山林的合法转移

大量灌木林的生态特征使得山林经济价值的凸显必须要经过大规模的开发，这是经济实力有限的小农不具备的条件，不如将山林流转给别人，毕竟还能得到一些租金。当地的地理生态特点为资本的进入提供了名正言顺的理由，但是，如果农民能够在乡镇政府和村委会的支持下组织起来，这笔山林资源所能够创造的财富以及国家相关的资金投入完全可以留在农村内部，这远比流转山林之后农户所得到的有限租金要多。面对拥有雄厚经济实力和政府支持的外来资本，个体的小农无力与之抗衡，他们根本不处在同一个竞争起跑线上。于是，在推动经济发展、增加农民收入等各种美好的想象下，当地远比耕地资源丰富的山林资源中的相当部分将在 20 年内不再属于五柳村的村民。

以下是丰收农业开发公司与村民签订的流转合同。

山林经营使用权转让协议书

甲方：赵昌雨，五柳村五组

乙方：李文（李总），汉族，楚市白云区××路××号

为了更好地发挥山林的经济效益，经双方协商，甲方自愿将部分自留山按现状转给乙方经营管理。现甲乙双方在平等自愿的基础上进行协商，达成如下条款供双方遵照执行：

一、承包期限

承包期为20年，自2009年1月1日起至2028年12月31日止，合同期满自行终止。

二、承包金额及付款方式

乙方在承包期内共上交给甲方20900元承包费，甲乙双方签订合同时，乙方用现金一次性交付20900元。

三、山林位置及四至界段

北与赵昌山山林交界，南与赵运福山林交界，西至赵昌明山林，北与赵昌权交界。

四、山林面积

甲方流转山林面积约22亩，其应在2008年10月10日交付山林承包经营权证，以方便双方申请办理林权变更登记。

五、甲方权利和义务

1. 有权监督乙方按合同规定履行义务。

2. 协助乙方做好场内的社会治安秩序工作，如出现问题与事件，应配合有关部门的查处工作。

3. 因政策因素，甲方负责为乙方提供办理证件的资料。

六、乙方的权利和义务

1. 有权要求甲方按合同规定履行义务。

2. 承担国家及有关部门收取的税费。

3. 承包期内，乙方不得自行转让和抵押合同。

4. 四至界段标志牌由乙方负责标明。

七、违约责任

甲乙双方任何一方违反合同规定或无故终止合同，付对方违约金4000元。

八、其他约定

1. 承包期内，如遇人力不可抗的自然因素，甲方不承担任何责任。

2. 本协议如有未尽事宜，经甲乙双方协商一致后可做出补充协议，补充协议与本协议具有同等法律效力。

3. 此协议一式三份，甲乙双方各一份，签证机关存档一份。

甲方：赵昌雨
乙方：李　文
村委会盖章（略）
签证机关：江镇司法所

在双方自愿签署的基础上，该合同将具有法律的效力，它所表达的是一份基于市场交易的平等关系。然而，这样一份合法的合同仅仅是当地山林流转的末端，流转过程的"黑箱子"是不会得到呈现的，甚至被这种平等的市场合同关系所掩盖。因为，如果是基于真正平等的市场关系的话，那么无论是流转的价格，还是流转的年限，都应该是双方谈判所共同决定，而在江镇的山林流转中，这些关键的流转内容都是"强者"一方单方面制定,并通过暴力和权力,尤其是后者的政治动员施加于农民。因而,农民不可能基于市场的原则与资本进行实质性的谈判,只能获得山林流入方所主动给予的有限利益,并以此让渡山林的长久经营权。

撇开其他因素的影响,从供求平衡的经济学模型上分析,资本的大量下乡不一定会导致农村的利益受损,因为资本公司数量的增多导致相互之间的竞争加剧,进而有可能提高农民的谈判地位,增加土地流转的价格。在历史上,因商业资本涌入导致农村土地价值上升的现象时有发生。[①] 然而,在当下的江镇,土地交易的逻辑完全不同,它表面上是一种新型的市场关系建构,实质上却是传统土地制度中权力支配关系的延续。分散的农民无法发出自己的声音,他们虽然是山林承包权的法律主体却没有主动表达利益诉求的空间。正是在这种双重因素的共同影响下,山林的经营权被合法地转移了。

四 表达与实践的背离

在土地确权完成之后,农民的产权意识被塑造出来,这就为基于自愿的土地流转提供了产权条件。作为农民之间一种自发的土地资源流动,土地依据市场的信号和规律进行调配。在对城市和现代化乐观前景的假设中,一方面随着农村产业结构的调整,土地的价

---

① 清朝时,买地之风盛行。钱泳在《履园丛话》中列举了明末至清初百余年间江苏地价的变动。崇祯末年每亩地地价为银1—2两,顺治初年2—3两,康熙年间4—5两,乾隆年间从7—8两涨到10两,乾隆十五年左右涨至50—60两(转引自赵冈、陈仲毅,2006:144)。除了商业资本的涌入导致竞争加剧外,人口的增加引发的人地关系紧张是地价上升更为重要的因素。

值必将日益增加,另一方面则是大量农村劳动力的非农化转移,一推一拉之间必然要带来土地的自由流动。从农民增收和农村发展的角度来看,土地作为生产资料的价值发挥需要依靠市场的力量来实现,土地流转在国家发展的战略层面具有巨大的功能。

如果说土地的定期调整所实现的是村庄内部一种"耕者有其田"的公平的话,那么土地流转追求的则是"能者多劳"的效率原则,这种变化折射了不同的政治与制度理念的变化。在土地转包、调整的制度实践下,土地分配的平均主义模式得以形成,从而维系了村社内土地占有的基本平衡,但是这种土地配置方式的实现依托的是村社权力的周期性运作,并以损伤土地资源的效率为代价。在这个意义上,土地流转的制度设置正是对农民作为土地经营主体权利地位的确认,以代替一种"权力为民做主"的土地配置方式,进而转向对效率原则的追求,其本身就是一个约束权力、张扬权利的政治变化。因此,如果说土地流转的推行表明土地制度的一次重要变革的话,那么这种变革的核心正是组织对农地的调控权力与农民在农地经营权利上的此消彼长。

但是,在江镇,流转权利的出现以及由此彰显的农民土地产权的扩大只是一层表象,各种利益主体的行动消解了权利所应具有的效益。对于江镇这类土地流转市场动力不足的地区,土地流转权利的出现对于基层政权的意义要远大于农民,前者又增加了一项解决问题和实现发展的手段和利器。于是,一方面,农民获得了法律和政策上土地流转的主体地位;另一方面,这种主观的意愿却往往是被动员、被操纵的结果,所谓的土地流转就沦为一种行政主导下的"被流转"。于是,国家政策所预期的山林流转图景与其实际的发生过程、后果之间并不一致,流转的表达与实践出现背离。

之所以出现这种状况,很大程度上在于基层政权利益牵扯其中。在理论上,产权发挥作用的前提是,必须存在一个各方都能遵守产权合约的法治环境,因此,产权的构成要件中并不排斥国家力量的存在,国家是保护产权交易的仲裁者与监督者。然而,当前,在以平息上访为导向的"工具性"治理与发展经济以实现政绩的压力与冲动下,权力部门自身的利益结构被放大,其并不总是服膺于国家保护产权的目标,而是分享土地收益的利益主体之一。[①] 尽管以乡、村两级为代表的基层政权是当前土地纠纷化解的主要力量,但在其自身利益牵涉其中的条件下,他们很难担当起产权保护和地权秩序建构的重任,甚至本身就是地权秩序难以稳定,进而引发纠纷的推动力量。无视当前乡、村两级围绕土地的治理内容,进而兼顾产权建设与当前基层治理制度结构的联动性问题,土地产权的变革就缺少执行的政治空间与可能。

在农民角逐土地收益时,作为地权秩序维护者的基层政权也参与其中。在地权变革的新形势下,它们不甘心只作为地权政策的简单执行者,也要通过新的地权制度所提供的制度空间来实现自身利益。在这个意义上,土地制度变革所牵涉的利益主体更加多元化。

[①] 这也是对土地流转具有重大战略意义的前提性判断下,中央文件还不断强调"适度流转"以及"依法、自愿、有偿原则"的重要原因。

结　论

江镇围绕土地的利益博弈活动无限丰富，从以上呈现的内容来看，本书以土地确权为主线，关注的是由这一农地制度转型所衍生出的农民、乡村基层政权以及国家三者之间的关系及其对土地制度实践形态的再次塑造，进而理解在国家还权于民的"土地新政"下围绕土地的产权界定与收益分配的社会冲突。

在最后一部分，我将对以上的内容做总结，并得出以下结论。第一，在农村土地集体所有制表述得以延续的前提下，由于法律和政策效应的累积，农地制度的实然状态已经发生了一场从"村社本位"到"个人本位"的变化，这构成了一场新的制度转型；第二，地权纠纷的发生不仅仅是土地利益和政治机会的出现，还在于乡村社会中各种关于土地的"非正式制度"的存在；第三，地权的转型以基层社会出现的社会冲突为代价，基层社会的利益主体通过自己的行动稀释了新地权制度的效应，国家的产权建设面临"内卷化"的趋势；第四，"地根政治"是对农地制度转型失序局面的概括，也对改革者寄托了一种要站在历史与政治高度进行土地制度顶层设计的期待。

一 制度转型:从"村社本位"到"个人本位"

为了建立一个"耕者有其田"的平均主义社会,并兑现革命时期党对广大农民的政治承诺,新中国成立后,中国共产党将在革命根据地时期实行的土地革命方案进一步扩展到全国,从而实现了"耕者有其田"的夙愿。农村的土地改革不仅是国家权力运作和政权合法性的建立过程,而且直接造就了农村土地私有的权属状态。1954年颁布的《中华人民共和国宪法》就明确规定:"国家依照法律保护农民的土地所有权和其他的生产资料所有权。"尽管共产党人一直在为早年所设想的、实现一种完全公有制的、财富占有均等的社会而努力,但对中国社会当时客观状况的判断使其不得不谨慎地推进自己社会革命的理想,以至承认了土地私有在当时阶段实施的必要性。

然而,在土地私有之后,以小农家庭为单位的生产格局却与国家加速实现工业化的目标相悖,尤其是当农民不愿将粮食上市而导致城市社会普遍缺粮时,土地改革的效果便不得不重新引发党和政府的思考(薄一波,1997),全面推进并实现社会主义的目标随之提速。从生产资料入社,到土地入社,从互助组,到合作社,直至人民公社,农民合作化的程度在国家的政治动员下不断地提高,土地改革所形成的土地私有产权一度被改造为由生产大队乃至公社所有。"大跃进"失败之后,围绕土地的集体所有单位究竟在哪一级,中央内部再次发生了争议,并最终将土地的所有权固定在离农民生产生活最接近的生产队一级,以调动农民农业生产的积极性。1962年,《农业六十条》出台,规定了"三级所有、队为基础"的土地所有权结构。1975年颁布的《中华人民共和国宪法》对这种土地的所有制形式予以了再次确认,由此奠定了当下中国农村土地集体所有制的基本制度基础。①

随着国家政治路线的调整,20世纪80年代初,追求生产效率并赋予农民土地的承包经营权构成了国家农地制度安排的基本目标和价值追求。作为农村改革的重要内容,国家将土地的所有权和承包经营权分离,在"三级所有、队为基础"的土地所有权制度下,农户成为土地经营的基本单位,即所谓"家庭联产承包责任制度"的推行。在这种制度下,村"集体经济组织"享有土地的所有权,农民享有土地的承包权和经营权。从实践的效果来看,农村土地家庭承包制度的推行既增加了农民的收入,又提高了全国的食物供给,是一个"帕累托"式的制度改进。在这个意义上,农村家庭联产承包责任制的推行因改变了原有农村土地的经营方式,实现了土地所有权和土地承包经营权的分离,并释放出了巨大的农业生产力,所以被称为农村土地制度的"第二次革命"。

此后30余年,中国农村的土地制度一直维系着"统分结合的双重经营体制"。在这种统一的表述之下,农村近30余年的土地制度被认为是一个统一的、延续的整体。但是,由于国家相关土地法律、政策以及配套改革不断出台,农村土地制度也在经历着渐进却重大的变化。以农村税费改革为界,在此之前,由于农民负担沉

---

① 1975年颁布的《中华人民共和国宪法》第五条规定:中华人民共和国的生产资料所有制现阶段主要有两种,社会主义全民所有制和社会主义劳动群众集体所有制;第七条规定:农村人民公社是政社合一的组织。现阶段农村人民公社的集体所有制经济,一般实行"三级所有、队为基础",即以生产队为基本核算单位的公社、生产大队和生产队三级所有。在保证人民公社集体经济的发展和占绝对优势的条件下,人民公社社员可以经营少量的自留地和家庭副业,牧区社员可以有少量的自留畜。由于1954年颁布的《中华人民共和国宪法》承认了农户对土地的所有权,这意味着在两部宪法中间的二十余年,与在实践中对土地私有制的改造相反,在法律体系上国家并没有否认土地的私有制的存在。

重和粮价低迷,农民并不太珍视土地的承包权利,为了完成税费的任务,村组所代表的行政权力全面进入农地的承包实践中,由此带来的土地转包、调整等事实导致土地承包的主体经常性地在村庄范围内发生变动。在农业形势低迷的情形下,农民土地承包经营权15年不变乃至30年不变的利益基础并不存在。所谓"千年土地八百主",这一时期相当部分的土地以村庄为边界发生承包经营权的经常性变动。

农村税费改革以来,国家地权政策的连续性和力度的加大最终改变了土地承包经营权在村社范围内不断变动的事实,"生不增地、死不减地"的政策①代替了村组转包土地以及"三年一小调、五年一大调"这一家庭联产承包责任制下曾经主导土地制度分配模式的主要地权形态。并且,由于农业税费被取消、国家粮食补贴政策实行以及粮食价格上涨等因素的综合作用,土地产权的建构具备了相应的利益基础,村组干部不能再像之前那样支配土地的承包格局,农民的土地产权观念逐渐被塑造出来。一方面,虽然土地名义上是"集体"所有,但"集体"不能再从农地经营中获取任何收益,也不再掌握土地发包和管理的权限;另一方面,农民承包"集体"的土地,却不用给"集体"缴纳任何的费用和租金,这已经接近于甚至超过历史上的土地"永佃制"②。在这个意义上,新地权政策的被贯彻正是"集体"对土地的制度性权力被不断压缩,农民享有的土地法权不断增长的过程。

---

① 20世纪80年代末,国务院发展研究中心在贵州湄潭率先进行了"增人不增地、减人不减地"的实验,这种做法得到了国家的认可,后来在全国范围逐渐推广,地权的稳定成为整个国家土地政策所延续的基本导向。

② 永佃制最早可追溯到宋朝,土地分为"田底权"和"田面权",其中地主享有"田底权",佃户享有"田面权"。作为地主,他不能转佃,佃户则具有永久耕种的权利,由此而形成了土地的两种交易(参见赵冈,2006:120–123)。

最终，在集体土地的"权利束"中，农民"私用"的权利压倒了集体"共有"的一面，土地的集体所有制被虚化，农村土地承包制度的实践形态发生了改变。第一，由于农民对土地的承包关系30年不变，甚至长久不变，村庄家庭人口的变动不再成为农民获得或减少土地的理由，土地在村社家庭之间分配的不均现象开始加重。与此同时，大量脱离村庄生活而在城市中定居的"不在村地主"得以产生。第二，在村组干部丧失了依托土地调控的制度性权力之后，整个农业生产的秩序又有回归到小农式土地经营模式的迹象，以至在当前的村庄中，无论是水利灌溉，还是农业基础道路的建设，往往因触碰到个别农民的地权利益而无法实现。总之，在经历了集体主义的土地制度之后，村庄所形成的一种以平均主义为导向的地权再分配模式和依托村社制度性权力而进行的生产模式都不再奏效，在土地集体所有制的表述下，村社作为地权的一个共同体单位却面临瓦解，农民完成了对土地重新"私有化"的想象。

在农村改革之初，家庭联产承包责任制本身就是各方相互博弈的结果，以家庭联产承包经营的方式来取代人民公社体制只是改革者一个暂时性的谨慎选择，一旦时机成熟，这种改革的深化还将继续（杜润生，1998）。① 如今，经历了10多年的渐进式改革，国家关于农地制度的法律、政策的累积效应逐渐显现出来，最终打破了村集体对农村土地的笼罩权力，进而与农民形成直接的互动关系。② 这意味着，即使在不触动土地所有权的前提下，农地制度的

---

① 中国农村改革的重要推动人物杜润生曾表示了这种观点，具体可参见杜润生1998年在中国农村土地制度与农业绩效国际研讨会上的发言《稳定农民预期与土地制度法律化》，转引自赵阳（2007：21-22）。
② 当然，在土地的级差地租和土地资本化的收益和分配中，村委会仍然掌握了很大的权力，本书所指的变化主要限定在农地领域。

实然状态已经发生了重大的变革。围绕土地产权的下一步路径改革，从20世纪80年代直至当下，学界的争论从未中断，但争论各方却往往忽视了最近10年围绕农地制度所生成的新的基本事实。我把这一过程概括为从"村社本位"到"个人本位"的变化，即指在国家仍然保持着对农村土地集体所有制的制度规定下，农村农地制度的实践内容所发生的深刻转型。

如果说改革开放30余年的实践逻辑早已经明确，即以交易的市场化与资源占有的（准）私有化作为社会财富的主要配置方式，那么从"村社本位"到"个人本位"的农地制度转型只是这一逻辑的进一步延伸。江镇最近10多年所经历的农地制度的变化演绎了国家农地制度宏观变革的基本逻辑和变迁路径。

二 "非正式制度"：农民的策略性抗争

从"村社本位"到"个人本位"的制度转型，其起点在于改变土地权属在村社范围内不稳定的事实，进而将权属确权到户。然而，制度的转型并非易事，在这一过程中，基层社会滋生了大量土地纠纷。

从土地纠纷发生的直接原因看，新的地权冲突的核心在于对地价上涨所产生收益的分配之争。正如在18世纪的中国社会，人口的膨胀、商品经济的发展导致土地作为一种资源的稀缺性，这一时期出现了土地究竟是"祖宗之业"还是应该作为一种商品的观念冲突，原地主对土地的回赎权、佃户享有永佃制等传统的地权习惯法开始遭到市场力量的破坏，进而导致大量的土地财产权纠纷。生产要素的相对价值位移出现时，就会有动力改变现存的经济制度，而改变的努力将带来冲突的潜在可能。如果这些变迁被延宕并以特殊的方式出现，则风险和不确定将更大，小规模社会冲突的潜在可能亦将加大（步德茂，2008）。如果说 18 世纪中国社会出现的土地财产权利纠纷是社会自身发展的结果，那么当下农村社会中的地权冲突则与国家的推动和变革有关，一系列惠农政策的实施以及工业化发展所导致的土地资本化收益的出现提升了土地的价值，并成为纠纷发生的直接诱因。

土地的承包者、土地的经营者以及土地的所有者代表都是农村土地的利益主体，加上权力因素对土地产权的长期性侵入，基层政权同样要参与到土地收益的分配中去，这使得围绕农村地权的身份更加多元与混乱。面对土地出现的利益，原有主体之间的平衡关系被打破，种种历史上权属模糊不清的问题都要在此刻清晰化，这既体现为土地的承包权、经营权纠纷，又表现为土地的所有权之争。

从地权纠纷发生的条件上看，基层政治模式的运作特征为地权冲突的发生提供了可能。由于大量的土地纠纷与乡、村两级组织有关，是某种程度上的"官民矛盾"，这种矛盾的发生源自全能主义①政治模式的解体。在"全能主义"的政治模式下，农民社会高度依附于国家，依靠"阶级分类"的治理手段以及强大的意识形态宣传，基层政权有力地压制了农民表达利益的行动，农民的抗争和不满更多地表现为"弱者的反抗"。如今，因专制性权力的收缩，基层政权无法通过大规模的社会动员、管制以及对农民诉求的压制等手段来实现这些任务，转而在与民众的博弈乃至通过"正式权力的非正式运作"（孙立平，2010）等方式来完成治理。基层

---

① 按照邹谠的解释，全能主义（totalism）指的是国家权力可以随时地、无限地侵入和控制社会的一切空间（参见邹谠，1994：69 - 72）。

政权对农民社会的控制力度日益弱化,大量社会的自主性活动得以出现,农民之间乃至农民与基层政权之间争夺利益的行动与日俱增。

基层政权虽然不再能诉诸一系列直接的强制手段控制农民社会的每个领域,但其强大的社会动员能力仍然存在,在乡村社会,依托政治权力编织的"权力—利益的结构之网"① 仍然是农民抗争所不得不面临的现实压力。在这种"后全能主义"的政治生态中,由于之前对国家依赖的强大心理惯性,农民的维权不可能是一种制度外的抗争,他们尽可能地要在制度和政治框架内为自己的行动寻找依据。表现在对土地收益的角逐上,农民就不只是单纯地表现为对土地利益的伸张,在此之上,他们的行动还援引了某种强大的正当性依据,由此塑造了地权纠纷的基本样态。

因此,从地权纠纷的表达来看,乡村社会种种的传统土地认知观念再次被利益所激活和放大,并成为农民要求确立合法土地财产的依据。这种土地的认知观念不仅仅是以当下新的法律和政策规定为依据,而且是以土地产权的祖业依据、土地关乎生存、土地占有的平均主义、土地产权的生产队边界等"前制度"表达为依据。由此可见,经过多种土地制度的实践之后,在农民的生活世界和土地认知中,存在一整套关于土地的复杂、多元的观念和认知。这种多元认知是不同时期、不同制度的遗产,它们层层盘踞在现有的土地制度之上,形成一个关于土地权属规则的"集合体"。面对土地确权,以及随之而来的土地收益,这一"集合体"内各种传统的

---

① 在吴毅看来,尽管全能主义政治已经消退,但单向度的改革不能打破权力体系统摄经济与社会的基本格局。在这种条件下,即使官民博弈出现,农民也必须考量这一"权力—利益的结构之网"对自身维权行动的约束(参见吴毅,2007a)。

土地认知在一起"发酵",形成了对新的法律制度难以贯彻到底的直接对抗力量。于是,乡村社会的平静就此被打破,土地新政的推行遭遇来自农民社会的挑战和阻力。在这个意义上,希冀以一纸法律条文就能打破这种阻隔,规定农民与土地的全新关系,而不关注土地新政所嵌入的政治与社会传统,这不仅是对中国乡村土地制度历史的无视,也是对农民行动逻辑的轻视。

本来,在一个物皆有所属的土地占有格局下,地价的上涨收益归土地的占有者所有,这并不会产生纠纷。正如在一个股票市场上,股价从低迷到大涨,不管涨价程度如何,一般并不会就股价的增值收益产生分配的分歧。在这里,收益的分配方式是明确的。产权的交易合约以及未来的收益分配完全由产权人决定,且这种权利得到法律的强有力保护。一旦出现纠纷,就以"产权规定的所有权主体是谁"这一主导规则作为衡量行为是否侵权的标准。显然,如果农村原有的土地产权设置如股票一样简单,即使再多的利益和再多的政治机会出现,土地纠纷也能避免,即使出现,纠纷的化解也将变得容易,因为完全可以凭借法律的技术化手段将侵权方识别出来。但是,当前土地纠纷的复杂性在于,产权规则不是决定土地收益的唯一因素,农民社会中还存在一系列关于土地产权确定的传统认知。最终,这种认知代替了土地法权的理念,成为农民索要地权和土地收益的重要理由。

因此,仅仅从土地利益和政治机会的出现来解释地权纠纷的涌现是不充分的,它忽视了农民行动背后一整套关于土地的"非正式制度"的存在,以及后者在地权纠纷中所发挥的关键作用。正如在现实生活中,双方当事人都有各自的充分理由来证明自己对于某物具有占有和收益的权利时,他们之间的冲突将因此而加剧并难以化解。

为什么这种关于土地的传统认知和"非正式制度"仍然足够强大？改革开放以来，在国家"送法下乡"和市场经济的双重影响下，农民社会的各种传统性因素应在总体上式微。如果农民的土地认知仅仅是农民社会自发孕育的社会习俗与知识，那么在当前强大的国家和市场面前，它们不可能表现出如此持续的并与之相对抗的生命力。显然，农民的这种土地认知直接来自不同时期国家土地制度的实践内容。从土地改革时期"耕者有其田"的土地私有制，到合作化和人民公社时期集体所有的土地产权安排，再到分田单干后土地权属仍然高度不稳定的事实，在延续的村庄生活中，历史并没有远去，在农村土地之上所经历的一切制度都在某种程度上塑造了农民的土地认知方式，并积淀至今。

因此，与制度经济学中对"非正式制度"[①]的界定不同，表现在农村土地制度上的各种"非正式制度"并不是一种农民社会自发孕育的社会习俗与知识，而是直接来源于之前国家曾经推行或者明确表达的一种制度形态，它是曾经的正式制度在乡村社会的遗留与转化。更重要的是，至今，在渐进式改革的路径中，由于制度延续的意识形态表达，国家又从没有否认过这些之前制度的合理性，尽管与新的法律精神不符，但这些制度的伦理正当性却长期在乡村社会中存在，甚至成为比法律更为重要的界定土地权属的规则。这意味着，当前出现的土地权属纠纷与其说是农民社会与国家制度的

---

① 按照制度经济学的一般界定，正式制度是人们有意识建立起来并以正式方式加以确定的各种制度安排，它通常是成文的并由权力机构来保证实施，如法律、政府法令、公司章程、商业合同等称为正式制度。非正式制度被演进变化中的社会关系所强化，如习俗、传统、道德伦理、意识形态等就是所谓的非正式制度。在人类行为的规则约束体系中，尽管正式制度构成了基本结构，但是对人们行为的具体约束大部分是由非正式制度来维持的（参见道格拉斯·C. 诺思，2008：50 - 67）。

有意识对抗，不如说是不同时期国家制度之间的张力在当下乡村社会的集中爆发。由于能够在国家层面获得某种政治伦理上的支持，农民行动的援引理由无疑更加充分，他们的抗争因此而具有了一定的策略性。

因此，当前江镇土地纠纷的产生并不是由农民土地产权被侵犯的事实所导致，而是新产权的主导性规则和合法性没有建立起来，以致出现正式制度与各种"非正式制度"之间的冲突。在各种强大的"非正式制度"仍然存在于乡村社会的条件下，即使土地纠纷在一个时期内因各种原因而下降，这套关于土地的传统认知也随时可能因为利益的增大而再次为农民的抗争行动所利用，它始终是新地权秩序难以稳定的挑战性力量。

三　产权建设的"内卷化"

以个人为本位的新土地产权制度在效率上的重要意义早已经由经济学家所论证，尤其是在人均土地资源相对稀缺的国情下，明确的个人产权能更好地保护有限的农地资源，进一步提高农地的利用效率。为了将农民的生产热情导入生产财富的轨道中，在不触动土地所有权的前提下，国家不断地提升土地的价值，并延长土地的承包期限。在此基础上，中央又再次确立了农村土地承包长久不变及规范化流转的制度设计，以逐步实现农地规模化经营的目的。在这一系列的改革措施推进下，农民对土地所享有的处置权和收益权都大为增加，土地的产权建设在法律和政策表达中被大幅度推进。

然而，由于乡村社会中各种"非正式制度"的存在，正式制度与"非正式制度"、历史与现实发生了交错与互构，导致大量地权纠纷的发生。不可否认，建立新的制度总是内在地具有破坏性，因为它总是要改变资源的现存配置，社会矛盾和纠纷的出现是新旧制度更迭中所无法避免的现象。但是农村土地纠纷的发生并不与之完全相同，在利益争夺的背后，还夹杂着各种政治话语和制度规则的混乱。因此，如果任其发展下去，不仅会引发社会秩序的不稳定，还会牵扯基层社会各方投入太多的精力，甚至破坏行动者对新的产权秩序和价值理念的认同，进而导致新地权秩序的好处未显，原有地权秩序的功能却被破坏。

因此，如果说农地制度转型完成的标志是要处理和消化如此众多的地权纠纷，以减少土地层面的政治性活动，让各方重新以土地的新产权表达作为行动的前提，那么，在现有的政治与社会条件下，农地制度的转型能在多大程度上突破原有制度的限制和瓶颈，实现制度形态的过渡？

在我看来，土地纠纷发生的根本原因不在于利益的出现，而在于土地制度背后正式制度和"非正式制度"的混乱，因此，如何将多元的规则变为单一规则，消解传统"非正式制度"的影响将是平息土地纠纷的重要举措。然而，从农村地权的演变逻辑来看，农地制度的变迁遵循的是一条"渐进式"改良路线。与摧枯拉朽式的制度交替不同，这种变革是在保持基本制度形态延续性的前提下进行的变革，这使得农民对土地的集体所有制和附着在集体所有之上的所有传统认知都具有相应的载体。① 这意味着，在既有的制

---

① 尽管土地改革形成了土地私有制，但是将地主和富农土地分配给贫下中农的做法却意味着一种依靠权力分配土地的方式就此产生，以后的土地集体所有制延续了分配土地的功能。在这个意义上，尽管由此产生的生产组织方式不同，但在农民获得土地的方式上，集体所有制与土地改革时的土地私有制其实并不矛盾，反而具有某种逻辑的一致性。

度架构内，因传统土地认知的正当性依然存在，农民对上述种种土地制度伦理的期待就不会在短期内消失。那些在新产权变革中利益受损或者无法分享新产权收益的农民，将从支持他们行动的制度遗产和话语资源中寻求地权行动的依据。

在土地新政的政策承诺下，一旦地权告别之前的"千年土地八百主"的历史，而就此实现地权格局的长久不变，究竟如何确立土地新的产权结构和相应收益？对此，农民社会的利益主体之间缺少共识，他们在这一土地制度所经历的历史中选择对自己有利的时期作为依据，各种关于土地的"非正式制度"集合体便在一起发酵。在一个曾经不断依靠政治运动和权力运作来改变土地产权的社会中，当土地承包关系被宣布为长久不变时，土地产权的稳定必须要面对这一历史的"路径依赖"①。尽管对于农民所秉持的理由，纠纷的调解者无法否认，但是却不能满足其要求，因为从农民所追溯的历史至今，围绕该块土地又形成了一个新的利益群体和利益结构。满足农民的确权要求，就意味着打破现有的利益格局，这反而可能引发更多的社会问题和矛盾。

一方面，农民地权行动依据的正当性继续存在；另一方面，农民对土地确权的利益诉求又面临现实的阻力，甚至无法得到实现，他们所感受到的只能是强烈的不公平感。当土地利益结构可能就此定型，且土地的收益愈来愈多时，农民的行动将呈现更加激烈的态势。他们难免发出这样的疑问，明明自己有道理，为什么不能将土地的收益分配给自己？如果说在地权改革之初，农村土地制度的渐

---

① 历史的发展是一个连贯的过程，一个过程的结束意味着下一个过程的开始，且前一过程的结局往往决定下一过程的开端与其路径特征，这就是历史的"路径依赖"（参见查尔斯·蒂利，1999）。

进式变革避免了大规模纠纷的出现，从而维持了乡村社会的基本稳定，那么，随着制度转型的进一步推进，对土地利益存量与增量的分配之争终究不可避免。尤其是当转型愈益深刻而涉及一种就此固化的利益分配时，各方都加大了各自活动的能量，如再不能对原有制度进行系统清理和说明，进而形塑农民新的地权认知，那么原有的制度必将沉渣泛起，犹如一张巨大的渔网套牢地权改革者前进的步伐。是"退"还是"进"，基层干部这种焦灼的心态或许正是农地制度转型困境的最生动体现。

不仅是农民，乡村社会的另一利益主体——基层政权也扮演着稀释新地权效应的角色。在现有的政治条件下，当前地权纠纷的主要解决途径是基层政权的"仲裁"。基层政权能否灵活且有效地处理地权纠纷是决定地权秩序稳定与否的一个重要力量。然而，无论在历史上，还是在当下的乡村社会，由于与国家的利益不尽一致，基层政权不能完全作为土地产权的保卫者和仲裁者而存在。面对地权纠纷，基层的干部以息事宁人为主要目的，对于充斥在纠纷中的各种话语和"非正式制度"，他们不愿意也无能力进行明确的说明。因为，面对关于土地制度的各种"陈年旧账"，这只能是"欲理还乱"。当国家都不能对各种问题做出明确的回答时，处在权力末梢的基层干部又怎能完成这一使命呢？于是，面对各种矛盾和纠纷，不管哪一方有责任，他们的惯用手段就是"和稀泥"，希望以一种不争论的方式完成纠纷的调解。于是，土地的纠纷虽然在政治权力的运作和动员下被最终调解，但农民心中的正义原则并没有被满足，愤懑和不满就此埋在了心里。

在地权变革的新形势下，基层政权不甘心只做地权政策的简单执行者，而是要通过新地权制度所提供的制度空间来实现自身利益。特别是在当前以"维护稳定"和"经济发展"为考核内容的压力型体制下，对土地政策的变通和利用关系到自身的组织利益，使得乡、村两级组织的现实治理需要与农民的地权主张往往发生严重的错位。基层政权表面上遵循了法律和政策，实质上却转换了应有的内容，稀释了国家新地权制度本身的效力。于是，从当前地权纠纷的发生来看，基层政权的行动本身就是引发地权纠纷的一个诱因，现行的乡村政治与管理体制使其并不能真正支持农民地权的扩大，产权的"国家悖论"[①] 在此再次出现。在这种情况下，国家推动的地权扩张面临基层政治架构的限制，后者本身就是地权转型所要面临的利益结构之一。

作为基层社会的两大利益主体，农民与基层政权的行动逻辑和互动方式共同构成了基层社会的治理内容。正是由于嵌入到了基层社会的治理环境之中，新的地权推进在实践中必然要搅动乡村利益主体的再行动，围绕地价上升所导致的利益分配，基层社会陷入了一场利益争夺的博弈之中。在这个意义上，中国农村的土地制度并没有在国家预期的产权轨道中运行。在渐进式的改革路径中，各种"非正式制度"和政治力量都在消解、影响着土地正式制度的效力，土地的新产权建设出现了"内卷化"[②] 的现象。一方面，在法律和政策的表达中，土地的制度建设不断推进；另一方面，在基层

---

① 所谓产权的"国家悖论"是指一方面国家是保护、界定产权的力量，另一方面国家又常常成为侵犯产权、造成产权残缺的力量。
② "内卷化"最早由格尔茨（Clifford Geertz）提出，是他在研究爪哇农业时提出的概念。它是对这种现象的概括：尽管有持续的投入，但农业生产无法得到发展，而不断地重复简单再生产。杜赞奇借用这一概念，认为20世纪初中国的国家政权建设同样存在"内卷化"现象。即，国家依靠非正式的机构推行自己的政策，国家权力在基层社会的扩张与"赢利型"的非正式团体的膨胀相伴随。受此启发，本书发现，在国家不断加大产权保护的力度下，基层社会的各种利益主体通过行动稀释了制度的效应，产权的推进是以基层矛盾的不断复制为代价，这同样是一种"内卷化"现象（参见杜赞奇，2003：50-52）。

社会中，新的产权制度却以激起更多的纠纷甚至被变通为代价，这完全有可能吞噬地权改革者最初所描绘的蓝图。

四 地根政治：土地的"去政治化"

英国政治经济学家威廉·佩第认为"土地是财富之母"，这是人们对土地的一般信条。无论是在农业生产时代，还是在已经完成了工业化的现代社会，农业作为人类生存根基的作用永恒不变，土地制度通常都是一个社会财产制度的基础。为了发挥土地的生产功能，人类社会一直在探索土地配置的方式，从而尽可能增加生产的投资，生产出更多的社会物质财富。因此，土地制度的第一要义是与生产性的活动密切相关，这也是服从经济社会发展的需要。为了最大可能地实现这一目的，当前土地制度改革的主要目标就是如何最大效率地发挥土地的生产功能。

然而，这种对土地生产功能的乐观憧憬却是将土地放置在一个无国家、无历史、无社会的理想与真空状态中，掏空了土地所经历以及所处的特定政治与社会制度。作为社会政治制度的一部分，任何一种土地制度都承载了特定国家与社会的发展理念和价值取向。新中国成立以来的60余年中，政治方向和理念风云变幻，作为政治变迁的一个注脚，土地制度积淀了社会主义国家的相关制度遗产。从土地改革所形成的土地私有制，到农业互助组、合作化、人民公社体制下的土地集体所有，再到分田单干后所形成的统分结合的双层经营体制，一连串的重大生产关系变化都成为当下农村土地制度的变迁所摆脱不掉的传统因素。

由此来检讨既有的关于土地制度的研究，可以发现，一直以来，主流的经济学、法学研究都在讨论新产权所应该具有的经济和社会功能这一应然问题，却较少关注产权在中国乡村如何建立起来这一实然问题；他们一直在讨论产权可能给农民和农村带来的利益，并假设农民将是这场变革的最大受益者，却较少考虑产权本身将给乡村社会带来什么；他们过于强调制度的决定作用，不关注农民本身是如何在这场变革中行动和认知，基层社会的相关利益主体被认为是国家制度规定的服从者。总之，忽视变革的社会与国家起点，以为土地产权的私有就能实现土地最大经济效益的发挥（文贯中，2005；陈志武，2009），这无疑是对历史的轻视和对改革前景的盲目乐观。在某种程度上，现在和未来的选择是由过去所形塑的。

尽管对土地的改革还在争论，但农村农地领域的地权改革已经驶向了一条以市场化为导向的道路之中。在某种程度上，本书所采取的微观研究路径正展示了农地制度转型过程中所面临的各种复杂性与挑战。当转向对基层社会利益主体进行考察时，本书发现，地权改革所面对的不是一张由改革者任意涂画的白纸，在一个经历了多种土地制度形态，且已经习惯性地以权力作为土地配置方式的社会中，当基层的利益主体不遵从国家给定的地权秩序时，种种历史的制度遗产都复活了，并与新的制度相纠缠。因此，在中国农村的土地被导入经济轨道之前，它所要面临的首先是一个"去政治化"的转变，将土地制度从重重政治和道德话语的包裹中解脱出来，以最大限度地降低地权行动依据的合法性。

然而，在这一转变过程中，对于中国农村土地制度而言，能否消解传统"非正式制度"的影响，进而让相关利益主体在告别历史的基点上接受新的地权主张，绝非通过对产权形态的具体技术设计就能完成，它关涉的是这个国家对它所经历的一整套历史和政治原则的清理和说明——这也是对当政者政治智慧和社会驾驭能力的考验。如果不能做到这一点,任何的改革只会打破既有的平静,引起新的事端。

从目前来看,农村土地制度正处在这样一个改革的胶着状态,政治原则与法律条文交织,历史事实与现实利益错乱。如果说生产财富是一种经济现象的话,那么如何分配财富则是一种政治现象。以此来观之,农村社会中土地纠纷的发生正表明在农地制度本应具有的生产和经济功能领域之外,出现了大量围绕土地的政治性活动。"地"者,土地也;"根"者,农民之命根也。"地根政治"一词所要彰显的是中国农地制度转型期各种土地占有规则的混乱,以及由此而衍生的各种利益争夺与博弈活动。不仅如此,"地根政治"一词还寄托了一层期待,希望学界和决策者不再为具体产权形态优劣的争论所困,而能更加务实地思考农村土地的产权选择所面临的约束,进而能在国家的高度理顺土地制度的历史与现实、法律与传统等各种因素的相互关系和各自边界,以为新产权的生长提供真正可能的空间。没有这种高度和视角,围绕农村土地的各种规则依然混沌不清,土地产权的单方面推进和土地利益的进一步提升将继续导致混乱与冲突。

农村地权的改革仍然在深化,一系列关于土地的法律和政策将不断出台,地权表达与实践的背离亦将不断地被演绎。结束了在江镇的田野工作后,我终于暂时远离了那些让自己困扰的地权矛盾与抗争。然而,在相当长的时期内,我的思绪并没有彻底平静,地权纠纷中农民对土地利益和地权价值的"不懈"追求仍然会不时出现在眼前。我自己也在困惑:一个为历史所纠缠的国家究竟该如何完成自身的制度转型?当大家都在憧憬美好明天的同时,它却不得不承担别人无法体会的负担。

我不禁想起《双城记》中那段让人无尽遐想的话,它似乎能够表达我在本书即将画上句号时的心情。

> 既是希望的春天，
> 也是失望的冬天；
> 我们前途无量，
> 同时也感到希望渺茫；
> 我们一起奔向天堂，
> 我们又走向另一个方向。
> …………
> 这是一个最好的时代，
> 也是一个最坏的时代。

附录 1

相关重要文件与资料汇编

1. 关于切实做好延长土地承包期工作的通知

鄂办发〔1997〕41 号

各地、市、州、县委，咸宁地区行政公署，各市、州、县人民政府：

　　为进一步落实党中央、国务院关于在原定的耕地承包到期之后，再延长 30 年不变的要求，针对我省当前延长土地承包期工作的实际情况，特作如下通知。

　　一、把延长土地承包期的工作摆上议事日程。联产承包责任制是党在农村的一项基本制度，第一轮承包到期之后，再延长 30 年不变，是党中央、国务院稳定完善这项基本制度的重大决策，关系农民的切身利益，关系农业农村经济的发展，关系农村稳定的大局。各地必须以严肃认真的态度，摆上工作日程，落实好党在农村的这一重大政策。目前全省还有近 50% 的乡村没有开展这项工作，已开展的地方也有少数工作不扎实，甚至有违背政策的做法。省委办公厅鄂办发〔1997〕23 号文件要求，1998 年全省要结束这项工作，各地在今年秋播之前，要把已到期的土地承包合同的延期工作全部做好。凡有此项工作任务的县市，要立即成立领导小组，组建专班，抽调力量，深入村组，按照有关政策和部署认真落实。

二、坚持大稳定小调整的基本原则。延长土地承包期是一项政策性很强的工作，必须严格按省人民政府鄂政发〔1996〕31号文件的规定执行，从各地的情况看，有几个问题值得注意。一是坚决制止一些地方违背中央关于家庭联产承包责任制30年不变的政策。二是不能非法收回农民承包的土地，改为集体机动地或由乡村统一经营。三是不准村组干部以权谋私，为自己和亲友多分承包地。各地进行这项工作，一定要把政策交给群众，切实走群众路线。土地承包方案必须经过群众充分讨论修订，然后逐户签订承包合同，颁发土地经营权证。

三、认真做好承包合同的管理工作。省人大、省政府已颁布《湖北省农村集体经济承包合同管理条例》和《湖北省农村承包合同纠纷仲裁办法》，合同一经签订即具有法律效力，任何单位和个人都不得擅自变更和解除。要加强法制教育，提高基层干部和群众履行承包合同的自觉性，减少产生合同纠纷的隐患。按照条例规定，省地市州县都要成立承包合同纠纷仲裁委员会，及时解决各类承包合同纠纷。

四、加强督办验收工作。为了保证延长土地承包期工作落到实处，今年秋播后要进行一次检查验收。检查验收的重点是：1. 第一轮土地承包已到期的是否按要求做好了延期工作；2. 是不是严格按政策开展续订工作，有些违背政策的做法是否得到纠正；3. 合同管理工作是否按条例的要求在进行规范；4. 群众是否满意，生产积极性是否得到提高。检查验收先由县市自查，省地市州再组织抽查。

各地工作的部署安排请于8月下旬前专题报省农办，秋播后对这项工作进行总结上报。

一九九七年八月十一日

2. 关于积极稳妥解决当前农村土地承包纠纷的意见

鄂政发〔2004〕36号

各市、州、县人民政府，省政府各部门：

为了妥善解决当前农村土地承包纠纷，维护农民群众的合法权益，促进农村经济健康发展和农村社会稳定，特提出如下意见：

一、**正确把握解决土地承包纠纷的基本原则和要求**。解决农村土地承包纠纷，要以《中华人民共和国农村土地承包法》（以下简称《农村土地承包法》）和中央关于稳定完善农村土地承包关系的一系列政策为根本依据，以二轮延包为基础，以维护和保障农民的合法权益为核心，以保护农民的生产积极性、保持农村经济健康发展和农村稳定为出发点。要坚决稳定土地承包关系，切实做好依法确权确地到户的工作，在此基础上，引导农民依法合理流转土地；要坚持民主协商，充分发挥乡（镇）、村两级的作用，以基层调解为主，努力把矛盾化解在基层；要实行最严格的耕地保护制度，继续坚持调整农业结构，继续创造有利于农民向城镇转移，土地经营向产业化、规模化、集约化发展的良好环境。

二、**切实抓好依法完善土地承包的基础工作**。当前一些地方出现土地承包纠纷，根本原因是没有依法稳定土地承包关系。根据《农村土地承包法》和中央关于稳定完善土地承包关系的一系列政策，农民依法享有承包地使用、收益和土地承包经营权流转的权利。在法定承包期内，除为了国家公共利益需要必须征用农用地外，任何组织和个人不得干预农民的生产经营自主权，不得违法调整和收回承包地，不得违背农民意愿强行流转和侵占农民承包地。要认真落实二轮延包政策。没有开展二轮延包或者二轮延包没有到位的地方，必须下决心认真组织完成延包工作，按照摸底排查、分类指导、先易后难、逐个落实的要求，依法确权、确地到户，根据《中华人民共和国农村土地承包经营权证管理办法》的有关规定，抓紧做好《中华人民共和国农村土地承包经营权证》的补发、换发工作。县（市、区）农村经营管理部门和乡（镇）村两级必须建立和完善农民承包土地档案。各地可先行选择几个地方试点，摸索经验，然后全面展开。对农村土地承包过程中出现的纠纷，应当严格按照国家法律法规规定的争议处理程序和方法进行处理，法律法规尚未做出规定的，要从实际出发，实事求是，根据《农村土地承包法》和党的农村土地承包政策的基本精神，按照民主协商的原则，在县（市、区）、乡（镇）政府的领导下，积极认真处理，妥善化解矛盾。

三、保障外出务工农民的土地承包权。 法律规定，除承包户举家迁入设区的市转为非农业户口的以外，不得收回农户的土地承包经营权。外出务工农民回乡务农，只要在土地二轮延包中获得了承包权且没有明确放弃的，就必须承认其承包权。村、组未经外出务工农民同意将承包地发包给别的农户耕种的，如果是短期合同，应将交村、组的发包收益支付给拥有土地承包权的农户，合同到期后，将土地还给原承包农户耕作；如果是长期合同，要在协商一致的基础上通过给予原承包农户合理补偿的方式解决。

四、纠正对欠缴税费和土地撂荒的农户收回承包地的做法。 要处理好解决土地撂荒问题与尊重和维护农民土地承包经营权的关系。任何组织和个人不能以欠缴税费和土地撂荒为由收回农户的承包地，已收回的要予以退还。对《农村土地承包法》实施以前收回的撂荒承包地，如农户要求继续承包耕作，原则上应当允许。对农户所欠税费，应核定债权债务，按照《省人民政府关于积极稳妥化解村级债务的通知》(鄂政发〔2003〕21号)的有关规定妥善处理。

五、严格规范土地流转。流转土地承包经营权是农民享有的法定权利，任何组织和个人不得侵犯和剥夺。要坚决制止和纠正各种违背农民意愿、强迫农民流转土地的做法。强迫农民流转承包土地的流转关系一律无效，侵害承包方土地承包经营权的责任人应当承担民事责任。对低价反租、高价转包的做法要按照中共中央、国务院有关规定纠正和处理。今后新发生的土地流转，一定要严格遵循"依法、自愿、有偿"的原则，办理规范的流转手续。

对发生在农户间自主流转土地产生的纠纷，包括拣种抛荒地、缺乏规范书面合同的相互转包、代耕代种等，要分别不同情况，引导双方协商解决。处理拣种抛荒地发生的纠纷，要以二轮延包为依据，在确权、确地的基础上，明确原承包关系。代耕代种的，原承包户可依法收回土地承包经营权。农民相互转包土地，要签订规范的书面合同。

对发生在种田大户与原承包户之间纠纷的处理，既要尊重原承包农户要求继续耕种的意愿，又要充分肯定和注意保护种田大户的积极性。通过民主协商，在村组集体、种田大户和原承包户达成共识的前提下，确定双方均可接受的合理解决办法。但一定要防止哄毁设施、作物的现象发生。

对发生在引进的外来户与原承包户之间的纠纷，要根据不同情况，采取不同办法处理。户口已迁入本地但未参加二轮承包的，村组可在机动地中给其发包土地，没有机动地的，可用土地流转的办法，解决其"有田种"的问题。

对乡村组织引进工商企业租赁土地进行农业开发与原承包户发生纠纷的处理，要注意还权、还利给农民，实现企业与农民两利双赢，不得为企业利益或乡(镇)、村利益而侵犯农户的土地承包权益。

六、妥善处理好占用基本农田植树造林等遗留问题。市、县（市、区）、乡（镇）政府未经承包农户同意与企业签订的承包、租赁或提供农村集体土地特别是基本农田植树的合同，属无效合同，应予废止。对在部分基本农田上已种植的三年期以上林木，待其受益后，再恢复为基本农田，并给原承包户以合理的经济补偿。对这部分基本农田，目前可以按照程序报批，进行补划、调整，确保基本农田数量不减少。对在2003年12月全省经济工作会议以后，仍圈占基本农田植树造林的地方和企业，要依法查处，追究责任，对所栽树苗，当地政府应责令其限期移植到非基本农田；在规定期限不能移植的，允许农民自行处理。

七、认真解决机动地问题。对村组集体的机动地要进行一次全面清查，凡在《农村土地承包法》实施前预留机动地超过本集体经济组织耕地总面积5%的部分，应发包给无地和少地农民耕种。在《农村土地承包法》实施以后，以各种名义收回农户承包地转为机动地的，应坚决纠正，退还给原承包户。

八、坚决纠正对农民承包地搞"两田制"的行为。不准搞"两田制"，是法律和政策明确规定的。对以搞"两田制"为由，收回农户承包地搞招标承包的，要无条件退还给原承包户。今后再不允许搞"两田制"。国有农场的土地经营管理性质与农村集体土地的性质不同，其土地的经营管理按《中共湖北省委湖北省人民政府关于推进国有农场改革和发展的意见》（鄂政发〔2003〕15号文件）执行。

九、加强对解决土地承包纠纷工作的领导。各地、各部门要充分认识妥善解决当前农村土地承包纠纷是进一步落实党在农村的基本政策，稳定和完善农村土地承包关系的重要任务；是贯彻中央和省里关于农业和粮食工作各项决策，保护农民发展粮食生产积极性的重要基础。要站在讲政治和全局的高度,增强紧迫感和责任感,以积极主动的姿态,认真对待和妥善解决当前农村土地承包纠纷。各级政府要把这项工作作为一件大事来抓,主要领导要深入农村一线,搞好调查研究,贯彻落实有关法规和政策,帮助解决纠纷。乡(镇)、村要切实担当起调解农村土地承包纠纷的责任。各级农村经营管理部门要恪尽职守,依法加强农村土地承包合同管理,加大对土地承包纠纷的调处力度。县(市、区)农村经营管理部门是农村土地承包纠纷仲裁机构,承担调处农村土地纠纷的主要任务。各级信访部门和农村经营管理部门要全力做好上访群众的接待工作,消除对立情绪。各级政府对农民反映强烈的农村土地承包纠纷,要及时调处解决,不能推诿,不能久拖不决。对因违反法律、政策或处理不当引发恶性案件的,要严肃追究有关领导的责任。要加大学习、宣传《农村土地承包法》的力度,让基层干部和广大农民群众知法懂法,依法办事。要注意研究处理农村土地承包的新情况、新问题,及时采取有效措施,不断完善土地承包,规范土地流转,巩固农业和农村发展的大好形势。

二○○四年九月二日

3. 关于依法完善农村土地二轮延包工作的若干意见

鄂办发〔2004〕65号

为认真贯彻党的十六届四中全会精神,全面落实《中华人民共和国农村土地承包法》,依法保障农民土地承包经营的各项权利,稳定农村土地承包关系,巩固发展农村大好形势,经省委、省政府同意,现就进一步依法完善农村土地二轮延包工作提出如下意见。

一、依法完善土地二轮延包的指导思想、基本原则和任务要求

（一）指导思想

以邓小平理论和"三个代表"重要思想为指导，以法律法规和政策为原则，以维护土地承包当事人的合法权益为核心，以妥善调处土地纠纷为重点，从稳定承包关系入手，从有利于调动农民生产积极性、有利于农村农业经济结构调整、有利于农业规模经营出发，认真做好依法完善土地二轮延包工作，巩固农村税费改革成果，促进农业农村经济发展，保持农村社会稳定。

（二）工作原则

1. 坚持依法依规按政策办事。要认真执行《中华人民共和国农村土地承包法》（以下简称《农村土地承包法》）、《中华人民共和国土地管理法》、《中华人民共和国合同法》等法律法规和中央及省委、省政府关于稳定完善土地承包关系的一系列政策性文件，做到依法办事，按政策办事。对暂时没有法律法规和政策规定的，各地要从实际出发，根据法律、法规和土地承包政策的基本精神，提出具体的规范性意见，妥善化解矛盾。依法依规办事是第一位的，对具体问题的处理都必须在法律法规和政策的范围内进行。

2. 坚持"大稳定、小调整"。在稳定承包关系的前提下，有什么问题解决什么问题，不能推倒重来搞重新发包，不搞重新丈量土地，以免引起新的矛盾。小调整只限于《农村土地承包法》第二十七、二十八条规定的情形。凡是没有开展二轮延包和二轮延包没有完成的地方，要按照程序合法、手续完备、权证到户的要求做好完善工作。

3. 坚持公开、公平、公正，民主协商。完善土地二轮延包必须充分尊重承包当事人的意愿，充分保障农民群众的知情权、决策权、参与权和监督权。解决土地纠纷问题，当事双方可以通过协商解决。要充分发挥乡、村两级组织的作用，以基层调解为主，把矛盾化解在当地。调解不成的，可以向农村土地承包纠纷仲裁机构申请仲裁或向法院起诉。承包期内，发包方不得单方解除承包合同，不得假借少数服从多数强迫承包方放弃或者变更承包经营权，不得将承包地收回抵原欠款。

4. 坚持用改革和发展的办法解决矛盾和问题。坚持调整农村产业结构，发展农业产业化，新建板块经济，发展适度规模经营的发展方向。在稳定农村土地承包关系，保护原承包人合法利益前提下，按照"依法、自愿、有偿"的原则，积极探索促进土地经营权流转的新路子，建立流转的新机制。

（三）基本任务

全面做好延长土地承包期30年不变的工作，妥善处理土地二轮延包遗留问题和土地承包纠纷，做到承包面积、四至、合同、权证"四到户"，明确承包双方的责权利；切实加强土地承包合同、承包经营权证和档案管理，规范承包土地流转、治理、征用行为，有效保障农民的土地承包经营权，进一步稳定农村土地承包关系；逐步建立健全各种形式的被征地农民的社会保障制度。

（四）工作步骤和时间要求

从现在开始，各地要统一领导，集中力量，精心组织，层层开展试点。原则上一个市州选择一个县（市），一个县（市）选择一个乡镇，一个乡镇选择1—2个村进行试点。按照"宣传政策、统一思想，调查摸底、分类登记，调处矛盾、制订方案，张榜公布、确权到户，签订合同、补（换）权证，规范提高、完善管理"的工作步骤，在2004年底基本结束试点工作。完善土地二轮延包以县（市、区）为单位统一部署，在具备条件、充分准备的基础上逐步推开，全省要在明年秋播前全面完成任务。

二、依法完善农村土地二轮延包的若干政策

土地承包权、经营权和受益权是法律赋予农民的基本权利，任何组织和个人不得侵犯。各级党委和政府要严格按照法律法规和政策规定，正确处理完善土地二轮延包与农业结构调整、土地规模经营、园区建设、农业板块基地建设、公益事业建设和城市发展用地等方面的关系，落实有关政策，妥善处理各类矛盾，保护好、实现好、发展好农民群众的根本利益。

（一）关于确权确地的基本依据问题。确权确地应以村为单位进行，也可以村民小组为单位进行。二轮延包工作比较规范的，以户口和二轮延包耕地面积作为依据。没有开展二轮延包和二轮延包工作没有完成的，以一轮承包耕地面积作为依据。一轮承包后土地所有权变动频繁，原承包关系变化大的，可以税费改革时核定到户的计税面积作参考。税费改革后，有些地方做了小调整，群众没有意见的，应予以认可。

（二）关于举家外迁、外出务工经商和抛荒弃田户的确权确地问题。对举家已迁到城镇（设区的市除外）落户的，本人有要求，应保留其承包地，并通过协商，依法做好承包经营权流转工作。户口没有外迁但长期在外的，应按原承包面积确权确地。如果本人提出不要承包地，可以帮助其做好户口外迁工作，尊重本人的意愿。户口没有外迁但去向不明的，可暂时保留其适当份额的承包地，由村组作机动地管理。对前些年因负担过重、种田效益低等原因自行弃田抛荒，现在又回来要田种的农户，应按原承包面积确权确地。对其中的"逃税户""历年税费尾欠户"等群众意见大的，也要确权确地，严格把追缴税费与确权确地分开。

（三）关于自行委托代耕、自找对象转包农户的确权确地问题。对前些年自行委托代耕、自找对象转包，当时既无协议又未签订流转合同，现在又想要回承包地的农户，乡、村组织要做好工作，恢复原承包户的承包经营权，引导其继续流转，签订规范的流转合同。

（四）关于"特殊群体"的承包地问题。完善二轮延包，应切实保护妇女的合法权益，任何组织和个人不得剥夺、侵害妇女应当享有的土地承包经营权。对农村婚嫁妇女和入赘男子，没有落实承包地的要按国家的法律政策认真落实。对在校或待业的大中专学生、现役军人、民办教师、"两劳"人员，没有由乡、村负责供养的"五保户"和无承包经营能力户，在这次完善土地二轮延包中，应作为可承包土地的人口对待。

（五）关于人均承包地严重失衡和土地级差问题。土地承包以来，农村因婚嫁、生死、迁入迁出、自然灾害等原因，人口变化很大，造成农户间人均耕地差异悬殊，应在"增人不增地、减人不减地"的原则下，从实际出发，对个别人多地少、矛盾十分突出的特殊户，经村民会议协商，用村组的机动地、开荒地或收回的土地适当调剂平衡。土地等级维持税费改革时核定到户的计税田块的等级不变，不得重新打乱再作调整。

（六）关于种养大户、"外来户"的确权确地问题。对本集体经济组织成员中的种养大户，其本身承包的土地应确权确地，颁发权证。种养大户、"外来户"的种养面积涉及其他承包户的，如符合"依法、自愿、有偿"的土地流转原则，可维持不变，原承包户有异议的，应与原承包户协商解决。

（七）关于"三峡工程""南水北调中线工程""中央直属水库"和"清江流域"移民的确权确地问题。应尽可能利用国有农场安排，土地资源丰富、有一定机动地的地方，也可适当安排。移民已迁入接收地的，应确权确地；移民尚未到接收地的，有接收任务的地方经批准可按接收任务预留机动地。移民部门要抓紧探索新形势下移民安置的新路子，妥善解决完善土地二轮延包后的移民安置问题。

（八）关于农业结构调整、连片开发、农业板块建设等与原承包农户的矛盾问题。对发展优势特色农产品搞连片开发、国家项目带动开发、引进外地企业（个人）投资开发、种养大户集中开发等，已经形成一定的生产规模和生产力水平的，要切实予以保护。要做好工作，确认原承包户的土地承包权并颁发权证。在此前提下，通过民主协商，可采取对原承包农户适当提高经济补偿标准或转包、转租、承包经营权入股等方式解决。过去由乡（镇）、村与外来企业、承包经营大户签订的合同，群众反映强烈的，要依法进行审核，凡未经农民同意或承包（租赁）期超过30年的，属无效合同。考虑到历史原因，乡、村组织应做细致的工作，通过协商，在保护原承包户合法权益不受侵害的前提下，由外来企业、承包经营大户与原承包户重新签订合同，尽可能维护现有的经营规模。如原承包户坚持不同意其继续经营，要积极引导双方通过协商，进行合理补偿。但对乡镇违背农民意愿、未经农民同意强行抽调农民承包地搞开发的，要坚决纠正，还权还利于民。

（九）关于被征、占地农户确权确地和经济补偿问题。由于国家建设征地，导致部分农户现有承包地不足平均水平而提出增地要求的，如在全村或全组平均分配了安置补助金，或安置补助金被村、组用于本集体经济组织公益事业的，应在村（组）内进行调整。对将安置补助金按政策规定全额补给了被征地农户的，不再对其调增土地；对公益事业占地，应在受益范围内为被占地农户调补土地，或向受益者筹集资金，比照国家征地补偿标准对被占地农户给予补偿；对企业占地，应依法依规对被占地农户给予补偿。

（十）关于开发区农户的确权确地问题。各地对经批准的开发区、规划区内未征用土地的原承包农户，要严格按照《农村土地承包法》的规定，在完善土地二轮延包中确权确地、签订合同、颁发权证，保护其土地承包经营权、收益权不受侵害。对已占地的，必须按国家有关土地征用补偿政策落实原承包户的权益。

（十一）关于村组超限额多留机动地问题。对超过集体经济组织耕地总面积5%限额多留的机动地和税费改革中漏掉的面积，要全部用于调剂解决人地严重不均的矛盾，或按照公平、合理的原则分包到户。

（十二）关于拍卖或招标承包的机动地、"四荒地"问题。对过去拍卖或招标承包的机动地、"四荒地"，在这次完善土地二轮延包工作中，不规范的要进行规范，通过民主协商，调解矛盾，稳定现有的承包关系，签订规范的承包合同。

（十三）关于村组"化债地"问题。对一些地方在化解村组债务中，有的村组用农户的弃田以一定期限的经营权抵偿债务，现在原承包户要求收回承包地的，应该还权于原承包户。债务问题由债权债务双方协商解决。

（十四）关于"两田制"的清理整顿问题。目前还在搞"两田制"的地方，要按照依法、稳妥的原则，认真做好清理整顿工作。对"口粮田"和"责任田"分别按人口平均承包的"两田制"，稳定原有的土地承包关系，取消土地承包费，按规定承担农业税及附加，并将承包期延长到30年；原"口粮田"承包比较均衡合理的，可在稳定"口粮田"的基础上，单独对"责任田"进行调整；对全部土地按照投标方式实行"两田制"分配，且农户之间承包土地不均衡的，要按法律法规和政策规定进行全面调整。

（十五）关于统一权证、合同和延包期限问题。完善土地二轮延包补、换的土地承包经营权证，由省农业厅统一制定"权证"样本，县（市、区）人民政府组织印制和颁发，不得向农民收取费用。承包、流转合同由省农业厅统一监制。土地二轮延包截止期限统一为 2028 年。

三、继续加强对农村土地承包经营的监督管理

（一）加强农村土地承包合同管理。农村土地承包合同是农民获得土地承包经营权的法律保证，搞好土地承包合同管理是稳定、完善农村土地承包关系、维护农民合法权益的基础性工作。县、乡农经主管部门要严格依照法律、法规和政策规定，加强农村土地承包合同管理，做好承包合同签订、鉴证、档案管理等工作。严禁强行解除未到期的承包合同，维护土地承包合同的严肃性。同时要宣传教育农民严格履行承包合同约定的权利和义务。

（二）抓好土地承包纠纷调解与仲裁工作。各地要做好农村土地承包与流转纠纷的调解与仲裁工作，及时化解矛盾，保护农民合法权益。切实加强农村土地承包合同管理队伍建设，依法建立健全农村土地承包纠纷调解、仲裁机构，搞好对农村土地承包合同管理和合同纠纷仲裁人员的培训，提高从业人员素质，确保这项工作顺利进行。

（三）规范农村土地承包经营权流转。农村土地承包经营权流转要按照"依法、自愿、有偿"的原则进行。要切实维护农民土地经营权流转的主体地位和自主权。承包期内，农户有权依法自主决定其承包地的流转和流转形式，任何组织和个人不得强迫和阻碍。土地承包经营权流转费用应由农户和受让方或承租方协商确定，流转收益归农户所有，任何组织和个人不得擅自截留、扣缴。

不能租赁农户承包地进行转租或转包，不得不经农户授权代表农户签订流转合同。

（四）加强农村土地承包经营权证管理。原核发的《中华人民共和国农村土地承包经营权证》，不符合规定或填写不规范的要换发；农户承包经营权证遗失或损坏，应按规定程序补发。按法定程序经批准进行调整而导致地块、面积变动的，承包双方应及时变更承包合同，县（市、区）政府应在承包经营权证上作变更登记，确保实际承包面积、四至与承包经营权证登记内容相一致。土地被全部征用、全家迁入设区的市转为非农业户口、承包户主动放弃承包经营权等情形的，应及时收回承包经营权证，并终止承包合同。

（五）切实加强农村土地管理。要强化土地的集中统一管理，严格实行土地用途管制制度，杜绝随意出台土地优惠政策、滥占耕地、浪费土地资源等严重损害农民利益的行为。要合理确定征用土地补偿标准，按国家有关规定给予足额补偿，任何单位和个人不得截留、挪用。要积极开展征地制度改革的探索和试点工作，认真研究解决因土地被征占而失地的农民的生产、生活安置和社会保障问题，积极探索利用补偿费等农村集体土地收益为被征地农民办理社会保险等政策措施，有效解决失地农民的后顾之忧，确保社会稳定。

（六）加大执法力度，确保农村土地承包政策的贯彻落实。要切实加强对农村土地承包法律、政策落实情况的监督检查，重点查处随意调整土地承包关系、乱圈滥占农户承包地、强迫农户流转土地、剥夺农户土地承包经营权等行为。对因农村土地承包政策不落实而引发的案（事）件，农经主管部门要积极配合纪检、监察部门，按照有关规定严肃处理；情节严重的，要追究当事人及上一级党政部门主要负责人的责任。

四、切实加强领导

依法完善农村土地二轮延包是当前农村的一项十分重要的工作,必须切实加强领导,精心组织,周密部署,扎实推进。

(一)实行党政主要领导负责制。各级党委、政府要把完善农村土地二轮延包工作列入重要议事日程,采取有效措施切实抓好。主要领导要亲自办点,搞好调查研究,掌握第一手材料,对带有普遍性、倾向性、容易发生群体性事件和恶性案件的土地承包纠纷要亲自协调,要主持制订突发性土地承包纠纷处理预案,主动协调相关部门形成调处纠纷的合力。要加强对重点地区、重大案件隐患的排查和处理,严格实行领导负责制。对因作风不实,违犯法律,违背政策,措施不当,互相推诿,导致农民上访和发生恶性案件的,要追究相关领导和相关人员的责任。

为切实加强领导和组织协调工作,省委、省政府成立由罗清泉同志任组长,邓道坤、刘友凡同志任副组长,省委办公厅、省政府办公厅、省农办、财政厅、国土资源厅、监察厅、农业厅、税改办等部门主要负责人为成员的省依法完善农村土地二轮延包工作领导小组,领导小组办公室设在省农业厅,从有关部门抽调人员,集中办公。各级都要成立由党政主要领导挂帅的领导小组,统筹兼顾,周密部署,制订方案,抽调人员,培训骨干,成立专班,落实必要的工作经费。

(二)组派得力干部到基层帮助工作。为了加强对这项工作的指导,各地要向开展工作的村派 3—5 名懂农村工作、熟悉农村政策的县乡行政干部,驻村帮助工作。驻村干部必须经过培训,学习法律、政策,明确工作原则和工作方法,把握政策,当好参谋,化解矛盾,保持稳定。

(三)切实转变作风。做好完善农村土地二轮延包工作必须有过硬的作风作保证。各级干部都要认真学习党的十六大和十六届四中全会精神,切实转变工作作风。一是要带头依法依规按政策办事。要认真学习有关法律法规和政策,不断提高法律和政策水平,提高依法办事的能力,不能做违犯法律、法规和政策规定的事。二是要深入到农户中去。干部一定要驻村,敢于和善于直接协调、化解各种矛盾。

(四)强化部门责任。各有关部门要各负其责、各司其职。农经主管部门要结合调处土地承包纠纷,完善土地承包管理制度,规范土地承包经营权的确权发证工作,加强土地承包经营权证的管理,做好土地纠纷的仲裁工作。国土资源管理部门要加强征地管理,重点解决征用土地程序不规范、补偿标准不合理、安置措施不落实等问题,认真严肃查处征地过程中的各类违纪、违法案件,积极探索和建立保护被征地农民合法权益的长效机制。信访部门要全力做好上访群众的接待工作,实行专人负责,妥善处理上访案件,做好上访群众的安抚和解释工作。司法部门要为调处土地承包纠纷提供法律援助。

二〇〇四年十二月一日

4. 关于进一步加强征地管理切实保护被征地农民合法权益的通知

鄂政发〔2005〕11号

各市、州、县人民政府,省政府各部门:

近年来,全省大多数地方在征地工作中严格依法行政,高度重视维护被征地农民的切身利益,但也有一些地方随意降低征地补偿标准，对征地补偿费用监管不力，被征地农民安置不到位，截留、侵占、克扣、挪用征地补偿费用的现象时有发生，严重损害了被征地农民的合法权益，造成群众集体上访、重复上访和群体性事件不断发生。为进一步加强征地管理，切实保护被征地农民的合法权益，根据《国务院关于深化改革严格土地管理的决定》（国发〔2004〕28号文件）精神，结合湖北实际，现将有关事项通知如下。

一、依法确定征地补偿标准

根据《中华人民共和国土地管理法》（以下简称《土地管理法》）及其实施条例、《湖北省土地管理实施办法》等法律法规的规定，综合考虑全省各地经济社会发展水平、区位条件和土地价值，决定将全省划分为六类地区（见附件），分类制定全省统一的最低年产值标准和安置补助费最低标准，各类非农业建设项目征地补偿不得低于相应的征地补偿标准。

征收耕地的土地补偿费为该耕地被征收前三年平均年产值的8至10倍。一、二、三、四、五、六类地区耕地被征收前三年平均年产值的最低标准分别为每亩1800元、1200元、1000元、900元、800元、700元。征收耕地的安置补助费，按照需要安置的被征地农业人口数计算。需要安置的被征地农业人口数，按照被征收的耕地数量除以被征地的农村集体经济组织征地前平均每人占有耕地的数量计算。一、二、三、四、五、六类地区每一名需要安置的被征地农业人口的安置补助费最低标准分别为18000元、10000元、8500元、7600元、6800元、6000元。

征收其他无收益土地的土地补偿费，征收其他有收益的土地的土地补偿费、安置补助费的最低标准，参照上述标准执行。

国家和省确定的公路、铁路交通建设项目，石油、天然气输送管道建设项目等重点线性工程的建设用地，其征地补偿最低标准采用该线性工程所经过的各市、州、县（市、区）最低补偿标准的平均值。

大中型水利、水电工程建设征地的补偿标准和移民安置办法，按照国务院的有关规定执行。

各市、州、县（市、区）人民政府要按照《土地管理法》及其实施条例、《湖北省土地管理实施办法》和上述规定，组织国土、统计、财政、农业等部门，综合考虑地类、产值、城乡差异、农用地等级、人均耕地数量、土地供求关系、当地经济发展水平和城镇居民最低生活保障水平等因素，依法、科学地拟订本地区的区域性征地补偿标准。各市、州对本辖区内各县（市、区）拟订的征地补偿标准要做好平衡和衔接工作，经平衡之后拟定的征地补偿标准，必须按规定组织听证，充分听取各方面的意见后，报经省人民政府批准，由县（市、区）人民政府公布执行，并报省国土资源厅备案。各市、州区域性征地补偿标准的制定工作，必须在2005年3月31日以前完成，逾期未完成的，暂缓下达2005年度农用地转用计划指标，停止农用地转用和土地征收报批。

经依法审批使用国有农用地进行非农业项目建设的补偿标准按照征收集体土地的补偿标准执行。

依法合理确定具体建设项目征地补偿标准。对征地后人均耕地面积在0.8亩以上的农村集体经济组织，土地补偿费取法律法规规定的8—10倍；征地后人均耕地面积在0.8亩以下的农村集体经济组织，土地补偿费必须取法律法规规定的10倍。土地补偿费和安置补助费之和不得低于16倍。依照现行法律法规规定支付土地补偿费和安置补助费，尚不能使被征地农民保持原有生活水平的，不足以支付因征地而导致无地的农民社会保障费用的，经省人民政府批准，应当提高补偿倍数、增加安置补助费；土地补偿费和安置补助费合计按30倍计算，尚不足以使被征地农民保持原有生活水平的，由当地人民政府统筹安排，从国有土地有偿使用收益中划出一定比例给予补贴。经依法批准占用基本农田的，征地补偿费按当地人民政府公布的最高标准执行。

上述新的征地补偿标准，自2005年4月1日起实行。在此之前批准的征地项目，按经批准的原征地补偿标准执行。各级政府不得以会议纪要、政府文件等形式出台违反上述规定的具体建设项目征地补偿标准。

二、严格界定征地补偿费用途

依法征收农民集体所有的土地，必须按照规定进行补偿安置。要严格界定征地补偿费的用途，并合理确定支付发放比例。土地补偿费支付给享有被征收土地所有权的农村集体经济组织，农村集体经济组织如不能调整质量和数量相当的土地给被征地农民继续承包经营的，必须将不低于70%的土地补偿费主要分配给被征地农民，具体分配比例由省国土资源厅会同有关部门另行制定。土地被全部征收，同时农村集体经济组织撤销建制的，土地补偿费应全部用于被征地农民生产生活安置。土地补偿费中扣除直接支付给被征地农民的部分后，其余部分支付给被征地的农村集体经济组织专门用于被征地农民参加社会保险，发展二、三产业，解决被征地农民的生产和生活出路，兴办公益事业。土地补偿费必须实行专款专用。征地补偿费中的安置补助费要根据不同安置途径确定支付对象。有条件的农村集体经济组织或用地单位统一安置被征地农民的，依照法律法规规定，安置补助费支付给农村集体经济组织或安置单位；经被征地农民申请，并与享有被征收土地所有权的农村集体经济组织签订协议不需要统一安置的，安置补助费可以全额发放给被安置人,由其自谋职业。村集体经济组织在发放安置补助费之前,必须对发放的对象、方式、范围进行严格界定,综合考虑年龄、职业、户口等因素。

地上附着物及青苗的补偿费根据征地补偿登记,依照征地安置方案确定的标准,支付给地上附着物及青苗的所有者。

任何单位和个人不得截留、克扣、侵占和挪用征地补偿费。征地补偿费不得用于偿还集体经济组织的债务、上缴税款、发放工资等。

三、强化征地补偿费的监管

各级国土资源部门要根据批准的征地方案,把征地补偿费用直接拨付给被征地村组。农村经济经营管理部门会同有关部门要监督农村集体经济组织按程序确定征地补偿费的分配方案,督促农村集体经济组织按方案在规定的时间内将征地补偿费中应该补偿给被征地农民的部分落实到农户。征地补偿费用必须在征地补偿安置方案批准之日起三个月内全额支付给被征地的农村集体经济组织和农民,不得延期、分期支付。对拖欠征地补偿费的市、县(市、区)不得发放建设用地批准书,不得办理供地手续,更不得发放土地使用权证书,项目不得开工建设。被征地的农村集体经济组织和农民有权拒绝建设单位动工用地,省政府停止受理和审查该地区的农用地转用和征地报件。

各地要坚持公开、公正的原则,强化征地补偿费用的监管。支付给农村集体经济组织的征地补偿费用,要实行专户储存。各级国土资源管理部门要严格按照有关法律法规和政策规定,切实履行审查、监督、指导的职责,加强用地审批后的跟踪检查。地方各级政府要组织监察、审计、国土资源、农业、民政等部门,对土地补偿费、安置补助费的落实、分配和使用情况进行监督;督促农村集体经济组织落实民主理财的各项制度，定期检查征地补偿费的收支状况，重点检查土地补偿费是否实行专款专用，是否用于被征地农民购买保险，发展二、三产业，兴办公益事业和农村公共设施建设。

支付给农村集体经济组织的征地补偿费用，其使用管理办法应当由该集体经济组织成员的村民会议三分之二以上成员或者三分之二以上村民代表集体表决确定，收支情况至少每6个月张榜公布一次，接受群众监督，并上报县（市、区）国土资源、农业和监察部门备案。集体经济组织的成员有权对土地补偿费和安置补助费的使用情况提出质询，有关集体经济组织必须做出认真、负责的答复。

四、拓宽安置渠道，妥善解决被征地农民的生产生活问题

各地要因地制宜，多渠道妥善安排被征地农民的生产和生活，从根本上保障农民的长远生计。

征收城市规划区外的农村土地，特别是耕地资源和土地后备资源比较丰富的地区，可优先考虑进行农业安置，通过利用农村集体机动地、承包农户自愿交回的承包地、承包地流转和土地开发整理新增加的耕地，使被征地农民有必要的耕作土地，继续从事农业生产。以调地方式安置的，必须符合《中华人民共和国农村土地承包法》的有关规定。

以留地方式安置的，依据土地利用总体规划和城市规划，可以在土地征收后划出一定数量的建设用地由农村集体经济组织或农民按统一规划开发经营。

对有长期稳定收益的项目用地，在农民自愿的前提下，被征地农村集体经济组织或者农民经与用地单位协商，可以以征地补偿安置费用入股，或以经依法批准的建设用地土地使用权作价入股；农村集体经济组织和农民通过合同约定，以优先股的方式获取收益。

本地区确实无法为因征地而导致无地的农民提供基本生产生活

条件的，在充分征求被征地农村集体经济组织和农民意见的前提下，可由政府统一组织实行异地移民安置。

各地要加快建立城乡统一的劳动力市场和平等就业机制，完善城乡一体的就业服务体系，为被征地农民向城镇转移就业创造宽松环境。要强化农村劳动力转移就业培训，提高被征地农民的劳动技能，引导其向非农产业转移就业。征地单位在同等条件下应优先招录被征地农户的劳动力，为具有就业能力的农民提供就业机会。

对因征地而导致无地的农民，县、市（区）人民政府要结合小城镇建设、户籍制度改革、城中村改造等，逐步建立失地农民养老保险和最低生活保障制度，以保障被征地农民的长远生计。今年在武汉、仙桃先行试点，取得经验后逐步推开。

五、严格征地程序，维护被征地集体和农民的知情权、参与权和申诉权

在征地过程中，各地要切实维护农村集体经济组织和农民的合法权益。在征地依法批准前，国土资源部门要将拟征地的用途、位置、补偿标准、安置途径等以书面形式告知被征地农村集体经济组织和农民。在告知后，凡被征地农村集体经济组织和农民在拟征地土地上抢栽、抢种的青苗和抢建的地上附着物，征地时不予补偿。国土资源部门要对拟征土地的权属、地类、面积以及地上附着物权属、种类、数量等现状进行调查，调查结果应与被征地农村集体经济组织、农民和地上附着物产权人共同确认。在征地依法报批前，国土资源管理部门应告知被征地农村集体经济组织和农民，对拟征土地的补偿标准、安置途径有申请听证的权利，当事人申请听证的，国土资源部门应当依照有关规定和要求组织听证。签订的征地协议、被征地农民知情书（要求听证的附听证笔录）、确认的有关材料应作为征地报批的必备材料。

要严格执行征地公告制度、征地补偿安置公告制度和征地补偿登记制度。经依法批准征收的土地，除涉及国家保密规定等特殊情况以外，应向社会公示征地批准事项。征收土地方案经批准后，市（州）、县（市、区）人民政府应及时按规定公告征收土地方案和征地补偿安置方案，积极做好宣传解释工作。对补偿标准和安置途径有争议的，要按照法律法规的规定做好协调和裁决工作。

农用地转用或土地征收经依法批准后，两年内未用地或未实施具体征地补偿安置方案的，有关批准文件自动失效；两年内未提供给具体用地单位的，按未供应土地面积扣减该市、县下一年度的农用地转用计划指标。对因项目投资不到位造成土地闲置、耕地撂荒的，要依法处罚、收回其土地使用权。

征收农民承包的土地，其征地方案经批准后，市（州）、县（市、区）国土资源管理部门应及时将征地批准文件及征收土地的乡镇、村组、户名、面积、位置等相关资料分别抄送同级农村经济经营管理和财政部门，由农村经济经营管理部门办理注销或变更土地承包经营权证书，解除或变更土地承包合同，由财政部门及时按规定办理核减农业税手续。

六、加强领导，明确责任

调整征地补偿安置标准，确保征地补偿安置经费支付到位，妥善解决被征地农民的长远生计，事关被征地农民切身利益，事关经济发展和社会稳定全局。各级政府要从实践"三个代表"重要思想，全面落实科学发展观，坚持以人为本、依法行政的高度，充分认识加强征地管理工作的重要性，增强责任感和紧迫感，切实加强领导，严格依法用地，集约用地，坚决纠正土地征收中侵害农民利益的行为，切实维护被征地农民的合法权益。

各地要严肃纪律，规范用地审批管理，不允许在新的征地补偿标准实施前突击报批用地和审批农用地转用，不允许采取变通的方式降低征地补偿安置标准，不允许延时支付征地补偿费用，更不允许以截留、挪用、克扣、侵占等方式拖欠被征地村组和农户的征地补偿费用。

各地要认真做好土地信访工作。在组织实施征地方案的过程中，对少数人提出的不合理要求，要坚持原则、依法行政，并耐心细致地做好宣传、解释、说服工作，将不稳定因素消除在萌芽状态；对反映属实的征地补偿安置不到位、引发严重社会稳定问题的，暂停该地区农用地转用和土地征收审批，并追究当地政府主要负责人以及直接责任人的责任；对群众反映和检查发现的截留、克扣、侵占、挪用征地补偿费用的，要依法严肃查处。

如国家出台新的法律法规和政策，按国家新规定执行。

附件：湖北省征地补偿最低标准地区分类表（略）

二〇〇五年二月二十七日

附录 2
白云区土地利用现状结构表（2005 年）

地类		面积（公顷）	比重（%）	人均面积（平方米）
农用地	耕地	26058.22	15.79	699.87
	园地	2412.98	1.46	64.81
	林地	92138.73	55.82	2474.67
	草地	0.00	0.00	0.00
	其他农用地	15350.59	9.30	412.29
	小计	135960.52	82.37	3651.64
建设用地	城乡建设用地	7705.34	4.67	264.40
	交通水利用地	14303.93	8.67	313.30
	其他建设用地	37.22	0.02	14.43
	小计	22046.49	13.36	592.13
其他用地	水域	664.68	0.40	17.85
	滩涂沼泽	41.42	0.03	1.11
	未利用地	6362.65	3.85	170.89
	小计	7068.75	4.28	189.85
合计		165075.76	100.00	—

附录 3

白云区一份土地出让收入清算单（2009 年）

出让方	楚市国土资源局白云分局		坐落	白云区古桥镇小楼村	联系电话	
受让方	2009 年第 1 批次 1 号地		缴款人			
总面积（公顷）	2.3929	其中代征地（公顷） 0.3423	出让年限（年）	50	单位地价（元/平方米）	204
成交价款（万元）		大写 肆佰伍拾叁万贰仟叁佰柒拾元（￥453.2370）				
本次实缴金额（万元）		大写 肆佰伍拾叁万贰仟叁佰柒拾元（￥453.2370）				

	项目	金额（万元）	项目	金额（万元）
一、土地价款清算明细	1. 土地补偿费	33.2409	7. 土地出让金业务费提取（国土 4%、财政 2%）	17.3377
	2. 安置补助费	34.2503	8. 用于农业土地开发基金计提 15%	
	3. 青苗补偿费	3.4250	9. 土地前期开发费用	
	4. 地上附着物补偿费	12.0000	10. 土地评估费	1.6000
	5. 拆迁补偿费		11. 测量费	1.1388
	6. 新增建设用地有偿使用费	81.3586	12. 土地出让收益	268.8857
二、其他款项				
三、上缴财政金额				

注：土地纯收益 = 土地出让收入 − 征地成本（前 5 项）− 新增建设用地有偿使用费 − 土地出让金业务费 − 国办发〔2006〕100 号文件规定的支出。

附录 4

江镇 2008 年大事记

1月5日，江镇结合工作实际，制定《江镇抗雪防冻救灾工作预案》应对1月出现的五十年一遇的连续低温冻害天气，动员全民防冻减灾，确保冻害降到最低程度。

1月9日，楚市第三酿酒厂举行庆祝山泉老窖上市一周年联谊会。

1月15日，江镇山池社区举行居委会班子换届选举，经社区党员大会选举，镇党委会同意，成功选出以张富强同志为社区党总支书记的"两委"班子成员。

1月23日，江镇开展为农民工"送健康、送文化、送岗位、送法律"活动，发放宣传资料1000余份，提供就业岗位1889个。

1月24日，白云区总工会走访慰问江镇镇大江集团三十余名困难职工，带去了各级领导对他们的关心，送去了新春祝福。

2月3日，江镇组织慰问福利院孤寡老人。

2月16日至4月中旬，江镇开展"解放思想、开放崛起、发展白云"大讨论，活动围绕"江镇面临的机遇与挑战""江镇的发展定位""大解放、大开放、大发展"等三大主题，结合实际，有针对性地开展了十个专题的讨论，取得了良好效果。

2月19日，江镇联系团市委与市一医联合组织眼科、普外科、骨科、消化血液内科、神经内科等11名医生到大江集团为农民工免费义诊。

2月22日，江镇组团到邻镇参观学习该镇对外开放、招商引资、项目建设、新农村建设等方面取得的成绩及得力措施和宝贵经验。

2月25日至27日，江镇组织镇党政班子成员，党政办、经发办、社会事务办相关人员，城建环保服务中心人员，城郊及社区居委会支部书记和典型大户到D镇考察，学习先进经验。

2月6日，江镇镇委、镇政府对骏马村等19个先进单位和刘兰军等25个先进个人进行表彰。

3月21日，江镇开展"解放思想、开放崛起、发展白云"主题演讲比赛活动，从优秀选手中挑选出1名选手参加了全区总决赛。

4月3日，江镇召开第二届人民代表大会第二次会议，张从林当选为镇人大主席，钟如明当选为镇长，郑晓中当选为常务副镇长，王强当选为副镇长。

4月17日，区委常委、政法委书记、区公安局局长赵建国组织召开专题会议，全面启动大江集团周边环境整治工作，并对该项工作进行周密部署。

4月19日，共青团江镇镇委为庆祝五一国际劳动节，纪念五四运动89周年，主办庆"五四"首届青年歌唱比赛，来自全镇各村、各单位、各行业的18名青年选手参加了比赛。

"5·12"汶川大地震后，江镇机关、各单位、企业及各村（居）委会组织捐款活动，共捐赠财物25万余元。

6月12日，江镇组团到Z市K镇、H镇参观学习工业园区招商引资、项目建设、服务企业的先进经验。

6月16日，江镇围绕大型化工企业、重点对象和地区、有量资产、资源优势开展招商引资及项目建设百日大会战。

6月20日，江镇又一"回归工程"——投资500万元的美奥服饰有限公司正式建成投产。

6月30日，江镇举行中国共产党成立八十七周年庆祝大会，回顾了党的光辉历程，总结了一年来全镇人民在党的领导下所取得的新成绩，集中表彰了一批在"四个文明"建设过程中涌现出来的先进基层党组织和优秀党员，授予山池社区党总支等9个党总支、支部"先进基层党组织"荣誉称号，授予王华等54名同志"优秀共产党员"荣誉称号。

7月23日，在市级领导的关心下，筹资35万元修建的张村文化体育中心落成。

8月6日，江镇重点建设项目——投资2000万元的烽火有限公司二期扩建工程正式开工。该工程投产后，将为公司年增产复合肥12万吨，总产值达2亿元，可实现利税1000万元。

8月11日，区林业局投资5万元在江镇长圣村专装了10盏10瓦使用寿命长达30年的高效太阳能路灯，让该村居民夜行不再担忧。

8月13日，江镇镇政府决定恢复成立原山池镇设立的窑湾小区管理处，更名为江镇镇窑湾工业小区管理处。

9月1日，江镇开展"白云环保世纪行"活动，集中治理了集镇脏、乱、差，207国道大丰段污水横流，居民违章建筑影响镇容，垃圾池缺少等问题。

9月2日，省领导王天祥一行到白云区开展学习实践科学发展观专题调研，考察了大江集团新投产的项目。

9月3日，江镇实验学校挂牌成立。

9月15日，江镇召开测土配方施肥技术培训大会，标志着该镇农业发展走向科学化、现代化。

9月17日，省领导鹿原一行参观考察了大江集团新投产的项目。

9月24日，青海省选派的乡镇党委书记60人到江镇参观学习，参观考察了销售收入过50亿元的重点乡镇企业——湖北大江集团。

9月28日，江镇第七届村"两委"换届选举工作正式启动，11月15日全面结束，选举共产生78名党组织成员。

10月28日，省领导唐鸣一行到江镇大江集团考察新投产的项目。

11月12日，江镇实验学校组织召开学校家长法制培训会，就校园暴力、校园安全、出行安全等问题，以"就案说法"的形式进行了宣讲。

11月16日，江镇低丘岗改造项目全面启动，将对花园、五柳、八里铺三个行政村的3766亩土地进行改造，计划投资650万元，该项目建设完成后将新增耕地2667亩，新增丰产林800亩。

11月20日，江镇林权制度改革工作全面完成，林地确权面积136753亩，12800宗，5600户。

11月23日，江镇成功招商引进的楚市丰收农业开发公司正式动工建设，计划5年内分三期在江镇本部投资1亿元，建成楚市最大的速生丰产林基地及集观光旅游、休闲娱乐于一体的现代生态农业园。

12月8日，江镇成功举办"魅力白云行——走进大江"暨大江集团成立20周年庆祝活动。

12月18日，省统计局余金华一行到江镇检查统计规范化建设。

参考文献

白程明，2003，《农民失地问题的法学思考》，《人文杂志》第 1 期。

鲍海军、吴次芳，2002，《论失地农民社会保障体系的建设》，《管理世界》第 10 期。

薄一波，1997，《若干重大决策与事件的回顾》，人民出版社。

步德茂（Thomas M. Buoye），2008，《过失杀人、市场与道德经济——18 世纪中国财产权的暴力纠纷》，张世明、刘亚丛、陈兆肆译，社会科学文献出版社。

曹锦清，2000，《黄河边的中国——一个学者对乡村社会的观察与思考》，上海文艺出版社。

曹正汉，2007，《土地集体所有制：均平易、济困难——一个特殊村庄案例的一般意义》，《社会学研究》第 3 期。

查尔斯·蒂利，1999，《未来的历史学》，载于 S. 肯德里克等编《解释过去、了解现在——历史社会学》，王辛慧等译，上海人民出版社。

陈柏峰，2006，《对我国农地承包物权化的反思》，《清华法律评论》第 1 卷，清华大学出版社。

陈柏峰，2009，《农民地权诉求的表达结构》，《人文杂志》第 5 期。

陈柏峰，2011，《乡村江湖：两湖平原"混混"研究》，中国政法大学出版社。

陈涛，2009，《村将不村——鄂中村治模式研究》，山东人民出版社。

陈锡文，1993，《中国农村改革：回顾与展望》，天津人民出版社。

陈锡文，2001，《让农民自己为土地做主》，《南方周末》11 月 1 日。

陈锡文、常红晓，2008，《专访中农办主任陈锡文》，《财经》第 21 期。

陈小君等，2004，《农村土地法律制度研究——田野调查解读》，中国政法大学出版社。

陈心想，2000，《一个游戏规则的破坏与重建——A 村村东调田风波案例研究》，《社会学研究》第 2 期。

陈志武，2009，《界定土地产权，不能再回避》，《南方都市报》2 月 14 日。

崔智友，2002，《中国村民自治与农村土地问题》，《中国农村观察》第 3 期。

党国英，2004，《关于征地制度的思考》，《现代城市研究》第 3 期。

党国英，2005，《当前中国农村土地制度改革的现状与问题》，《华中师范大学学报》第 7 期。

党国英，2008，《中国农村改革与发展模式的转变——中国农村改革 30 年回顾与展望》，《社会科学战线》第 2 期。

道格拉斯·C. 诺思，2008，《制度、制度变迁与经济绩效》，杭行译，上海三联书店。

H. 登姆塞茨，1994，《关于产权的理论》，载于 R. 科斯、A. 阿尔钦、D. 诺斯等《财产权利与制度变迁——产权学派与新制度学派译文集》，上海三联书店、上海人民出版社。

邓正来，2008，《国家与社会——中国市民社会研究》，北京大学出版社。

狄金华，2008，《"乡域政治"：何以可能，何以可为——评吴毅〈小镇喧嚣——一个乡镇政治运作的演绎与阐释〉》，《开放时代》第 4 期。

丁为，2007，《新瓶旧酒：乡村法治的政法逻辑——秦窑人民法庭的司法运作》，华中科技大学博士学位论文。

董国礼，2000，《中国土地产权制度变迁：1949—1998——以太和县为个案》，《中国社会科学季刊》（香港）秋季号。

董磊明，2003，《乡村关系、税费改革与村民自治：来自苏北地区的调查》，载于王庆五、董磊明主编《治理方式的变革与江苏农村现代化：江苏省村民自治区域比较研究》，中国人民大学出版社。

董磊明，2007，《村将不村：湖北尚武村调查》，载于黄宗智主编《中国乡村研究》（第五辑），福建教育出版社。

董磊明，2008，《宋村的调解：巨变时代的权威与秩序》，法律出版社。

杜润生，2004，《为了农业增产、农民增收》，《读书》第 4 期。

杜赞奇，2003，《文化、权力与国家——1900—1942 年的华北农村》，王福明译，江苏人民出版社。

樊红敏，2007，《日常政治视角下的地方权力运作研究：河南省黄市的体验观察与阐释》，华中师范大学博士学位论文。

费孝通，1996，《学术自述与反思》，生活·读书·新知三联书店。

费孝通，1998，《乡土中国》，北京大学出版社。

费孝通，2001，《江村经济——中国农民的生活》，商务印书馆。

费孝通、张之毅，2006，《云南三村》，社会科学文献出版社。

傅衣凌，2007，《明清封建土地所有制论纲》，中华书局。

高帆，2006，《土地纠纷：一个宏观视角的解析》，《学海》第 4 期。

高王凌，2005，《租佃关系新论——地主、农民与地租》，上海书店出版社。

龚启圣、刘守英，1998，《农民对土地产权的意愿及其对新政策的反应》，《中国农村观察》第 2 期。

龚启圣、周飞舟，1999，《当代中国农村土地调整制度个案的分析》，《二十一世纪》（香港）10 月号总第五十五期。

郭德宏，1989，《旧中国土地占有状况及发展趋势》，《中国社会科学》第 4 期。

郭德宏，1993，《中国近现代农民土地问题研究》，青岛出版社。

哈耶克，2001，《经济学、科学与政治学》，载于《哈耶克文集》，邓正来译，首都经济贸易大学出版社。

何·皮特（Peter Ho），2008，《谁是中国土地的拥有者？——制度变迁、产权和社会冲突》，林韵然译，社会科学文献出版社。

贺雪峰，2003，《新乡土中国——转型期乡村社会调查笔记》，广西师范大学出版社。

贺雪峰，2006，《新农村建设与中国道路》，《读书》第 8 期。

贺雪峰，2007，《什么农村，什么问题》，法律出版社。

贺雪峰，2009a，《村治的逻辑：农民行动单位的视角》，中国社会科学出版社。

贺雪峰，2009b，《如何做到耕者有其田》，《社会科学》第 10 期。

贺雪峰，2010，《地权的逻辑——中国土地制度向何处去》，中国政法大学出版社。

亨利·伯恩斯坦，2011，《农政变迁的阶级动力》，叶敬忠译，社会科学文献出版社。

胡聪慧、彭春城，2008，《中国中部农户土地利用方式与其收益的关系——对湖北襄樊市典型农村的调查剖析》，《社科纵横》第 2 期。

黄海，2010，《灰地——红镇"混混"研究（1981—2007）》，生活·读书·新知三联书店。

黄树民，2002，《林村的故事——1949 年后中国农村改革》，素兰、纳日碧力戈译，生活·读书·新知三联书店。

黄宗智，2000a，《长江三角洲小农家庭与乡村发展》，中华书局。

黄宗智，2000b，《华北的小农经济和社会变迁》，中华书局。

黄宗智，2006a，《制度化的"半耕半农"过密型农业》（上），《读书》第 2 期。

黄宗智，2006b，《制度化的"半耕半农"过密型农业》（下），《读书》第 3 期。

黄宗智，2009，《改革中的国家体制：经济奇迹和社会危机的同一根源》，《开放时代》第 4 期。

黄祖辉、王朋，2008，《农村土地流转：现状、问题及对策——兼论土地流转对现代农业发展的影响》，《浙江大学学报（人文社会科学版）》第 2 期。

蒋省三、刘守英、李青，2011，《中国土地政策改革：政策演进与地方实施》，上海三联书店。

蒋中一，2002，《农民的土地承包权不可轻易动摇》，《中国税务》第 5 期。

康晓光，2002，《未来 3—5 年中国大陆政治稳定性分析》，《战略与管理》第 3 期。

R. 科斯、A. 阿尔钦、D. 诺斯等，1994，《财产权利与制度变迁——产权学派与新制度学派译文集》，刘守英、陈剑波、胡应君等译，上海三联书店、上海人民出版社。

克利德福·格尔茨，1999，《文化的解释》，纳日碧力戈等译，王铭铭校，上海人民出版社。

S. 肯德里克、P. 斯特劳、D. 麦克龙编，1999，《解释过去、了解现在——历史社会学》，王辛慧等译，上海人民出版社。

李昌平，2002，《我向总理说实话》，光明日报出版社。

李昌平，2007，《中国土地制度变迁与"三农"兴衰》，《炎黄春秋》第6期。

李昌平，2009，《扩大农民地权及其制度建设》，《中国图书评论》第1期。

李成贵，2000，《国家干预下的农地有限私有化：一种有选择的激进主义》，《中国社会科学季刊》（香港）秋季卷。

李丹，2008，《理解农民中国》，张天虹、张洪云、张胜波译，江苏人民出版社。

李连江、欧博文，1997，《当代中国农民的依法抗争》，载于吴国光主编《九七效应：香港、中国与太平洋》，（香港）太平洋世纪研究所。

李猛，1996，《日常生活的权力技术——迈向关系/事件的社会学分析》，北京大学社会学系硕士研究生论文。

李强，2001，《后全能体制下现代国家的构建》，《战略与管理》第6期。

李芝兰、吴理财，2005，《"倒逼"还是"反倒逼"——农村税费改革前后中央与地方之间的互动》，《社会学研究》第4期。

厉以宁，2008，《论城乡二元体制改革》，《北京大学学报（哲学社会科学版）》第2期。

林毅夫，1994，《关于制度变迁的经济学理论：诱致性与强制性变迁》，载于R. 科斯、A. 阿尔钦、D. 诺斯等《财产权利与制度变迁——产权学派与新制度学派译文集》，上海三联书店。

林毅夫，2008，《制度、技术与中国农业发展》，上海三联书店。

刘广栋、程久苗，2007，《1949年以来中国农村土地制度变迁的理论和实践》，《中国农村观察》第2期。

刘勤，2008，《自我主体性与村庄：陕南丘村公共生活研究，1980—2006》，华中科技大学社会学系博士论文。

刘守英，2000，《土地制度与农民权利》，《中国土地科学》第 3 期。

刘燕舞，2009，《从鸣村看农村土地政策》，《中国老区建设》第 11 期。

卢晖临、李雪，2007，《如何走出个案——从个案研究到扩展个案研究》，《中国社会科学》第 1 期。

吕德文，2006，《村治研究的传统与现状——二十多年来的华中地区村治研究》，《华中科技大学学报（人文社会科学版）》第 4 期。

吕德文，2009，《治理钉子户——农村基层治理中的权力与技术》，华中科技大学社会学系博士学位论文。

罗峰，2005，《"追缴税费"与"确权确地"：土地二轮延包中的政策界线与民意冲突》，《调研世界》第 10 期。

罗兴佐，2006，《治水、国家介入与农民合作》，湖北人民出版社。

罗兴佐、陈伟、许玲，2006，《土地纠纷中农民的公平表达冲突：以一个小组的土地纠纷为例》，《调研世界》第 3 期。

罗伊·普罗斯特曼（R. Prosterman），1994，《解决中国农村土地制度现存问题的途径探讨》，载于缪建平主编《国外学者论农村》，华夏出版社。

迈克尔·赫勒，2009，《困局经济学》，闾佳译，机械工业出版社。

迈克尔·曼，2002，《社会权力的来源》（第一卷），刘北成、李少军译，上海人民出版社。

R. 麦克法夸尔、费正清，1990，《剑桥中华人民共和国史——革命中国的兴起（1949—1965）》，谢亮生、杨品泉等译，中国社会科学出版社。

R. 麦克法夸尔、费正清，1990，《剑桥中华人民共和国史——中国革命内部的革命（1966—1982）》，俞金尧、时和兴等译，中国社会科学出版社。

毛丹、王萍，2004，《村级组织的农地调控权》，《社会学研究》第 6 期。

毛泽东，1991，《毛泽东选集》（第四卷），人民出版社。

茅于轼，2009，《恢复农民对土地财产的所有权》，《建设市场报》2 月 16 日。

欧阳静，2011，《策略主义：桔镇政权的运作逻辑》，中国政法大学出版社。

潘维，2009，《农地"流转集中"到谁手里？》，《天涯》第 1 期。

皮埃尔·布迪厄、华康德，1998，《实践与反思》，李猛、李康译，中央编译出版社。

钱忠好，2004，《土地征用：均衡与非均衡——对现行中国土地征用制度的经济分析》，《管理世界》第12期。

秦晖，1999，《问题与主义：秦晖文选》，长春出版社。

秦晖，2002，《中国农村土地制度与农民权利保障》，《探索与争鸣》第7期。

秦晖，2007，《农村地权六论》，《社会科学论坛（学术评论卷）》第5期。

秦晖，2008，《强调农民地权，限制"圈地运动"》，《绿叶》第11期。

荣敬本、崔之元、王拴正等，1998，《从压力型体制向民主合作体制的转变——县乡两级政治体制改革》，中央编译出版社。

申端锋，2010，《维权与治权——和平乡农民上访与乡村治理（1978—2008）》，华中科技大学博士学位论文。

申静、王汉生，2005，《集体产权在中国乡村生活中的实践逻辑——社会学视角下的产权建构过程》，《社会学研究》第1期。

施坚雅，1998，《中国农村的市场与社会结构》，史建云、徐秀丽译，中国社会科学出版社。

苏力，2000，《送法下乡——中国基层司法制度研究》，中国政法大学出版社。

孙立平，2008，《社会转型：发展社会学的新议题》，《开放时代》第2期。

孙立平，2010，《"软硬兼施"：正式权力非正式运作的过程分析——华北B镇收粮的个案研究》，载于谢立中主编《结构—制度分析，还是过程—事件分析？》，社会科学文献出版社。

孙立平、王汉生、王思斌、林彬、杨善华，1994，《改革以来中国社会结构的变迁》，《中国社会科学》第2期。

田先红，2012，《治理基层中国——桥镇信访博弈的叙事（1995—2009）》，社会科学文献出版社。

田先红、杨华，2009，《税改后农村治理危机酝酿深层次的社会不稳定因素》，《调研世界》第3期。

托马斯·库恩，2012，《科学革命的结构》，金吾伦、胡新和译，北京大学出版社。

王景新，2004，《乡村现代化中土地制度及利益格局重构——对江苏、浙江发达地区的调研》，《现代经济探讨》第 3 期。

王铭铭，1996，《社区的历程：溪村汉人家族的个案研究》，天津人民出版社。

王铭铭，2003，《走在乡土上——历史人类学札记》，中国人民大学出版社。

王铭铭，2005，《社会人类学与中国研究》，广西师范大学出版社。

王小映，2000，《土地承包权：债权还是物权》，《经济研究参考》第 35 期。

温铁军，2009，《三农问题与制度变迁》，中国经济出版社。

文贯中，2005，《农地私有化势在必行》，《财经日报》10 月 10 日。

文贯中，2008，《现行土地制度使现代化成本大大增加》，《经济观察报》4 月 7 日。

乌廷玉，1998，《旧中国地主富农占有多少土地》，《史学集刊》第 1 期。

吴毅，2007a，《"权力—利益的结构之网"与农民群体性利益的表达困境——对一起石场纠纷案例的分析》，《社会学研究》第 5 期。

吴毅，2007b，《小镇喧嚣——一个乡镇政治运作的演绎与阐释》，生活·读书·新知三联书店。

吴毅，2009，《理想抑或常态：农地配置探索的世纪之摆——理解 20 世纪中国农地制度变迁史的一个视角》，《社会学研究》第 3 期。

吴毅、贺雪峰、罗兴佐、董磊明、吴理财，2005，《村治研究的路径与主体——兼答应星先生的批评》，《开放时代》第 4 期。

吴毅、李德瑞，2007，《二十年农村政治研究的演进与转向——兼论一段公共学术运动的兴起与终结》，《开放时代》第 2 期。

吴毅、吴帆，2010，《传统的翻转与再翻转——新区土改中农民土地心态的建构与历史逻辑》，《开放时代》第 3 期。

萧功秦，2002，《中国后全能型的权威主义政治》，《战略与管理》第 6 期。

熊万胜，2009，《小农地权的不稳定性：从地权规则确定性的视角——关于 1867—2008 年间栗村的地权纠纷史的素描》，《社会学研究》第 1 期。

徐勇，1997，《村干部的双重角色：代理人与当家人》，《二十一世纪》（香港）8 月号总第四十二期。

徐勇，2010，《农民理性的扩张："中国奇迹"的创造主体分析——对既有理论的挑战及新的分析进路的提出》，《中国社会科学》第1期。

杨国安，2004，《明清两湖地区基层组织》，武汉大学出版社。

杨国桢，1988，《明清土地契约文书研究》，人民出版社。

杨华，2012，《隐藏的世界——农民妇女的人生归属与生命意义》，中国政法大学出版社。

杨小凯，2001，《中国土地所有权私有化的意义》，《信报财经月刊》第4期。

杨小凯，2003，《土地产权与宪政共和》，《南方周末》5月22日。

杨小凯、江濡平，2002，《中国改革面临的深层问题——关于土地制度改革》，《战略与管理》第5期。

杨学城、罗伊·普罗斯特曼、徐孝白，2001，《关于农村土地承包30年不变政策实施过程的评估》，《中国农村经济》第1期。

姚洋，2000a，《中国农地制度：一个分析框架》，《中国社会科学》第2期。

姚洋，2000b，《中国农地制度与农村社会保障》，《中国社会科学季刊》（香港）秋季卷。

尹钛，2005，《何处是归程？长亭连短亭——评〈大河移民上访的故事〉》，《二十一世纪》（香港）6月号总第八十九期。

应星，2001，《大河移民上访的故事》，生活·读书·新知三联书店。

应星，2005，《评村民自治研究的新取向——以〈选举事件和村庄政治〉为例》，《社会学研究》第1期。

于建嵘，2004，《当前农民维权的一个解释框架》，《社会学研究》第2期。

于建嵘，2005，《土地问题已成为农民维权抗争的焦点——关于当前我国农村社会形势的一项专题调研》，《调研世界》第3期。

于建嵘，2007，《农民是如何失去土地所有权的》，《经济管理文摘》第24期。

俞可平，2000，《治理与善治》，社会科学文献出版社。

詹姆斯·C.斯科特，2001，《农民道义经济学：东南亚的反叛与生存》，程立显、刘建译，译林出版社。

张红宇，2002，《中国农地调整与使用权流转：几点评论》，《管理世界》第

5 期。

张厚安，1992，《中国农村基层政权》，四川人民出版社。

张厚安、徐勇、项继权等，2000，《中国农村村级治理——22 个村的调查与比较》，华中师范大学出版社。

张静，2002，《村社土地的集体支配》，《浙江学刊》第 2 期。

张静，2003，《土地使用规则的不确定：一个解释框架》，《中国社会科学》第 1 期。

张静，2006，《现代公共规则与乡村社会》，上海书店出版社。

张乐天，1998，《告别理想：人民公社制度研究》，东方出版中心。

张林江，2003，《围绕农村土地的权力博弈——不确定产权的一种经验分析》，中国社会科学院博士论文。

张鸣，1997，《乡土心路八十年：中国近代化过程中农民意识的变迁》，上海三联书店。

张佩国，2000，《地权分配、农家经济、村落社区——1900—1945 年的山东农村》，齐鲁书社。

张世勇，2011，《生命历程视角下的农民工返乡研究——以湖南省沅江县的农民工为表述对象》，华中科技大学博士论文。

张寿正，2004，《关于城市化过程中农民失地问题的思考》，《中国农村经济》第 2 期。

张五常，2000，《佃农理论》，商务印书馆。

张五常，2004，《出售土地一举三得》，《中国土地》第 11 期。

张小军，2004，《象征地权与文化经济——福建阳村的历史地权个案研究》，《中国社会科学》第 3 期。

张孝直，2000，《我国农村地权的困境》，《战略与管理》第 5 期。

张泽涛，2006，《农村耕地转包纠纷的实证分析与解决机制——以农业税减免征为主线》，《法学》第 5 期。

章有义，1988，《本世纪二三十年代我国地权分配的再估计》，《中国社会经济史研究》第 2 期。

赵德余，2009，《土地征用中的农民、地方政府与国家的关系互动》，《社会学研究》第 2 期。

赵冈，2006，《中国传统农村的地权分配》，新星出版社。

赵冈、陈仲毅，2006，《中国土地制度史》，新星出版社。

赵晓力，1998，《中国近代农村土地交易中的契约、习惯与国家法》，载于《北大法律评论》第 1 卷第 2 辑，法律出版社。

赵晓力，2000，《通过合同的治理——80 代以来中国基层法院对农村承包合同的处理》，《中国社会科学》第 2 期。

赵阳，2004，《对农地再分配制度的重新认识》，《中国农村观察》第 4 期。

赵阳，2007，《共有与私用——中国农地产权制度的经济学分析》，生活·读书·新知三联书店。

周飞舟，1996，《土地调整中的农村权力关系——对三个村庄的实地研究》，北京大学硕士论文。

周飞舟，2007，《生财有道：土地开发和转让中的政府和农民》，《社会学研究》第 1 期。

周其仁，1995，《中国农村改革：国家和所有权关系的变化（上、下）——一个经济制度变迁史的回顾》，《管理世界》第 3、4 期。

周世彦，1977，《咸宁土地分配之研究》，台北成文出版社影印。

周天勇，2003，《土地制度的供求冲突与其改革的框架性安排》，《管理世界》第 10 期。

周天勇，2004，《农村土地制度改革的模式比较和方案选择》，《中国经济时报》2 月 26 日。

周雪光，2005，《"关系产权"：产权制度的一个社会学解释》，《社会学研究》第 2 期。

朱冬亮，2001，《社会变迁中的村级土地制度——闽西北将乐县安仁乡个案研究》，北京大学博士论文。

朱冬亮，2002，《土地调整：农村社会保障和农村社会控制》，《中国农村观察》第 3 期。

朱晓阳,2011,《小村故事:地志与家园(2003—2009)》,北京大学出版社。

邹谠,1994,《二十世纪中国政治:从宏观历史与微观行动的角度看》,牛津大学出版社。

Chan, Anita, Madsen, Richard, and Unger, Jonathan. 1984. *Chen Village: The Recent History of a Peasant Community in Mao's China*. University of California Press.

Kung, James K. S. 1995. "Equal Entitlement Versus Tenure Security under a Regime of Collective Property Rights: Peasants' Preference for Institutions in Post-Reform Chinese Agriculture." *Journal of Comparative Economics* 21.

Siu, Helen. 1989. *Agent and Victims in South China*. Yale: Yale University Press.

后 记

　　离开江镇至今已经三年多了。三年的时间在历史的长河中算不了什么，即便在人的一生中也算不了什么，但是这三年时间的车轮仍然在我成长的道路上碾下了深深的车痕。当年，作为一名初入学术领域的毛头小伙，我自信地认为，自己的"神圣"工作是观察当前社会中的各种行动，进而为人们提供一种认识中国社会、理解中国社会的知识和理论。如今，我已经参加工作，身份已然变化，这份追求并没有改变，只是更加感受到了科研工作的分量与责任。

　　不仅是我个人的成长，这几年，中国政治与社会的焦点事件不断发生，由此引发的对改革方向的争论也日益白热化。一些地方重拾旧时的政治理念却面临草草收场的尴尬命运。改革推行到今天，面对改革过程中出现的各种不尽如人意甚至让人愤慨的不公之事，我们到底是应该重拾激情，还是需要回归理性？面对转型期的各种问题，学术界出现两种截然对立的态度，并得到不同阶层群体的支持和呼应。对于中国这艘承载着太多历史遗产的"航空母舰"究竟驶向何方，社会各界难以达成共识。在这种情景下，社会科学知识背后的价值色彩被放大到了极致。本以为自己特别努力，得来的知识也相对客观，一旦知识走出象牙塔，却总是免不了和特定的社会利益相呼应、相结合，而这往往并非本人的初衷。

　　"不识庐山真面目，只缘身在此山中"，或许，在社会的转型中，由于事件逻辑和经验未充分演绎，每一个人并不能充分知晓事件的真正意义，亦无法在大历史中进行准确定位。如何使得社会科学的研究能够为历史负责,这确实是摆在当下知识分子阶层面前的严峻问题,因为一时的"正确"并不代表永远的"正确"。在对江镇的土地制度研究中,我想避免这样一种急于下结论的简单倾向,而尽量将重点放置在对事实逻辑复杂性的展示和解读上,以此来寻求变革的起点和达成共识的可能。当然,这终究只是一种理想,一旦作品呈现出来,便不可避免地带有某种价值选择的色彩。我的初衷却是:尽量避免土地制度背后的意识形态争论,更多地回归到中国问题的本身。

这种对知识生产的焦虑注定将伴随我以后的科研道路,直至中国改革与转型的顺利完成。幸运的是,在学术道路上,我并不孤单,太多的人给了我支持和帮助。

本书是以我的博士论文为基础而进行的再创作,首先要特别感谢我的博士生导师吴毅教授。论文的选题、观点的打磨,乃至论文最后的修订,都是在吴老师的精心指导下完成的。这些年来,围绕某一个学术问题,我已经数不清有多少次与吴老师在电话中长谈,在他家中进行面对面的交流,从他身上我体会到了一位以学术为志业的学者的风范。

我还要感谢贺雪峰教授,作为华中村治研究的核心人物,一直以来他给了我太多无私的关怀。从他的身上,我学习到的不仅是学术本身,更是如今的学者少有的国家和民族关怀。他的理想主义,对我个人成长的关心和一次次事无巨细的调研安排都给了我在科研道路上前行的巨大勇气与鼓舞。

感谢董磊明教授,一直以来,和董老师的交流总是让人愉快,许多的想法都得益于与董老师的讨论。感谢罗兴佐教授,他具有敦厚与豪爽的性格,当年他所主讲的课程让我至今受益匪浅。感谢吴理财教授,作为我的硕士生导师,他在我硕士研究生读书期间给了我大量的精心指导。感谢王习明、王启梁二位教授经常给予的帮助。还要感谢张世勇、吕德文、杨华、田先红、欧阳静、龚春霞等同学，我们组成的小团体一起走过了一段艰辛而快乐的博士生生活，频繁的聚会是我们交流情感、表达观点的最好平台。

在这么多年的学术研究中，要感谢华中村治研究的各位同人，尤其要感谢曾经在农村一起调研过的陈柏峰、刘勤、鄢庆丰、申端锋、陈辉、朱静辉、李德瑞、汪永涛、宋丽娜、赵晓峰、刘燕舞、袁松、郭俊霞、狄金华、何绍辉、黄鹏进、贾林州、邢成举、王会、王玲、韩鹏云、陈锋、耿羽、王德福、桂华、林辉煌、陶志祥、孙新华、李祖佩、龚为纲、余练、余彪、刘锐、陈义媛、谭林丽、曾凡木、王丽惠、吴秋菊、魏小焕、管姗、吕盼博。一起在农村度过的调研时光，我将终生难忘。

博士毕业后，我正式加入了华中科技大学法学院。工作几年来，我在感受到压力的同时更感受到温暖。感谢法学院领导和诸位老师给予我这位"新人"的大力帮助和无私关怀，使得我尽快地适应了新的工作岗位和角色。入职以来，我感受到了这里平等、自由的研究氛围和良好的人际关系。

在本书的创作和我科研成长的道路上，我还要感谢邓正来、崔之元、吴重庆、易继明、齐海滨、曹海晶、裴丽萍、朱炳祥、李亚雄、李昌平、张玉林、金太军、施从美、王光忠、翟洪峰、管新华、李雪卿等诸多学者，感谢他们对本书提出的各种意见和对我长期的无私帮助。还要感谢身在异国的好友桂晓伟，在一起调研时我们经常彻夜长谈，并由此产生了很多的想法。还要感谢章长城、郝涛、戢志森、夏国锋、陈琛、张光辉、晁尊超、郑良全、贺飞、左健东等老同学多年的关心和支持。

回首在江镇的上百个日日夜夜，最为感谢的莫过于对我的调研给予巨大支持的乡村干部和村民。为了不打扰他们平静的生活，我不能提及他们的名字，希望他们看到本书时，能原谅我文风的直白与不敬。乡村干部们丰富的基层工作经验永远是我们社会科学工作者不竭的创作源泉。感谢大学生村官杨家民，他在我调研期间担当了我的"临时助手"，好学、谦逊的优秀品质一定能够让他早日实现自己的梦想。感谢陈涛，在工作的间隙，专程陪同我们一起调研，他对当地情况非常熟悉，为我们提供了大量有价值的信息。感谢田先红，我们一起在江镇调研，从寒冷的冬日到骄阳似火的夏天，同居陋室、同骑一辆自行车下乡的经历让我们懂得了友谊的珍贵，一些重要的资料我们也实现了共享。

本书先后得到中央高校基本科研业务费专项资金暨华中科技大学自主创新基金项目"税费改革后的农村土地纠纷研究"的资助，以及华中科技大学文科学术著作出版资助计划的大力支持。特别感谢华中科技大学文科处对青年教师科研工作的大力支持。

最后还要感谢社会科学文献出版社，感谢社会政法分社总编辑童根兴和本书责任编辑刘荣老师，他们不仅工作耐心、细致，也给了我充分的时间进行书稿的打磨。

毫无疑问，我最后要感谢的是我的家人。岁月染白了父母的头发，他们却依旧以自己的善良和正直为我的不断前行提供不竭的动力，我希望自己能够以更好的作品回报他们。

郭 亮
于武汉喻家山下
2013 年 1 月

索 引

B

半熟人社会 44，163

C

策略性抗争 243
插花田 61-62
产权规则 127，131，246
产权形态 8，10-11，13-17，91，93，254，255
村集体 8-10，37，78，95，110，114，132，134-135，139，141，160-161，166，168，174，177，179-181，183-190，199，201-202，214，229，242，276
村民小组 33-34，37，43-44，55，61-64，78-79，83，85，91，92，96，102，118，119，150-151，160-161，163-166，168-170，173-176，179-180，182-191，219，266
村社本位 238-239，243
村组博弈 175

D

地方亩 56，151
地根政治 238，253，255
地权冲突 3，243-244
地权纠纷 14，31，39，99，123-127，159，161，188-189，209，238，244-246，248-249，251-252，255，295

E

二轮承包 17-18，35，36，39，41，65，93，97-99，102-103，105，107-111，116，122-123，141-142，157，206，207，261
二轮延包 98，103，105-106，109，114，259-261，263-270，272，293

F

法律规避 147
非正式制度 11，17，36，39，41，

238，243，246－252，254

费孝通　22－24，27，117，290

G

个案研究　21－26，28，293－295，297－298

个人本位　238－239，243

共同生产费　74，77－79，92，94，101，164

关系产权　12，15，298

规模经营　109，143，195，198－201，224，232，264－266

H

黑田　61

混混　110，222，224－225，227－229，288，291

J

基层政权　3，11，32，38－40，60，110，121，159，192－193，195，219，220，225，228，232，236－238，244－245，251－252，296

机动地　60，64－65，91，110，118－121，141，165，168－169，199，201，211，213－215，258，261－262，266－269，278

集体产权　8，10－11，13，135，158，191－192，294

集体所有　2，7，9，11，16，17，37，54，56，60，62，65，92－93，119，128，131－132，135，137，160，162，164－166，168，175，179，185，190，192，194，205，239，247，249，253，276

集体土地　9，11，30，37，60，118，121，134，160－161，165，168，174，190，242，262，271，275

均分主义　149－150

L

利益共同体　74，83

两级核算　164

两田制　90，143，262，269

路径依赖　250

N

内卷化　13，238，252

农业机械化　48，195－196

《农业六十条》　37，162，163，170，239

P

抛荒　63，64，68，83，84，86－88，99，101－102，108－110，112－113，139，142，150，261，266

Q

去政治化　253－254

全能主义　38，148，244－245

确权确地　39，65，103－105，189，259，266－269，293

R

人民公社　1，37，39，51，54－57，73，128－129，161－163，184，192，239－240，242，247，253，297

S

三级所有、队为基础　37，39，54，184，191－192，239－240

三提五统　47，55，59，74－75，77－79，101，184

上访　5，11，20，79－80，92，113－116，119，120，124－125，133－145，147，154，180，182，187，188，206－209，211，213，217－219，226，263，272－274，294，296

生产大队　37，55，161－163，168，239－240

生产队　37，54－59，62－63，85－86，102，129－130，135，152，160－163，165，170，173，182，189，194，196，239－240，245

生存伦理　64，148

生存权　16，39，127，138－139，144－145，148，157，215

失地农民　5，6，146，177－179，183，188，271，279，288

熟人社会　61，116，151，163

双代理　164

税费改革　2，30，39，44，47，55，59，61，62，64，74，78，92，101－102，114，124－125，148，150，163－165，168－169，174，184，195，201，210，212，223，240－241，264，266－267，269，289，292，303

私有产权　4－6，8，11，15，127，239

T

土地补偿　96，127，175，177，

179, 187, 271

土地承包权　2, 5, 10, 39, 71, 87, 89, 91, 93, 96, 102, 107 – 108, 110, 114, 123, 126 – 127, 131, 142, 143, 145, 149 – 150, 152, 155 – 159, 194, 203 – 206, 208 – 209, 216, 219, 260 – 261, 266, 268, 291, 295

土地交易　6, 41, 65 – 66, 70 – 72, 131 – 132, 235, 298

土地经营权　87, 107, 115 – 116, 202, 219 – 220, 258, 265, 270

土地均分　150, 155, 157

土地流转　15, 31, 35, 89, 105, 147, 156, 194 – 195, 197 – 198, 200 – 206, 208 – 210, 216, 219, 232, 235 – 236, 261, 263, 265, 267, 291

土地伦理　18, 121, 124, 138

土地权属　14, 39, 88, 93, 96, 102, 107 – 108, 110, 113, 124, 130 – 131, 133, 142, 157, 158, 164, 192, 206, 243, 245, 247

土地确权　39, 71, 88, 98 – 99, 102 – 103, 106 – 107, 109, 111, 112 – 119, 121 – 123, 125 – 126, 133 – 134, 138 – 140, 153, 156,
159 – 160, 165, 174, 192, 194, 206 – 209, 211 – 212, 219, 220, 235, 238, 245, 250

土地认知　61, 124, 138, 149, 157, 159, 192, 245, 247, 249

土地私有制　7, 157, 192, 240, 247, 249, 253

土地所有权　5, 6, 8, 37, 39, 93, 126, 128, 150, 152, 160 – 162, 164 – 166, 169 – 170, 174, 179 – 180, 182 – 184, 186, 188 – 192, 239 – 240, 242, 248, 266, 276, 296

土地调整　31, 64, 150 – 156, 187 – 188, 290, 298

土地征收　31, 96, 126, 175 – 177, 180, 182, 184 – 187, 275, 278, 280 – 281

土地制度　1 – 4, 6 – 10, 12, 14 – 17, 21, 26, 30 – 32, 34 – 41, 51, 65, 71 – 73, 90, 91, 96 – 97, 108, 117, 137, 145, 149, 150, 156, 158, 179, 188, 190, 192, 194, 216, 235 – 238, 240 – 242, 245 – 247, 249 – 255, 289 – 290, 292 – 296, 298, 301

坨子田　61, 63 – 64, 118, 134, 211

X

乡域　20，21，26，29-32，38，124，289

Y

一级核算　164

一轮承包　2，17，36，73，93，96-98，108，111，157，229，257，266

有意识制度模糊　189

Z

增人不增地、减人不减地　152，241，267

制度转型　3，21，38，117，188、192，195，238-239，243，249，251，254-255

治理　17，18，34，37-38，44，72-73，75，87，96，100，110，111，113，121-122，163，165，216，225，229，236-237，244，252，265，286，289，293-294，296-298，300

资本下乡　219，224

祖业权　39，127-133，135，137-138

图书在版编目（CIP）数据

地根政治：江镇地权纠纷研究：1998~2010/郭亮著.
—北京：社会科学文献出版社，2013.5
（田野中国）
ISBN 978-7-5097-4505-2

Ⅰ.①地… Ⅱ.①郭… Ⅲ.①土地问题-研究-中国 Ⅳ.①F321.1

中国版本图书馆 CIP 数据核字（2013）第 072444 号

·田野中国·
地根政治
——江镇地权纠纷研究（1998—2010）

著　者／郭　亮

出 版 人／谢寿光
出 版 者／社会科学文献出版社
地　　址／北京市西城区北三环中路甲29号院3号楼华龙大厦
邮政编码／100029

责任部门／社会政法分社 （010）59367156　责任编辑／刘　荣
电子信箱／shekebu@ ssap. cn　　　　　　　责任校对／李海雄
项目统筹／童根兴　　　　　　　　　　　　责任印制／岳　阳
经　　销／社会科学文献出版社市场营销中心 （010）59367081　59367089
读者服务／读者服务中心 （010）59367028

印　　装／北京季蜂印刷有限公司
开　　本／787mm×1092mm　1/20　　印　张／16.4
版　　次／2013年5月第1版　　　　　字　数／262千字
印　　次／2013年5月第1次印刷
书　　号／ISBN 978-7-5097-4505-2
定　　价／59.00元

本书如有破损、缺页、装订错误，请与本社读者服务中心联系更换
▲ 版权所有　翻印必究